ÉCONOMIE DU SÉNÉGAL

Revues analytiques transversales

ELHADJI MOUNIROU NDIAYE

ÉCONOMIE DU SÉNÉGAL

Revues analytiques transversales

L'Harmattan

5-7, rue de l'École-Polytechnique ; 75 005 Paris

http://www.librairieharmattan.com
diffusion.harmattan@wanadoo.fr
harmattan1@wanadoo.fr

ISBN : 978-2-343-09561-5
EAN : 9782343095615

PRÉFACE

Dans cet ouvrage, Mounirou Ndiaye jette un regard lucide sur l'économie sénégalaise et les défis qu'elle doit relever. Il passe en revue la situation macroéconomique, les programmes économiques, les structures organisationnelles et les dispositifs sur lesquels ils s'appuient, l'environnement externe de la politique économique, etc. En mettant l'accent sur la période « libérale » (année 2000 à aujourd'hui), son intention a été de coller à l'actualité économique récente. D'où l'espace consacré à la présentation du Plan Sénégal Émergent (PSE) et à l'analyse de ses forces et faiblesses, atouts et limites. De manière générale, le pari de mettre à disposition un ouvrage documenté, accessible et à même de nourrir l'action politique a été largement réussi.

Le principal constat, sans surprise, est que la situation socioéconomique du Sénégal demeure critique. Certes, une légère embellie macroéconomique a été notée avec les taux flatteurs de croissance économique de ces deux dernières années. Mais elle ne suffit pas à inverser les tendances lourdes d'une économie qui part de bases très faibles. Sur la longue durée, le pouvoir d'achat du ménage moyen n'a eu de cesse de se dégrader. Face au dynamisme de la population active, les créations nettes d'emploi dans le secteur moderne sont risibles. L'accès à une éducation et à une protection sociale de qualité reste problématique. L'agriculture et l'industrie tardent à décoller. Le secteur privé national souffre de rachitisme. La dette publique continue de croître alors que l'efficacité de l'investissement public et ses effets multiplicateurs semblent faibles. La capacité à faire face aux chocs exogènes n'a pas encore été démontrée. Le comportement des élites politiques, jusque-là, n'est pas encourageant non plus.

Selon Mounirou Ndiaye, Macky Sall semble être « le plus volontariste de tous », de tous les présidents ayant eu à diriger notre pirogue. *En témoigne son ambition de réduire le train de vie de l'État, d'apporter plus de discipline fiscale, et de voir l'État jouer un rôle plus actif dans l'économie. Pour autant, ajoute-t-il, le Plan Sénégal Émergent n'est pas sans comporter certaines limites.*

De son point de vue, l'élaboration de ce document aurait dû être confiée entièrement à l'expertise sénégalaise en lieu et place d'un cabinet de consulting international, dont le rôle a été, semble-t-il, de « superviser » le processus. Ceci aurait donné un signal fort en direction du monde de la recherche, des cadres de l'État et des patriotes. Le PSE a également été adopté sans une large concertation avec l'opposition politique, les intellectuels, les organisations de la société civile, etc. Cette démarche non inclusive est d'autant plus problématique que l'horizon fixé pour l'émergence du pays est encore lointain (2035). Peut-on fixer un horizon précis à l'émergence ? Mounirou Ndiaye ne discute pas vraiment le concept d'« émergence », un reproche qu'on pourrait lui faire. Mais il se range à juste titre parmi ceux qui doutent de la pertinence d'une telle démarche.

Sur le fond, que penser du PSE ? Sa mise en œuvre permettra-t-elle d'atteindre les objectifs fixés ? La réponse de l'économiste sénégalais est ici nuancée et prudente. Après avoir salué l'utilité de ce document et la générosité de ses ambitions, elle a consisté à mettre en évidence le fait qu'il surestime la capacité des élites politiques à se rassembler autour de l'intérêt public (au regard de l'ampleur de la corruption et de la délinquance financière), les marges de manœuvre du gouvernement sénégalais sur le plan de la politique économique (eu égard à la faiblesse de l'épargne domestique, de la dépendance monétaire, des options libérales en matière de politique commerciale et d'investissement, etc.) et la capacité de l'économie sénégalaise à faire face aux chocs exogènes.

Que faire pour sortir le Sénégal de l'ornière, ou du moins, renforcer le PSE ? Plusieurs pistes ont ici été évoquées. Citons-en trois principales. Premièrement, il s'agit de revoir la hiérarchie des priorités économiques. Certes, dans un pays en développement, presque tout est prioritaire. Néanmoins, certains secteurs ont une importance cardinale. L'agriculture, malgré les récents efforts du régime de Macky Sall, demeure toujours le parent pauvre des politiques économiques. La part qui lui est consacrée dans le budget de l'État, et dans le PSE, est dérisoire eu égard à la population qu'elle fait vivre et aux effets d'entraînement qu'elle est susceptible d'avoir sur le reste de l'économie. L'énergie est un autre secteur stratégique qui n'a pas encore reçu toute l'attention requise. Pour espérer améliorer les conditions de vie des Sénégalais et la compétitivité des entreprises locales, il faut une politique résolue d'indépendance énergétique. Dans ce sillage, il est important de miser sur les énergies renouvelables ; une option qui ne semble pas être celle du régime de la seconde alternance, et que la récente décou-

verte de pétrole et de gaz au large du Sénégal risque de ne pas favoriser.

Deuxièmement, le renforcement des institutions de notre pays est un passage obligé. À commencer par la sphère politique, où une rationalisation du nombre de partis politiques s'impose. À ce niveau, souligne l'auteur, il y a un excès de « démocratie », synonyme d'anarchie, au sens vulgaire du mot, qui est préjudiciable à la bonne marche du pays. Sur le plan de l'administration économique, l'auteur déplore l'absence d'organes de régulation dans les secteurs clés ou, lorsqu'ils existent, les faibles moyens mis à leur disposition.

Troisièmement, les décideurs politiques doivent travailler à avoir une meilleure maîtrise de leur environnement externe. Autrement dit, il leur faut mieux négocier l'insertion de notre pays dans la mondialisation actuelle. Ils doivent pour cela exiger des relations plus équilibrées vis-à-vis de leurs partenaires économiques. Partant du constat que la coopération des pays africains avec l'Occident n'a pas été fructueuse jusque-là, Mounirou Ndiaye plaide pour une plus grande diversification de nos partenariats économiques. Nous devons essayer de nous tourner davantage vers les puissances émergentes comme la Chine. Néanmoins, il faudra éviter que ces nouveaux partenariats continuent de nous maintenir dans une spécialisation primaire ou qu'ils contribuent à affaiblir notre secteur privé national. À l'exigence de cette diversification des partenariats économiques s'ajoute celle de mettre un frein au rouleau compresseur néolibéral.

Tout d'abord, le Sénégal devrait s'abstenir de ratifier les accords de partenariat économique, sous peine de signer du même coup la mort de son agriculture et celle du projet d'industrialisation. Ensuite, les pays de l'UEMOA doivent revoir leurs accords de coopération monétaire avec la France. L'arrimage du franc CFA à l'euro crée une dépendance monétaire qui est source d'inefficience économique. Mounirou Ndiaye recommande un « nouveau paradigme d'intégration économique et monétaire » qui permette de stimuler le commerce intrarégional et de doper la compétitivité des entreprises nationales. Enfin, il s'agit de faire un usage à la fois plus sélectif et plus optimal des accords internationaux d'investissements, surtout lorsqu'ils prennent la forme des PPP – partenariats publics/privés. Le Sénégal a mis en place des PPP dans les secteurs de l'eau, des mines, des hydrocarbures, des télécoms, de la gestion portuaire, du transport urbain, etc. Jusque-là, ils ont très peu bénéficié à l'économie sénégalaise, car ayant été mal négociés dans bien des cas. Pour inverser cette tendance, l'État doit aspirer à jouer un rôle financièrement plus important, faire preuve de plus de transparence et davantage encadrer ces types de contrats. En somme, les décideurs politiques doivent savoir que les options néolibérales qu'ils privilégient, encouragées en cela par les bailleurs de fonds, sont en contradiction avec l'objectif d'avoir une meilleure maîtrise de l'environnement externe de la politique économique.

Pour atteindre ce dernier objectif, Mounirou Ndiaye souligne avec raison que l'intégration régionale est un « processus incontournable ». Pour les pays africains, il semble clair qu'il n'y aura pas de développement économique sans intégration économique. L'émergence « solitaire » est un scénario guère convaincant. Elle procède de l'illusion que chaque pays peut s'en sortir tout seul, indépendamment de la situation de ses voisins. C'est là l'une des limites des plans nationaux d'émergence qui auraient gagné à prendre davantage en compte la dimension régionale et à être conçus de manière collégiale à ce niveau. Pourquoi devonsnous aller vers l'intégration régionale ? Tout d'abord, note Mounirou Ndiaye, parce que nous avons des défis communs dans de nombreux domaines – la sécurité, la gestion des ressources naturelles, la santé, l'énergie, les infrastructures, etc. – et que pour les relever, nous avons besoin du levier de l'intégration régionale, en tant qu'il permet de mutualiser nos ressources et de réaliser des gains d'échelle. Ensuite, parce qu'unis, nous pourrons mieux peser sur la scène globale. Nous pourrons négocier avec les autres blocs économiques sur une base moins déséquilibrée et plus favorable aux intérêts de long terme de nos peuples. Mais le problème ici demeure entier au regard des faibles retombées économiques générées jusque-là par le modèle d'intégration bureaucratique par les marchés.

Lucide, cet ouvrage n'en demeure pas moins optimiste. Pour Mounirou Ndiaye, la sortie du tunnel est bel et bien envisageable. À condition que nous œuvrions à mieux maîtriser notre environnement économique global, que nous fassions preuve de plus d'audace et de sérieux, et, surtout, que nous ayons foi en nos propres capacités. Dans le domaine de la production du savoir, ce dernier préalable suppose que l'on accorde plus de considération et de soutien aux productions intellectuelles endogènes. À un niveau plus général, il implique de faire éclore un secteur privé national digne de ce nom par le biais d'un État énergique imbu de patriotisme économique.

Le projet de Mounirou Ndiaye a été de mettre à notre disposition un guide taillé sur la mesure des actes posés par le gouvernement et des objectifs qu'il a déclinés en matière de politique économique. Un moyen de prolonger son travail, et qui requiert de sortir du champ de l'économie, serait de revenir sur la question des finalités. Nous tendons souvent à oublier que la croissance économique et le développement ne sont que des moyens vers des fins, et non des fins en soi. Or, la question la plus importante de nos jours est de savoir comment nous voulons vivre ensemble et quelles valeurs doivent fonder ce vivre-ensemble. Cette question est d'autant plus légitime et urgente que l'on constate, de plus en plus, que la poursuite de la croissance économique fait de moins en moins le bonheur dans les pays dits riches, c'est-à-dire les pays qui sont censés disposer de l'essentiel de ce qu'il leur faut. Espérons donc que ce travail ne soit que le début d'une réflexion plus générale sur le paradigme socioéconomique qui convient au type de vivre-ensemble sénégalais, voire africain, que nous aurons raison d'ambitionner.

Ndongo Samba Sylla
Dakar, 09 février 2016

INTRODUCTION

Du socialisme non aligné du président Leopold Sédar Senghor des années 60 et 70, on peut retenir deux faits économiques fondamentaux : une administration publique en construction et une économie exclusivement pilotée par l'État. Ce providentialisme est hérité du colon français qui enclencha dès le début des années 1930 un processus de nationalisation des secteurs clefs en métropole. Le secteur ferroviaire français, détenu par six firmes privées depuis la fin du 19ème siècle, a été nationalisé à 51 % en 1937 et puis à 100 % en 1983. Électricité De France (EDF) fut créée le 8 avril 1946 sous forme de monopole public. En 1941, le gouvernement français s'implique davantage dans les postes et télécommunications, la séparation des deux branches (Poste et Télécoms) fut opérée en 1988 et la Direction générale des télécommunications devient France Télécom en 1991. En Afrique francophone, les secteurs clés de l'économie ont fait l'objet d'un modèle d'exploitation traditionnel fortement inspiré du système français. Énergie Électrique de l'Afrique-Occidentale Française (EEAOF) fut créée dès 1950 au Sénégal. Au lendemain de l'indépendance, l'État sénégalais enclenche un processus d'appropriation publique qui débouche sur la création des deux sociétés publiques que sont Électricité du Sénégal et Société Sénégalaise de Distribution d'Énergie Électrique dont la fusion a abouti à la création de la Sénélec en 1983. L'essor du secteur des télécommunications sénégalaises peut également être rangé dans la continuité des transformations qui ont été opérées en France à partir de 1941. L'Office des Postes et Télécommunications a existé jusqu'à l'an née 1985 durant laquelle la dissociation Postes et Télécoms a été faite, et Sonatel (Société Nationale de Télécommunications) fut créée.

Depuis lors, les processus économiques ont été basés sur un interventionnisme étatique absolu, dont les carences ont été exacerbées par des besoins publics de financements insuffisamment supportés par un secteur touristique encore embryonnaire, une pêche tenue en masse par une intervention étrangère, une industrie extractive étriquée et une monoculture arachidière inadaptée. Il fallait donc s'endetter dans ce contexte de maigres création de richesses nationales faibles, de finances publiques affaiblies par la subvention d'entreprises publiques déficitaires et de chocs exogènes (tels que les chocs pétroliers de 1973 et 1979). Mais la dette publique n'a pas été soutenable du fait de la faiblesse des taux de croissance, de l'aggravation des déficits extérieurs et d'une position de change rendue défavorable par la dépendance monétaire (franc CFA arrimé au franc français puis à l'euro à partir de 2002). Cette situation a inscrit les débiteurs africains dans un cercle vicieux d'endettement public. L'économie sénégalaise fut ainsi saisie par les titubations d'une démarche socialiste dont les incohérences et les déséquilibres ont eu raison des pays de l'ensemble du bloc communiste à l'issue de la guerre froide (triomphe du bloc libéral, éclatement de l'Union soviétique et chute du mur de Berlin en 1990). Ce n'est, quand même, pas le système socialiste qui est en cause mais son mode d'application, tâché de carences de régulation, de laxisme managérial dans les entreprises publiques et d'incidences négatives de la politique politicienne sur l'économie.

Avec ses 20 ans d'expérience (10 ans d'administrateur et 10 ans de primature), le président Abdou Diouf a fortifié l'administration sénégalaise, mais il n'a finalement pas brillé économiquement au pouvoir. Avec les déséquilibres macroéconomiques majeurs que traversent le pays à la fin des années 1970 et l'état désastreux des finances publiques au moment où Senghor lui a transmis le pouvoir en 1980, les institutions de Bretton Woods ne manquait pas d'arguments en faveurs de l'ajustement structurel. Le pragmatisme de Diouf s'est exprimé à travers une croyance avérée aux recommandations de libéralisation faites à un régime censé faire du socialisme. Il fallait justement assainir les finances publiques, rationnaliser les dépenses de l'État, améliorer les agrégats économiques et juguler les déséquilibres macroé-conomiques par le désengagement de l'État dans les entreprises publiques (privatisation), la réduction des effectifs de la fonction publique (3 769 départs volontaires à partir de 1990) et la résorption des déficits extérieurs. L'ajustement monétaire (dévaluation), intervenu en 1994, a eu comme conséquences majeures une inflation aggravée et une cherté des facteurs de production du fait d'importations largement incompressibles face à la faiblesse de la production locale. La situation du pays ne s'est finalement pas améliorée malgré une croissance économique moyenne de 5 % de 1994 à 2005 et les annulations de dettes accordées par les partenaires occidentaux. L'endettement s'est plutôt aggravé, rendant le Sénégal éligible à l'initiative Pays Pauvres Très Endettés (PPTE) en 1999. Le régime socialiste avait, par ailleurs, négocié et entamé d'autres programmes (éducation et agriculture notamment) dans le cadre du 9ème Plan (Sakho-Loum) avec lequel le Sénégal avait opté pour l'austérité et la rigueur budgétaires. À partir de 2000, l'aide au développement a été alimentée par de nouvelles lignes de crédits tels que le Fonds saoudien, le Fonds koweïtien ou la Coopération chinoise. Mais l'aide n'a globalement pas eu d'effets perceptibles sur la croissance, du fait de la mauvaise qualité des stratégies publiques telles que le montrent les travaux de Burnside et Dollar (1997).

La première alternance politique réalisée en mars 2000 a intéressé les partenaires techniques et financiers, qui ont été séduits par le niveau de la démocratie sénégalaise. C'est pourquoi le Sénégal a été hissé au point d'achèvement de l'initiative au titre duquel il a bénéficié d'annulations de dettes d'un montant de 1 072 milliards de FCFA. L'encours de la dette publique fut ainsi ramené de 78 % à 17 % du PIB en 2006. Le service de la dette s'est alors allégé, ne représentant plus que quelques dizaines de milliards de francs CFA annuels et laissant des marges financières importantes au nouveau régime installé en 2000. Il faut reconnaître qu'Abdoulaye Wade a changé l'économie sénégalaise : il a facilité les créations d'entreprises, il a érigé l'agriculture et l'éducation en priorités et il a surtout doté le pays d'infrastructures essentielles. Mais le caractère baroque de sa manière de gouverner l'a emporté sur ce que les Sénégalais attendaient de son action : la politique était devenue un moyen d'enrichissement rapide et ostentatoire, les scandales financiers s'étaient rapidement multipliés, la corruption et la concussion avaient atteint un niveau insupportable. Il s'agit là de contre-valeurs que les Sénégalais ont sanctionnées lors des élections de février et mars 2012. Entre les deux tours de ces scrutins de 2012, le président Abdoulaye Wade avait annoncé un risque de cessation de paiement des salaires des fonctionnaires s'il n'était pas réélu. Il était conscient, au premier chef, de la profondeur de la crise socioéconomique qui secouait le pays, faisant état d'un héritage économique compliqué pour le nouveau régime. Les grands problèmes économiques du Sénégal sont restés entiers en 2012 :

- taux de croissance économique faibles avec une moyenne de 3 % entre 2000 et 2012 ;

- chômage et pauvreté endémiques qui concernent environ 50 % de la population ;

- secteur énergétique défaillant et cherté des hydrocarbures ;

- cherté des facteurs de production ;

- institutions d'encadrement et de régulation économiques fragiles et instrumentalisées.

Avec un revenu national brut par habitant estimé à 770 dollars en 2010 (contre 509 dollars EU en 2001), le Sénégal est classé parmi le groupe des Pays les Moins Avancés (PMA). Au rang mondial, il est classé 144ème pays sur 169 en 2010, et 154ème sur 187 pays en 2012 en matière d'indice de développement humain (IDH). Le Sénégal compte donc parmi les 30 pays les plus pauvres de la planète[1]. Jusqu'en 2012, l'économie sénégalaise n'avait donc pas encore sorti la tête hors de l'eau en terme de satisfaction de la demande sociale, notamment le logement, la nourriture, l'éducation, la santé et la sécurité. La problématique de la sécurité concerne surtout la Casamance, un grenier agroforestier qui, malgré tous les efforts consacrés au règlement du conflit indépendantiste amorcé en 1980, reste profondément sous-exploité. Le slogan du redressement économique, de la réduction de la pauvreté (malgré les DSRP I et II adoptés dans les années 2000 dans le cadre des Objectifs du Millénaire pour le Développement), de la paix en Casamance et de la lutte contre le chômage, ont rythmé l'ensemble des programmes proposés par les candidats lors de la campagne électorale de février 2012. Une nouvelle stratégie de gouvernance économique s'impose alors au nouveau Président élu le 25 mars 2012. Que cela soit dans son programme de campagne Yoonou Yokuté, décliné dans la Stratégie Nationale de Développement Économique et Sociale (SNDES, 2013) et le Plan Sénégal Émergent (PSE, 2014) censé faire la synthèse de ces deux programmes, Macky Sall a montré une réelle volonté de redresser l'économie et d'assister les populations vulnérables et le monde rural.

Dans *Un destin pour l'Afrique* (réédité en 2005), Abdoulaye Wade a écrit que la stratégie a deux composantes essentielles : la tactique, qui regroupe tous les actes à poser sur le chemin de l'émergence et la logistique, qui concerne les infrastructures et le capital humain. C'est à cela qu'est censé répondre le PSE suivant les problématiques suivantes :

- fortifier le secteur privé national en lui réservant, de prime abord, une partie consistante de la commande publique. Un secteur privé fort est le seul gage d'une réduction significative du chômage, de la constitution d'une épargne domestique suffisante et d'une bonne assiette fiscale.

---

[1] En 2015, la presse a rapporté une publication du FMI qui classerait le Sénégal parmi les 25 pays les plus pauvres.

- promouvoir une offre locale compétitive par une véritable stratégie de création et d'encadrement des PME/ PMI. On sait qu'en Europe, aux États-Unis et dans les nouveaux pays industrialisés, l'essentiel de l'économie et de l'emploi est porté par les très petites, petites et moyennes entreprises.

- développer une véritable stratégie de spécialisation agro-industrielle. La posture de vendeurs de matières premières (à termes détériorés) et d'acheteurs de produits finis à prix élevés a été la source principale des déficits extérieurs. Le défi pour l'économie sénégalaise exprimé dans le PSE est aujourd'hui d'inverser la situation.

Le PSE met un accent particulier sur l'agriculture, et les objectifs à ce niveau sont déclinés dans le Programme d'Accélération de la Cadence de l'Agriculture (PRACAS) ficelé en juin 2014. L'exportation est un objectif subsidiaire qu'il faut reléguer derrière l'objectif d'autosuffisance dans certains produits tels que le riz, les oignons, l'huile et les tomates. Le piège de la monoculture arachidière des années 60, 70, 80 et 90 est une vieille histoire depuis que les plans REVA (Retour Vers l'Agriculture, 2003) et la GOANA (Grande Offensive Agricole pour la Nourriture et l'Abondance, 2007) sont venus montrer aux Sénégalais l'intérêt vital de s'engager dans une agriculture modernisée et diversifiée.

Cet ouvrage propose une analyse globale de ce grand chantier qu'est devenu le Sénégal, suivant les grands projets et programmes légués par chaque régime depuis Senghor. La période 2000-2012 a été une période charnière et instructive durant laquelle le peuple sénégalais a suffisamment appris sur ce qu'il faut faire ou ne pas faire sur le plan économique. Les incidences négatives de la politique politicienne sur l'économie se sont exprimées par l'assouvissement d'ambitions personnelles qui a allié la quête de pérennité au pouvoir et l'enrichissement rapide et illicite. La Constitution du Sénégal (retouchée 18 fois), les finances publiques et le patrimoine foncier du pays en ont beaucoup souffert. En 2012, une nouvelle page est ouverte dans la marche de la nation sénégalaise.

Le chapitre 1 revient sur les dernières orientations stratégiques corrélativement aux stratégies antérieures. Après un bref état des lieux, nous procèderons à une analyse des nouvelles stratégies et de leurs limites. Le chapitre 2 est un creuset de lueurs déclenchées par une action publique plus volontariste. Toutefois, nous allons dresser plus de perspectives devant la difficulté d'élaborer un bilan exhaustif au bout quelques années de gouvernement à compter de l'année 2012. Le chapitre 3 s'attache à dérouler un test d'économicité des choix publics en énumérant les multiples anomalies et autres incohérences dans les choix publics afin de contribuer scientifiquement à une meilleure réorientation des politiques publiques dans les secteurs clés de l'économie. Néanmoins, comme partout dans le monde, l'économie sénégalaise reste fortement tributaire de ses connexions avec l'extérieur ; il est alors utile de situer les avantages, les désavantages et les embûches potentielles de la coopération internationale. C'est pourquoi le chapitre 4 fait une chronologie de la coopération des pays Afrique Caraïbe Pacifique (ACP) avec l'Europe ainsi que des autres points importants de la coopération internationale africaine et sénégalaise. Il s'attache à identifier les pièges à éviter par exemple sur les accords de partenariat économique (APE) et à dresser les perspectives d'amélioration en général. Le Sénégal s'est également engagé dans les principaux cadres d'intégration en Afrique. Ce plan national (PSE) aurait gagné plus de crédit en donnant plus d'importance aux exigences d'harmonisation et de coordination qu'impose l'appartenance à des cadres communautaires comme l'UEMOA ou la CEDEAO. Cette démarche individualiste d'émergence est constatée dans plusieurs autres pays de la zone franc (Gabon Émergent, Émergence en Côte d'Ivoire, au Cameroun, etc.), là où le partage d'une monnaie commune et la gestation d'un marché intégré dictent plutôt une approche plus harmonisée. Cette négligence de la dimension de l'intégration africaine dans les plans nationaux, malgré son caractère fondamental et incontournable, fera l'objet d'analyse dans le cinquième et dernier chapitre.

CHAPITRE PREMIER

LIGNES PROGRAMMATIQUES : UNE REVUE ANALYTIQUE GÉNÉRALE

Il est reconnu que les plans et les programmes n'ont pas été le maillon faible de l'économie sénégalaise depuis 1960. Une situation qui n'est pas surprenante eu égard à la bonne qualité des ressources humaines que le Sénégal n'a pas manqué de partager avec les organisations internationales depuis son accession à la souveraineté internationale en 1960. Certains intellectuels sénégalais disposent d'un bon palmarès d'interventions dans plusieurs autres pays : par exemple l'agronome Moussa Seck a été cité dans la révolution agricole au Maroc, le sociologue Aliou Sall, est un intellectuel d'envergure africaine qui dirige le projet « Futurs africains » en Afrique du Sud, le professeur Moustapha Kassé est également connu pour ses multiples missions de conseil en faveur de plusieurs présidents africains. Pour ainsi dire que le Sénégal regorge réellement d'un potentiel d'autosuffisance en termes programmatiques et de prospective. Cette bonne posture s'est déjà traduite par une capacité et un savoir-faire inouïs qui ont valu à l'administration sénégalaise une maîtrise et une adaptation exemplaires au lendemain de l'indépendance, caractérisée par des crises intempestives et des bouleversements majeurs dans l'économie mondiale. On peut citer, entre autres, les complications monétaires et financières après la redéfinition du rôle du Fonds monétaire international faisant suite à l'arrêt de convertibilité du dollar en or le 15 août 1971, les chocs pétroliers en 1973 et 1979 et les déséquilibres macroéconomiques majeurs à la fin des années 70, qui ont servi d'arguments à l'ajustement structurel. Toutefois, le Plan de redressement économique et financier des années 80 ainsi que les plans de redressement (I à IV) ont permis à l'économie sénégalaise de faire face à ces périodes tumultueuses malgré les perturbations et autres incohérences introduites par les Plans d'ajustement structurel adoptés à partir de 1980[2]. Ce chapitre ne revient pas sur tout

[2] Ces plans ont eu cours jusque dans les années 2000. L'ajustement structurel est venu imposer le libéralisme à un régime d'obédience socialiste.

ce processus de la programmation économique et sociale au Sénégal. Il propose une compréhension des situations et des options actuelles à la lumière des conséquences et de l'échec des politiques adoptées jusqu'ici.

I. Bref état des lieux

L'analyse des stratégies nouvellement adoptées doit se servir de la compréhension des blocages qu'elles sont censées extirper. C'est pourquoi il est nécessaire de faire la situation sur les aspects phares de la vie économique du pays, notamment la situation macroéconomique globale, l'agriculture et les nouvelles opportunités.

Situation macroéconomique globale

Malgré les retombées du programme PPTE qui avait ramené la dette du Sénégal à 17 % du PIB en 2006, l'endettement public s'est encore alimenté du déficit public pour tripler au bout de neuf ans (soit près de 54 % du PIB en 2015). Le tableau 1 suivant relate l'évolution des soldes budgétaires depuis 2007.

Tableau 1 : Recettes, dépenses et soldes budgétaires 2007-2013 (en pourcentage du PIB)

	2007	2008	2009	2010	2011	2012	2013
Recettes et dons	22,8	21,5	21,6	22	22,6	23,4	22,7
Recettes budgétaires et FSE	20,3	19,2	18,6	19,4	20,2	21,2	20,1
Dons	2,4	2,3	3	2,6	2,4	2,3	2,6
Dépenses totales et prêts	26,5	26,3	26,7	27,2	29	29,8	28,3
Dépenses courantes	16,0	16,4	16,6	15,6	18	17,3	17,3
Dépenses en capital	10,5	9,9	10,1	11,6	11	12,5	11
Solde primaire	-2,9	-3,9	-4,1	-4,2	-5,1	-6,5	-3,9
Solde global	-3,5	-4,6	-4,9	-5,2	-6,2	-6,7	-5,1
Solde global hors dons	-5,9	-6,9	-7,9	-7,8	-8,6	-10,2	-8

Source : AFD (2012), DPEE (2014).

Les signes avant-coureurs de la crise des finances publiques ont été manifestes dès 2006 avec un déficit public qui est passé de 3 % en 2005 à 5,7 % en 2006 selon les publications de l'Agence Française de Développement (AFD, 2012). Les tensions sur les finances publiques se sont ainsi exacerbées à partir de 2007 et les dépenses extrabudgétaires ont atteint plus de 120 milliards de FCFA en 2008, année pendant laquelle le flux de dettes intérieures a aussi atteint les 200 milliards de FCFA. Cette crise avait poussé l'État à tenter de vendre 10 % de ses actions à la Sonatel. Le gouvernement avait finalement reculé sous la pression de l'opinion publique. La manne de 200 milliards de FCFA qui était attendue de cette cession d'actifs publics était ainsi destinée à réduire les tensions sur les finances publiques.

De quelques dizaines de milliards dus aux effets du programme PPTE en 2006, le service de la dette externe est progressivement redevenu un pan important des charges publiques dès 2007. Le tableau 2 suivant retrace son évolution depuis 2008.

Tableau 2 : Service de la dette (en % des recettes publiques)

	2008	2009	2010	2011	2012	2013
Service de la dette externe (en milliards F CFA)	39,7	50,1	68,7	214,4	122,6	117,0
En % des recettes budgétaires	3,4	4,5	5,6	15,5	7,9	-
Service de la dette interne (en milliards F CFA)	168,0	176,1	290,8	-	486	-
En % des recettes budgétaires	14,6	15,7	23,5	17,2	28,3	10,4
Service total de la dette	18,0	20,2	29,1	-	36,2	-

Source : AFD (2012), DPEE (2014)

Le service total de la dette représente 36,2 % des recettes budgétaires en 2012, alors qu'il était à 18 % en 2008. En 2015, il s'est chiffré en volume à 596 milliards de FCFA contre 598 milliards en 2014, soit une légère baisse d'environ 2 % due à la croissance du budget de l'État attendu à 3 022 milliards de FCFA en 2016. Cette tendance baissière va rester molle à long terme puisque les émissions de titres publics sur le marché régional foisonnent depuis 2009. Elles sont déjà passées de 292 milliards de FCFA en 2010 à 362 milliards de FCFA 2011, puis à 519 milliards de FCFA selon les publications de l'AFD (2012). Le tableau suivant donne des indications sur les emprunts obligataires de l'Etat du Sénégal.

Tableau 3 : Les emprunts obligataires de l'Etat du Sénégal à partir de 2012

	2012	2013	SUKUK*	2014	2015	2016
Montant (en F CFA)	50 milliards	50 milliards	100 milliards	75 milliards	50 milliards	150 milliards
Taux	6,70%	6,5%	6,25%	6,5%	6,30%	5,9%
Echéance	2012-2019	2013-2023	2014-2018	2014-2021	2015-2025	2016-2023
Prix d'un titre	10 000	10 000	10 000	10 000	10 000	10 000

*le SUKUK est un emprunt obligataire en mode de financement islamique. Source : Ministère des finances

La hausse progressive des charges publiques semble négativement impacter la croissance économique à l'image de la relation négative entre les dépenses publiques et le Produit Intérieur Brut que l'Américain Savas (1998) a mis en évidence dans le cas des pays de l'OCDE dans les années 90. Mais cette tendance « savasienne » tient à la possibilité d'effets d'éviction que l'activité publique peut avoir sur l'activité privée qui est jugée être plus créatrice de valeurs ajoutées. Sous l'angle keynésien, la hausse des dépenses publiques peut relancer la consommation et la croissance à condition que le secteur privé national en bénéficie largement. Donc, dans le cas du Sénégal, la corrélation négative entre hausse des charges de l'État et le taux de croissance économique tient en partie sur la multiplicité des marchés publics attribués à des entreprises étrangères ainsi que sur la prééminence des charges courantes sur les dépenses d'investissement de l'État. L'autre élément illustrateur repose sur le solde commercial. La formule de l'équilibre macroéconomique permet de saisir l'incidence des dépenses publiques, des importations et des exportations sur le PIB :

PIB = consommation + investissement + dépenses publiques + exportations – importations

La faiblesse des taux de croissance s'explique également par l'évolution défavorable des agrégats du commerce extérieur du Sénégal tel que le montre le tableau 3 suivant :

Tableau 4 : Croissance, importations et exportations de 2003 à 2013 (en % du PIB)

	2003	2004	2005	2006	2007	2008	2009	2010	2011	2012	2013
Croissance du PIB	6,7	5,9	5,6	2,5	4,9	3,7	2,2	4,1	2,6	3,7	2,6
Exportations	18,3	18,8	18,1	17,0	14,8	16,5	16,4	17,1	16,4	17,25	16,1
Importations	30,1	31,1	33,2	34,1	36,9	41,9	32,3	32,4	32,9	41,1	39,4

Sources : AFD (2012), DPEE, BCEAO

L'atonie de la croissance économique du Sénégal depuis 1960 telle qu'elle a été illustrée dans l'ouvrage de Moustapha Kassé (2015) s'est traduite par une faible incidence sur l'emploi.

Tableau 5 : Création d'emplois dans les secteurs moderne et informel, 2000-2009

Année	Secteur moderne	Secteur informel	Total	Part du sec. informel (%)	Croissance ann. du PIB (%)
2009	9846	123260	133106	92,6	2,2
2008	1581	117523	119104	98,7	3,7
2007	6332	112125	118457	94,7	4,9
2006	5724	107046	112770	94,9	2,5
2005	10687	102263	112950	90,5	5,6
2004	7983	97757	105740	92,5	5,9
2003	-25024	93511	68487	136,5	6,7
2002	-1797	77132	75335	102,4	0,7
2001	-3976	91899	87923	104,5	4,6

Source : Ndongo Sylla (2013), à partir du Rapport national sur la compétitivité de 2011.

Sur la période 2000-2010, le secteur moderne n'a créé en moyenne que 1 261 emplois nets entre 2001 et 2009 et, si l'on exclut l'année

2003, cette moyenne s'établit à 4 500 emplois nets par an alors que sur le plan de la croissance économique cette période a été jusque-là la plus prospère de l'histoire économique du Sénégal (Ndongo Sylla, 2013).

En dehors de l'année 2010, le repli des taux de croissance économique à partir de 2006 tient en grande partie aux fluctuations des exportations et des importations. Sur le plan sectoriel et à compter de l'année 2011, les faibles taux de croissance s'expliquent par le repli noté dans le secteur primaire mais aussi par l'aggravation de la facture des importations. Pour 2013, les exportations sont ressorties à 1 230,5 milliards de FCFA contre 1 259,4 milliards de FCFA, soit -2,3 % après un accroissement de 10,1 % en 2012. Les importations s'élèvent à 2 994,7 milliards de FCFA en 2013 contre 3 005,5 milliards de FCFA en 2012, soit un recul de -0,4 % après une hausse de 18,1 % en 2012. En 2014, le cumul des exportations a été de 1 206,1 milliards de FCFA, un recul de -2 % par rapport à 2013. Les importations, quant à elles, sont évaluées à 2 961,2 milliards de FCFA, soit un repli de 1,1 % par rapport à 2013 (NACE, ANSD, 2014).

L'instabilité de l'économie sénégalaise est ainsi bien palpable avec l'évolution en dents de scie des taux de croissance économique depuis 2005. Les taux de croissance de plus de 7 % escomptés à l'horizon 2017, risquent d'être torpillés par les mauvaises tendances et l'instabilité dans le secteur primaire portée par une agriculture et un élevage encore largement tributaires des aléas climatiques. La maigre contribution de l'agriculture en 2013 et 2014 est rangée dans le registre de l'arrivée tardive de l'hivernage et du déficit de pluviométrie. En 2013, où le taux de croissance n'a été que de 2,6 % (après les 3,7 % de 2012), les chiffres de l'ANSD montrent que l'agriculture et la pêche ont connu un recul respectif de 15,5 % et 8,5 %, en plus du recul des activités extractives. Somme toute, la valeur ajoutée du secteur primaire a reculé de 12,9 % en 2013 alors que les activités des secteurs secondaire et tertiaire n'ont cru respectivement que de 0,8 % et 5,6 %. Entre juillet et août 2014, l'activité du secteur primaire (hors agriculture et sylviculture) a connu un repli de 6,8 %. Cette chute s'explique essentiellement par la mauvaise conjoncture au niveau de la pêche qui a décliné de 22,9 %, du fait de la baisse des productions à Saint-Louis (-60,3 %) et à Thiès (-21,7 %) selon les statistiques de la DPEE. En glissement annuel, l'activité du secteur primaire s'est contractée de 10 %, une contraction accentuée par les contre-performances du secteur de l'élevage (-11,2 %).

Le tableau 5 suivant donne les principaux postes d'exportation qui doivent cristalliser plusieurs efforts de promotion de la production.

Tableau 6 : Évolution des principaux produits d'exportation (année de base : 2002)

	2002	2003	2004	2005	2006	2007	2008	2009	2010	2011
Coton fibre	100	117	115	127	127	149	98	67	88	91
Huile d'arachide	100	91	27	43	62	83	15	37	59	77
Acide phosphorique	100	87	96	90	36	43	36	51	58	56
Engrais phosphatiques	100	126	98	46	9	63	66	16	25	24
Produits pétroliers	100	116	119	93	138	83	139	119	113	57
Produits de la pêche	100	109	106	95	84	85	79	90	102	105

Sources : DPEE, AFD et calculs de l'auteur

Ce tableau 6 témoigne d'une volatilité dans les résultats annuels des principaux secteurs pourvoyeurs de recettes d'exportations. À part les produits de la pêche qui ont enregistré une embellie à partir de 2010, le coton-fibre, l'huile d'arachide, l'acide phosphorique et les engrais phosphatiques sont autant de filières caractérisées par une crise qui explique largement le creusement du déficit commercial du Sénégal ces dernières années. La crise des industries chimiques du Sénégal (à compter de l'année 2004) a drastiquement sapé les exportations d'acide phosphorique malgré une légère reprise à partir de 2009, au moment où les exportations d'engrais phosphatiques ont connu une chute vertigineuse.

Le Sénégal exporte d'autres produits, tels que l'or (dont la production a été en baisse en 2013), et le ciment, avec les deux cimenteries Ciment du Sahel et Sococim, dont les exportations vers le Mali ont été affectées par la crise socio-politique dans ce pays entre 2012 et 2013. Il s'agit d'un rétrécissement de la demande qui est venu s'ajouter aux autres problèmes qui ont retardé l'installation de la troisième cimenterie Dangote, prévue depuis 2012. Ce troisième opérateur, dont le processus d'installation a été parachevé en 2015, va être d'un avantage incontestable, notamment en termes d'augmentation de l'offre, de chute prévisible des prix, de hausse du potentiel d'exportation et de création d'emplois. Une légère chute du prix du ciment (baisse de 1 000 à 2 000 FCFA sur la tonne) a d'ailleurs été constatée en fin 2015.

Cependant, la maigre croissance économique du Sénégal est tirée par le secteur tertiaire qui y contribue pour une majeure partie dans la période 2000-2011.

Tableau 7 : Performance des secteurs dans la période 2000-2011

	Primaire	Secondaire	Tertiaire
Taux de croissance moyen	2,5 %	4,1 %	4,6 %

Source : DPEE (2013)

Les Bâtiments et Travaux Publics (BTP) sont le meilleur contributeur du secteur secondaire. Quant au secteur tertiaire, il est essentiellement tiré par les télécommunications qui représentent 9 % du produit intérieur brut et plus de 12 % des recettes fiscales de l'État.

Cependant dans la période 200-2012, l'industrie sénégalaise a subi de plein fouet la vulnérabilité et la dépendance énergétique du pays. La cherté de l'énergie et le renchérissement induit des coûts de production, combinés à un régime fiscal encore bien contraignant, justifient les multiples fermetures de PME notées à travers le pays durant cette période. Néanmoins, les carences internes de l'économie sénégalaise sont encore largement compensées par les envois de fonds des émigrés qui représentent près de 10 % du PIB. Mais la crise économique internationale se ressent de plus en plus sur le volume de ces envois qui évoluent maintenant à un rythme modéré. Les envois nets de la diaspora sont passés de 730 milliards en 2008 à 816 milliards de FCFA en 2012, soit seulement 12 % d'évolution en 5 ans, selon les chiffres de la Banque mondiale. De même que les recettes du tourisme baignent dans une vulnérabilité et une instabilité qui ligaturent l'espoir porté sur ce secteur. La découverte d'un cas de maladie à virus Ebola à Dakar en juillet 2014 a coûté cher à l'hôtellerie sénégalaise. Lors de son 16ème point économique, la DPEE révèle qu'en 2014 les hôtels Terrou-Bi et King Fahd Palace de Dakar ont connu des baisses respectives de recettes de 200 millions et 670 millions de FCFA.

Situation dans l'agriculture

Pour réduire significativement la pauvreté à court et moyen termes, l'autorité publique a bien compris qu'il faut agir sur l'agriculture, qui occupe plus de 60 % de la population. C'est pourquoi l'agriculture a catalysé plusieurs efforts de l'État sénégalais depuis le président Senghor. L'objectif permanent des différents régimes a été d'asseoir une agriculture performante au service d'une industrie forte et d'une substitution aux importations. Les principales politiques économiques depuis 1960, du 1er plan au 9ème plan de développement économique et social (1996-2001), ont été adossées à cette ambition. Le tableau 7 résume les principales politiques et programmes agricoles adoptés depuis 1960.

Tableau 8 : Plans et programmes agricoles depuis 1960

Politiques ou programmes	Période	Objectifs
Le Programme agricole	1960-1980	Appui à la filière arachide. 1. Définition des priorités, des moyens, des structures d'interventions et des objectifs à atteindre. 2. Formation technique/professionnelle des agriculteurs. 3. Distribution à crédit de semences, engrais, produits phytosanitaires, matériel agricole, etc. 4. Organisation de la collecte et de la commercialisation
Nouvelle Politique Agricole (NPA)	1984-1994	Réorganisation du monde rural. Redéfinition du rôle des sociétés d'encadrement (SRDR). Mise en place d'un plan céréalier. Élaboration de la politique de lutte contre les déprédateurs des cultures.
Plan d'Ajustement Structurel de l'Agriculture (PASA) : Lettre de politique du développement agricole (LPDA) adoptée en avril 1995.	1994-2001	Décliner les programmes d'ajustement structurel (PAS) au niveau du secteur agricole à travers le désengagement de l'État et la libéralisation.
Retour vers l'Agriculture (REVA)	Lancé en 2006, il devient en 2012 l'Agence nationale d'insertion et de développement agricole (ANIDA).	Reconstituer la main d'œuvre agricole par la promotion d'un statut plus valorisant des métiers de l'agriculture, freiner l'émigration clandestine, diversifier et améliorer les exportations de produits agricoles.
Programme de Développement des Marchés Agricoles (PDMAS)	À partir de 2007	Renforcer et développer des chaînes d'approvisionnement de filières agricoles et d'élevage à forte valeur ajoutée et présentant d'importantes potentialités commerciales.
Grande offensive agricole pour la nourriture et l'abondance (GOANA)	2007-2012	Faire face à la crise alimentaire mondiale amorcée en 2006 en augmentant les volumes de production agricole.
Programme d'accélération de la cadence de l'agriculture (PRACAS)	À partir de 2014	Autosuffisance en riz et en oignon dès 2017, optimisation de la production arachidière et augmentation substantielle des productions et des exportations de fruits et légumes.

Ce tableau ne fait pas de grande distinction entre les politiques et les programmes ; ces derniers étant une émanation des politiques. La Nouvelle Politique Agricole adoptée en 1984 est la mère de l'ensemble des options stratégiques postérieures. Elle a débouché sur le Plan d'Ajustement Structurel de l'Agriculture (PASA) qui a fait office d'une politique volontariste mise en œuvre à partir de 1994. Les programmes suivants portent les marques des ambitions personnelles du président Abdoulaye Wade, chez qui le REVA et la GOANA semblent avoir été des projets personnels qui ne lui ont pas survécu au pouvoir. Toutefois, à partir des années 2000, le Sénégal s'est lancé dans un exercice ambitieux de réforme du cadre institutionnel du secteur agricole. À l'instar de la France, une Loi d'orientation agrosylvo-pastorale (LOASP) a été promulguée en avril 2004, afin de renforcer la compétitivité de l'agriculture, d'améliorer la sécurité alimentaire, de donner un véritable statut aux agriculteurs, de faciliter leurs investissements et de sécuriser leurs revenus. Cette loi, couvrant la période 2004-2024, a insufflé un nouvel élan dans le développement des filières du secteur primaire. Mais le magistère d'Abdoulaye Wade est caractérisé par une multiplicité d'instruments et d'intervenants institutionnels qui ont gêné l'efficacité des actions sur le terrain. Le président Macky Sall a effectué un ajustement institutionnel en 2012 par la mise en place de l'Agence Nationale d'Insertion et de Développement Agricole (ANIDA) à la place du plan REVA. L'ensemble des ambitions agricoles du PSE est aussi condensé dans un unique Programme d'Accélération de la Cadence de l'Agriculture Sénégalaise (PRACAS) en 2014.

Cependant, ces différents politiques et programmes n'ont pas encore eu les effets escomptés. La part de l'agriculture (élevage compris) dans le PIB a régressé (figure 1) et la part de l'élevage, à proprement parler, a stagné autour de 5 % depuis 2000.

Figure 1 : part de l'agriculture dans le PIB

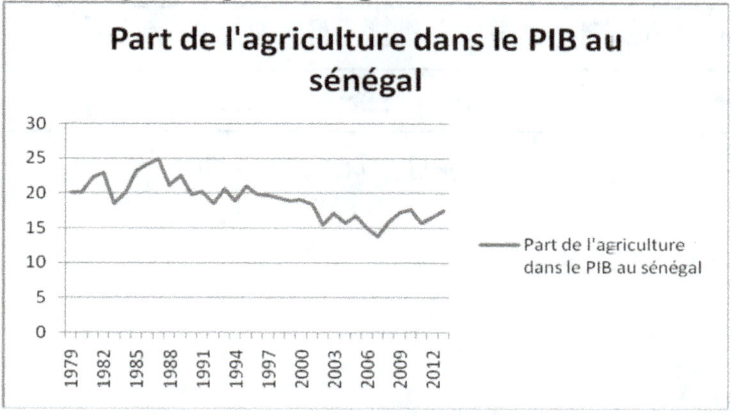

Source *: http://data.lesechos.fr/pays-ndicateur/senegal/*

« La figure ci-dessus et le tableau suivant montrent une baisse tendancielle de la part des secteurs primaire et agricole dans l'économie dans la période 1996-2012 ».

Tableau 9 : Part moyenne de l'agriculture et du secteur primaire dans le PIB de 1997 à 2011

	1997-2001	2002-2006	2007-2011
Agriculture (hors élevage)	10,10	8,06	7,86
Secteur primaire	19,90	16,36	15,76

Source : DPEE (2012)

En 2012, le nouveau gouvernement a consenti un soutien de 34 milliards de FCFA au monde rural et les résultats positifs de la campagne agricole 2012/2013 ont bien contribué à la croissance économique de 3,7 % obtenue en 2012 (tableaux 9 et 10).

Tableau 10 : Production céréalière

Années	Mil	Sorgho	Maïs	Riz	Fonio	Total
2008/09	678 171	251 515	397 326	408 219	4 425	1 739 656
2009/10	810 121	218 696	291 301	502 104	3 085	1 825 306
2010/11	813 291	162 599	186 511	604 043	1 374	1 767 822
2011/12	480 759	88 865	124 092	405 824	1 735	1 099 279
2012/13	662 614	137 574	228 423	469 649	1 497	1 499 757
2013/14	515 365	92 029	225 902	436 153	1 488	1 270 937

Source : DAPSA (2014)

Tableau 11 : Autres cultures

Années	Arachide	Coton	Niébé	Manioc	Pastèque	Sésame
2008/09	731 210	38 810	126 423	920 866	327 312	11 096
2009/10	1 032 651	22 090	86 625	265 533	190 582	6 831
2010/11	1 286 855	26 045	48 880	181 236	240 780	5 270
2011/12	527 528	25 367	28 110	154 879	148 683	3 655
2012/13	692 572	32 248	68 745	197 671	186 623	5 016
2013/14	677 456	28 818	40 688	146 031	136 937	3 689

Source : DAPSA (2014)

Nouvelles opportunités (dont Pétrole et Quartzite) et nouvelles perspectives

Le Sénégal capitalise une bonne pratique extractive (minière et minéralière), s'agissant notamment du phosphate, du fer, de l'or, du basalte (et le gaz en moindre mesure). Le Plan Sénégal Émergent (point 338, page 73) vise à atteindre à l'horizon 2020 une production annuelle de 15 à 20 millions de tonnes de fer, 2,5 millions de tonnes de phosphates, 17 tonnes d'or (accélération de l'exploitation aurifère et rationalisation de l'orpaillage traditionnel) et 90 000 tonnes de zircon. Sur cette dernière ressource, des évaluations environnementales et sociales sont nécessaires afin de statuer sur l'économicité et la propreté de son exploitation. Il s'agit d'un produit qui a un impact très négatif sur l'écosystème et les populations de Niafrang ont manifesté en 2015 leur opposition à son exploitation. Le Sénégal produit aussi 300 000 tonnes d'ilménite et devrait atteindre les 500 000 tonnes dès 2016 selon les exploitants.

Ces différentes ressources sont utilisées dans plusieurs processus de production comme le ciment, les acides, les engrais ou les routes, mais leur exportation est également source d'importantes devises pour l'économie du pays. Le basalte, qui est utilisé dans toutes les couches de base des routes, est exploité depuis la fin des années 70 et il a souvent permis au Sénégal d'amoindrir le coût de réalisation de ses ouvrages infrastructurels. Les infrastructures routières représentent une composante cruciale de la stratégie d'émergence du Sénégal, concomitamment au désenclavement de la Casamance. Sur ce plan, le Sénégal dispose d'atouts importants en termes de facteurs de production, notamment les réserves de basalte de Diack et la récente découverte du granulat de Bakel (quartzite)[3]. Le granulat basaltique de Diack est en voie de tarissement, il est source de pollution et son transport coûte de plus en plus cher du fait de l'éloignement des zones d'interventions. Parallèlement, la réserve de quartzite de Bakel, dont l'exploitation ne s'est pas encore développée, est une opportunité qui pourrait permettre de réduire le coût global du fait de son potentiel important (85 millions de m^3) et de sa position géographique. Le quartzite est un substitut parfait au basalte dans la construction des routes et il est de densité moindre, ce qui laisse une marge importante de réduction des coûts du transport. Une première carrière de quartzite est déjà en exploitation dans la zone de Bakel. Celle-ci a été mise sur place avec l'expertise du laboratoire de géologie de l'UFR Sciences de l'Ingénieur de l'université de Thiès. Il ressort des premiers résultats de cette expérience que le potentiel est très significatif et qu'une mise en valeur renforcée permettrait des avantages supérieurs à ceux obtenus du basalte de Diack.

Par ailleurs, entre juillet et octobre 2014, deux gisements de pétrole ont été découverts au Sénégal. Le premier gisement se situe à Sangomar, une île qui se trouve à une centaine de kilomètres de la côte. Cette première réserve, désignée par FAN-1, est estimée entre 250 millions et 2,5 milliards de barils. Il s'agit potentiellement de la plus significative découverte depuis le début de l'exploration pétrolière au Sénégal. Le deuxième gisement appelé SNE-1 se situe à 1 100 mètres de profondeur et à 24 kilomètres de FAN-1. L'estimation des réserves de ce deuxième gisement reste à préciser. À propos de ce pétrole, le président Macky Sall[4] a déclaré en octobre 2014 qu'« en matière d'exploitation pétrolière, il y a les contrats de partage de production et les contrats de concession. Nous avons choisi les contrats de partage de production. Avec ce genre de contrat, on connaît à peu près les parts de chaque entité. Dès lors, il n'y a pas de problème. Je pense que nous sommes sur la bonne voie ».

FAN-1 et SNE-1 font partie de trois blocs *offshores* couvrant une superficie de 7 490 kilomètres carrés co-exploités, dans le cadre d'une joint-venture, par l'écossais Cairn Energy (40 % des parts), l'américain

---

3 Ces produits constituent la dernière couche d'une route à partir du revêtement en béton bitumineux.

4 Rapporté par le quotidien *Le Soleil*.

Conoco Phillips (35 %), l'Australien FAR (15 %) et Petrosen (10 %) selon les chiffres disponibles. Cependant, cette répartition des parts dans la joint-venture est déjà une mauvaise opération pour le Sénégal puisqu'elle va déterminer le mode de répartition des parts dans le partage de production visé par le président de la République. Une plus grande part du Sénégal dans cette joint-venture implique deux avantages immanquables quelques soit les partenaires retenus : encaissement d'une bonne partie du *Cost Oil* (rembour-sement des dépenses d'exploration et de développement) et maximisa-tion du *Profit Oil* (parts de l'État dans le pétrole). Dès lors, même si les inputs de l'exploitation pétrolière s'avèrent être trop onéreux, les enjeux socioéconomiques sont suffisamment colossaux pour que l'État du Sénégal redouble encore d'efforts financiers dans la joint-venture. Il est de même pour les importants gissements de gaz découverts à Kayar dans la région de Thies. L'argument financier étant souvent évoqué pour justifier la maigre part du Sénégal, il est alors nécessaire de valoriser tout atout possible, afin d'éviter de tomber dans le piège des contrats spoliateurs qui sont en vi-gueur dans d'autres pays africains ou arabes.

Devant une telle perspective, il importe aussi d'analyser les récents rebondissements sur le pétrole qui font état d'une chute progressive des cours du baril en deçà de 60 USD depuis l'année 2014. Certains observateurs considèrent qu'il s'agit d'intentions délibérées de fragilisation financière des États russe et iranien qui dépendent des recettes pétrolières. Mais il a été constaté que les États-Unis, cités comme étant à l'origine de cette volonté de fragilisation de la Russie et de l'Iran, risquent de subir des conséquences négatives si cette chute des cours ne s'arrête pas. Le pétrole américain, dont le coût d'exploitation tourne autour de 60 dollars par baril, ne sera donc plus rentable si le cours arrivait loin en deçà de 60 dollars. Or, les Américains sont aujourd'hui obnubilés par l'objectif de s'extirper de leur dépendance pétrolière vis-à-vis du Moyen-Orient. Déjà, l'exploitation du gaz de schiste commence à donner des satisfactions et avec ce produit, les États-Unis sont devenus le premier pays producteur de pétrole à compter de 2015. Mais les Saoudiens, qui forent à moins de 20 dollars par baril, n'entendent pas diminuer leur offre de pétrole puisqu'ils doivent faire face à la concurrence des nouveaux pays producteurs qui, même si leur pétrole est lourd et coûteux à exploiter, peuvent faire des marges incitatives de rentabilité si le baril est maintenu à un niveau élevé. Ce contexte tendu laisse s'instaurer un environnement incertain où le cours du pétrole peut drastiquement chuter si la production continue d'augmenter. Le baril s'est échangé à 29 dollars en janvier 2016 et certains observateurs craignent davantage de chute dans un avenir proche, avec la production additionnelle attendue de l'Iran du fait de la levée de l'embargo à l'issue des dernières négociations sur le nucléaire. Suivant une telle tendance, il y a des risques sur l'or noir sénégalais puisqu'il s'agit d'un pétrole dont l'exploitation s'avère assez onéreuse. Toutefois, les tendances à long terme sont favorables, relativement aux capacités prospectives et d'innovations des multinationales impliquées et aux investissements déjà consentis en vue du forage du pétrole sénégalais. À long terme, la faiblesse des cours pourrait compromettre la production qui, selon l'Organisation des Pays Exportateurs de Pétrole (OPEP), risque de décliner dans cinq ans du fait du manque d'investissements et d'innovations. La demande mondiale de pétrole pourrait aussi s'affaiblir du fait du développement des substituts que sont les énergies renouvelables.

II. De la SNDES au PSE : analyse des principales options stratégiques

Le président Macky Sall est allé au deuxième tour de la présidentielle de février 2012 sur la base de son programme *Yoonu Yokkuté*[5]. Mais lors de la campagne du second tour, il a dû signer la Charte de gouvernance démocratique issue des assises nationales de 2008 afin de recueillir le soutien de l'essentiel des autres forces politiques qui constituent sa coalition nommée *Benno Bokk Yaakar*[6]. Arrivé au pouvoir en mars 2012, il lui a fallu faire des combinaisons pour prendre en compte les autres visions de cette coalition hétéroclite que partagent des libéraux, des socialistes, des socio-démocrates, des communistes, des marxistes-léninistes et des trotskistes. Cette situation n'a pas survécu au programme *Yoonu Yokkuté*, qui a été fondu dans la Stratégie Nationale de Développement Économique Sociale (SNDES) en 2013, laquelle a débouché sur le Plan Sénégal Émergent (PSE) en février 2014.

Genèse du Plan Sénégal Émergent (PSE)

Depuis son indépendance, le Sénégal est pris dans un tourbillon de plans et de programmes qui n'ont indubitablement pas produit les effets attendus. Il y a eu d'abord les plans de développement économique et social (1er plan jusqu'au 9ème plan) qui ont eu cours jusqu'au début des

5 Expression de langue wolof qui signifie « le chemin du développe-ment ».

6 Autre expression wolof qui signifie « union autour du même espoir ».

années 2000. Entre temps, les Plans d'ajustement structurel sont venus bouleverser les lignes initiales de politiques économiques du Sénégal à partir de 1980. Ces plans ont abouti au désengagement de l'État de la sphère productive, à la libéralisation de l'économie sénégalaise et à sa connexion à l'économie mondiale avec un jeu concurrentiel international qui a coûté au Sénégal la disparition de l'essentiel de ses entreprises du textile (NSTS, SOTIBA, BATA, etc.) et la fragilisation de sa filière cotonnière. La période 2000-2012 a été le moment d'un foisonnement des instruments institutionnels d'action économique publique, parfois redon-dants, avec l'existence concomitante de programmes publics et multi-latéraux de promotion économique (Documents de stratégie de réduc-tion de la pauvreté, Stratégie de croissance accélérée, Instrument de soutien à la politique économique, etc.).

Le caractère hétéroclite de la coalition *Benno Bokk Yaakar* n'a pas été sans incidence négative sur le choix ferme d'un mode de gouvernance économique et d'un projet de société consensuels. La multiplicité des programmes proposés entre avril 2012 et février 2014 augure un certain tâtonnement du nouveau régime qui a semblé éprouver des difficultés à trouver sa voie. À la marge, le projet de réforme des institutions et l'acte 3 de la décentralisation ont été engagés au courant de l'année 2013. Le processus de réforme foncière engagé depuis la fin de l'année 2012 et qui conditionne la réussite des nouvelles stratégies agricoles semble être boiteux. Ces réformes sont bien en phase avec le programme *Yoonu Yokkuté* qui, dans sa philosophie, comporte une vision acceptable, adossée à la promotion du secteur privé et à la création de pôles économiques à partir du secteur agricole et de ses chaînes de valeur.

D'ailleurs, si les Sénégalais ont fait confiance à Macky Sall en 2012, c'est en bonne partie dû à son expérience présumée pour avoir été Directeur général (2000-2001), ministre (2001-2004), Premier ministre (2004-2007) et président de l'Assemblée nationale (2007-2008). Macky Sall a également été au contact des idées marxistes dans *And Jef* /Parti Africain pour la Démocratie et le Socialisme (AJ/PADS)[7] dans les années 80, avant d'embrasser par la suite les idées néolibérales avec le Parti Démocratique Sénégalais (PDS). Ce bon parcours militant a forgé en lui une forte conviction de social-démocrate. Il lui a globalement permis de s'initier aux arcanes du pouvoir. Cela est donc un curriculum vitae suffisant pour inspirer un projet de société en phase avec les réalités socioéconomiques du pays. La variété des visions que recèle sa coa-

---

7 *And Jef* est un mot de la langue wolof qui signifie « œuvrer ensemble ».

lition hétérogène n'en cachait pas moins l'existence d'une fibre idéologique commune léguée par le jeu de l'ajustement structurel et l'échec du modèle d'assistance publique hérité de Senghor. La libéralisation de l'économie sénégalaise appliquée par le régime socialiste à partir des années 80 et la promotion de l'économie de marché sont caractéristiques d'une dynamique économique qui s'impose dorénavant à chaque régime. L'État est relégué à son rôle régalien, de promotion, de supervision et de régulation, alors que le secteur privé est érigé en moteur du développement. Il s'agit d'une tendance économique planétaire, amorcée dans les années 80 et qui fait s'incruster une économie mondiale dont le processus de globalisation s'est maintenant approfondi. La crise actuelle de ce modèle économique internationalisé s'est traduite par des problèmes économiques mondialement partagés : chômage, paupérisation et aggravation tendancielle de l'endettement public.

Avec plus (ou un peu moins) de 100 % de ratio dette sur PIB, les principaux pays développés s'inquiètent actuellement sur le niveau atteint par leur endettement public. En même temps, la dette du Japon a atteint 220 % de son PIB en 2015 et ne suscite pas la même inquiétude parce qu'elle est en majorité contractée auprès du secteur privé national japonais. Un secteur privé national fort aura deux avantages majeurs pour le Sénégal : il va mener l'économie nationale à une masse critique susceptible de la porter vers l'émergence et il permet la maîtrise de la dette publique, dont l'encours est passé de 17 % du PIB en 2006 à 53 % en 2015.

Le secteur privé, le climat des affaires et la création d'entreprises constituent l'âme du programme *Yoonu Yokkuté*. Ce programme cadre bien avec le contexte économique à l'orée de 2012 caractérisé par un état dégradé de l'économie sénégalaise, de ses finances publiques et le niveau élevé des prix des denrées de première nécessité. Il a ainsi été adossé à la corrélation qui existe entre la réduction du train de vie de l'État, les subventions et les baisses de taxes, qui vont relancer l'investissement privé, réduire le coût de la vie et relancer la consommation. L'idéal en est que les baisses des taxes et les subventions (qui concernent en même temps les facteurs de production) vont contribuer à réduire les prix, à relancer le pouvoir d'achat des ménages et à promouvoir l'investissement. La baisse des prix et l'augmentation du pouvoir d'achat vont, à leur tour, relancer la consommation et la croissance, ce qui va conduire à une augmentation de l'assiette fiscale qui permettra à l'État de se rattraper sur les allègements fiscaux et les fonds alloués aux subventions. Telle est la spirale de croissance économique qui fonde ce programme économique de la coalition Macky 2012 et qui est en phase avec les propositions formulées par la plupart des autres candidats regroupés au sein du M23[8]. *Yoonou Yokkuté* comporte tout de même des failles théoriques dans l'aspect le plus important. Il s'agit de la lutte contre le chômage où la promesse a été de créer 500 000 emplois durant le mandat (on va compter 7 ans), soit 72 000 emplois en mo-yenne par an. Cet objectif est invalidé par deux observations pertinentes de l'économiste Ndongo Sylla (2013) :

- avec 100 000 nouveaux demandeurs d'emplois par an, 72 000 créations d'emplois ne réduiraient pas le taux de chômage au bout de 5 ans.
- le programme ne précise pas s'il s'agit de créations nettes d'emplois et il a été muet sur les secteurs générateurs.

Le secteur informel où les emplois sont précaires et peu productifs est le pourvoyeur dominant d'emplois, à l'imae de la période 2001-2009 pendant laquelle il a porté 99 % de la croissance de l'emploi au Séné-gal. En fin 2012, *Yoonou Yokkuté* a été décliné sous la forme d'une Stratégie Nationale de Développement Économique et Social (SNDES). Celle-ci était censée être exécutée en synergie avec la Stratégie de Croissance Accélérée (SCA) et l'Instrument de Soutien à la Politique Économique (ISPE) proposé par le FMI.

Toutefois, cette multiplicité de sources d'inspiration programmatique rend floue la ligne économique directrice que le nouveau régime s'est fixée. À cela s'ajoutent d'autres fronts d'instabilités telles que la cacophonie qui règne dans les institutions d'encadrement et de régulation de l'activité économique, et l'instabilité ministérielle qui est le lit d'éternels recommencements dans les sphères de décision. Par exemple, avec le coût intenable de l'énergie, une mission italienne des régions de Vercelli et de Pavia[9], s'est proposé en 2013 d'apporter au Sénégal leur technologie d'irrigation par déversement (sans énergie). Sur invitation du Holding Al-Azhar, dirigé par Serigne Mame Mor Mbacké[10], cinq experts, accueillis par le ministre de l'Agriculture de l'époque, ont visi-

---

8 Mouvement créé autour de la société civile et l'opposition lors d'une révolte contre une 19ème réforme constitutionnelle du président Abdoulaye Wade le 23 juin 2011.

9 Figurant parmi les plus grands producteurs de riz en Europe.

10 Fils de Serigne Mourtada Mbacké, fils de Cheikh Ahmadou Bamba Mbacké, fondateur du mouridisme.

té des sites agricoles en compagnie d'agents de la Société Nationale d'Aménagement et d'Exploitation des Terres du Delta, de la vallée du fleuve Sénégal et de la Falémé (SAED). Mais cette belle initiative est restée sans suite, à cause probablement du changement de ministre intervenu en juillet 2014[11].

D'autres blocages viennent se greffer à cette fragilité programmatique. D'un côté, les programmes resteront toujours en demi-teinte tant que le potentiel économique de la Casamance n'est pas pleinement mis en valeur. Comme aime souvent le répéter le ministre d'État Cheikh Tidiane Gadio, président de l'Institut Panafricain de Stratégie (IPS), on ne peut vraiment pas parler de stabilité sociopolitique du Sénégal si on considère que la Casamance (zone instable depuis 1980) fait partie du Sénégal. D'un autre côté, il faut souligner la vulnérabilité et l'incrédibilité institutionnelles qui caractérisent le pays. La signature de l'État du Sénégal est une institution qui a été souvent mise à mal. Des contrats importants de partenariats public/privé ont été conclus par un régime, puis remis en cause par un régime successeur (privatisation de la Sénélec en 1998, licence de Tigo en 2001, construction de l'aéroport international Blaise Diagne, etc.). Cette cacophonie juridico-institutionnelle porte un coup dur à la crédibilité des institutions, ternit le climat des affaires et relègue le Sénégal dans une position inconfortable dans les classements *Doing business*.

La philosophie du PSE est arrimée à cette nécessité indécrottable de rationalisation et de fortification des structures administratives et institutionnelles. C'est ce qui ressort dans ses piliers I et III qui visent la transformation structurelle de l'économie sénégalaise, la rationalisation de l'action publique et la bonne gouvernance. Cette même philosophie recèle une tentative de faire en sorte que les lignes directrices de l'économie sénégalaise soient fixées pour de bon, suivant une démarche et une approche institutionnelles qui empêchent toute remise en cause ultérieure. L'idéal aurait été évidemment d'avoir une vision limpide couchée sur un document clair et consensuel, capable d'être une source d'inspiration pérenne de la gouvernance économique du Sénégal pour plusieurs années. Malheureusement, le PSE est projeté à l'horizon 2035, mais il pourrait bien être remis en cause par les prochains régimes

[11] Avis de El hadji Moustapha Diop, spécialiste en semences, qui a publié un article intitulé Autosuffisance en riz en 2017 : par devoir d'éclairage, *Dakar actu*, le 18 novembre 2014.

puisque son élaboration n'a pas été faite suivant une démarche suffisamment inclusive.

Les axes fondamentaux du PSE

Les manuels d'économie indiquent en général que l'émergence économique s'adosse d'abord à des taux de croissance et un revenu par tête en forte croissance, et se matérialise ensuite par une situation dans laquelle un pays fait l'objet de flux commerciaux internationaux significatifs. Par exemple, le Brésil, grâce à ses performances sur le soja, la canne à sucre et le café, où il est premier producteur mondial avec 2,4 millions de tonnes annuels, ou encore l'Inde, grâce à ses performances sur le riz, le blé, les pommes de terre, le coton, le cheptel et les produits laitiers. C'est sans doute la raison pour laquelle le Plan Sénégal Émergent fait la part belle à l'agriculture. Il s'agit d'un objectif suffisant, qui, conjugué aux efforts d'implication et de développement du secteur privé national, constitue un socle approprié d'émergence économique. Avec le PSE, l'État sénégalais entend effectuer les ruptures qui permettront d'inscrire le Sénégal sur une nouvelle trajectoire de développement. Ces ruptures vont se traduire par des actions hardies pour relever durablement le potentiel de croissance, stimuler la créativité et l'initiative privée afin de satisfaire la forte aspiration des populations à un mieux-être. Il s'agit principalement d'insuffler une nouvelle vision de gouvernance pour un Sénégal émergent en 2035 avec une société solidaire dans un État de droit et suivant trois axes fondamentaux :

1. la transformation structurelle de l'économie sénégalaise à travers la consolidation des moteurs actuels de la croissance et le développement de nouveaux secteurs créateurs de richesses, d'emplois, d'inclusion sociale et à forte capacité d'exportation et d'attraction d'investissements.

2. l'amélioration significative des conditions de vie des populations et une lutte plus soutenue contre les inégalités sociales tout en préservant la base de ressources et en favorisant l'émergence de territoires viables.

3. le renforcement de la sécurité, de la stabilité et de la gouvernance, de la protection des droits et libertés et de la consolidation de l'État de droit afin de créer les meilleures conditions d'une paix sociale et de favoriser le plein épanouissement des potentialités.

Sur le volet exclusivement économique, le document du PSE indique :

A.) Le PSE est réalisé à travers un Plan d'Actions Prioritaires (PAP) quinquennal adossé aux axes stratégiques, aux objectifs sectoriels et aux lignes d'actions de la Stratégie. Le PAP se décline à travers des projets et programmes de développement inscrits dans un cadre budgétaire sur la période 2014-2018.

B.) Le PAP est construit sur la base du scénario optimiste du PSE qui est évalué à 9 685,7 milliards de FCFA. Son financement est acquis pour 5 737,6 milliards de FCFA, soit 59,2 %, tandis que le gap de financement à rechercher est de 2 964 milliards de FCFA, soit 30,6 %, et celui à couvrir par des recettes additionnelles et des économies sur les dépenses est de 984 milliards de FCFA à 10,2 %.

C.) La mise en œuvre diligente des réformes clés et des projets du PAP permettra d'atteindre un taux de croissance annuel moyen de 7,1 % sur la période 2014-2018, de réduire le déficit budgétaire de 5,4 % en 2013 à 3,9 % en 2018. Le déficit du compte courant serait ramené sous la barre des 6 % en 2018 (environ 8 % du PIB actuellement) et le taux de l'inflation, mesuré par le déflateur du PIB, resterait en dessous du seuil communautaire fixé à 3 % (UEMOA).

Le PSE a également prévu un scénario pessimiste tenant compte des ressources susceptibles de ne pas être mobilisées. Donc, à compter de 2014, les risques de non atteinte des objectifs de financements portent théoriquement sur les 3 000 milliards de FCFA environ à rechercher dans le PAP, mais aussi sur les retards de décaissements dans l'utilisation des 3 927 milliards de FCFA, engagements obtenus au groupe consultatif de Paris en février 2014. Il s'agit là d'une première fragilité financière dès l'instant où les prévisions de finances publiques n'ont jamais été atteintes au Sénégal, et que le recours à l'endettement semble être exorbitant. Toutefois, la volonté du gouvernement est claire et s'exprime dans un chronogramme précis.

Figure 2 : Piliers et cadre d'interventions du PAP (PSE, page 49)

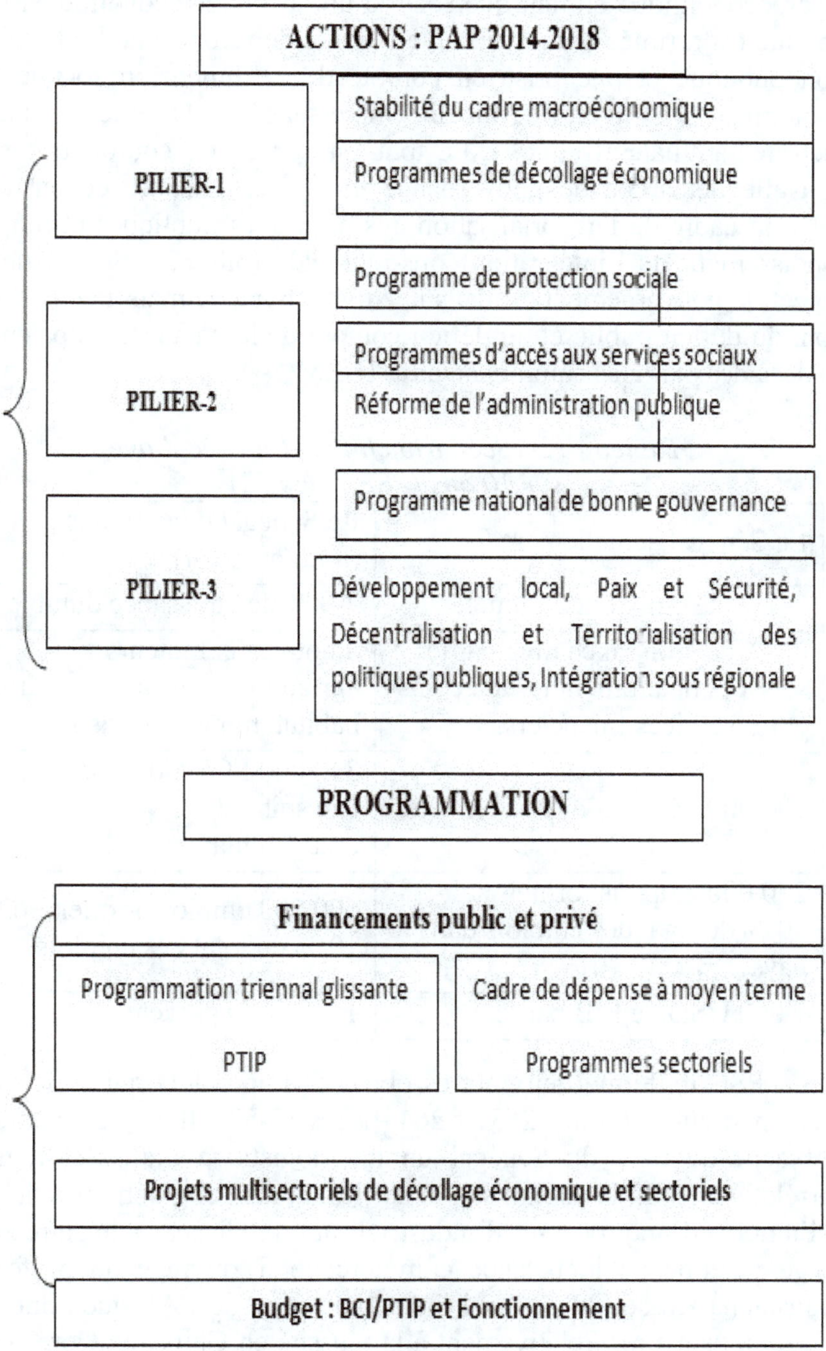

Le pilier de base du PSE s'adosse sur une stratégie de stabilisation macroéconomique en tant que socle d'un décollage économique. Cette optique est arrimée à une véritable volonté de réforme de l'administration publique et une prise en compte de la dimension sociale avec notamment la Couverture Maladie Universelle (CMU) et les bourses de sécurité familiales (pilier 2). Le tout est censé être couronné par une nouvelle démarche de gouvernance transparente, sobre et vertueuse, dans un cadre de territorialisation des politiques publiques et d'approfondissement de l'intégration sous-régionale (pilier 3). Sur ce dernier aspect, le gouvernement est dans une dynamique de maintien de l'inflation, du déficit public et du déficit courant de la balance des paiements en deçà des plafonds communautaires (UEMOA).

Tableau 12 : Scénario chiffré d'un décollage sur 10 ans (PSE, page 52)

Le Sénégal actuellement	Le Sénégal dans 10 ans (horizon 2024)
3-4 % de croissance annuelle	7-8 % de croissance durable
70 % de croissance tirée par les services notamment les télécoms et les services financiers.	4 nouveaux moteurs : agriculture, agro-alimentaire, habitat, mine et tourisme.
106 000 FCFA d'export par tête	340 000 FCFA d'export par tête soit 320 % d'augmentation.
250 000 emplois formels soit 60 % du total des emplois dans le pays.	600 000 emplois formels soit 10 % du total des emplois.
1 000 USD de PIB par tête	1500 USD par tête.

Le PSE renferme deux autres objectifs importants qui méritent un focus particulier (points 263 et 264, pages 57-58). Il s'agit d'abord, de l'objectif de faire du Sénégal un hub logistique industriel régional corrélativement à la capitalisation sur les atouts géographiques du pays et l'amorce d'un processus d'industrialisation indispensable au rééquilibrage pérenne de la balance commerciale. L'ouvrage du professeur Moustapha Kassé (2013) sur l'industrialisation de l'Afrique donne des orientations claires, relativement à la réussite en Chine, en Corée ou en Turquie, là où le FMI et la Banque mondiale ont véhiculé dans les années 70 et 80 la fausse théorie que l'Afrique n'avait pas à s'industrialiser mais qu'elle pouvait compter sur les importations à moindre coût en provenance de l'Occident. Ensuite, la mise en œuvre d'un hub multi-services pour, d'abord, faire de Dakar la plateforme régionale tertiaire pour les sièges d'entreprises et d'institutions internationales, les prestations de soins de santé, l'éducation et les loisirs. Puis, positionner le Sénégal dans le top 3 des pôles d'externationalisation de services clients (*offshoring*) en Afrique francophone. Et enfin, faire du Sénégal une destination touristique de référence. Il est clair qu'avec la livraison de l'aéroport international Blaise Diagne de Diass en perspective, et malgré la concurrence des destinations Maroc, Côte d'Ivoire et Ghana, le Sénégal peut réellement se positionner en hub touristique sous-régional du fait de sa stabilité, de son climat et de sa position géographique. Des domaines de services majeurs doivent être associés pour réaliser cette ambition : externalisation (*offshoring*) de services, tourisme et transport aérien (point 222, page 71).

En outre, avec un taux de croissance démographique annuel moyen de 2,66 % et un taux de croissance économique moyen de 7 à 8 % sur les dix prochaines années, il est effectivement possible d'atteindre un PIB par tête de 1 500 dollars en 2024. Mais la valorisation du potentiel économique du Sénégal peut permettre d'atteindre des taux de croissance économique à deux chiffres au moins à l'issue du PAP (2014-2018), notamment avec l'exploitation des niches d'industrialisation que peuvent soutenir les nouveaux secteurs moteurs que sont l'agriculture, l'agroalimentaire, les mines et le tourisme. Sur le plan agricole, le Programme d'Accélération de la Cadence de l'Agriculture Sénégalaise (PRACAS) pourra, au moins, rapprocher l'économie du pays des objectifs d'autosuffisance en riz et en oignon dès 2017. Sur les plans minier et minéralier, l'exploitation approfondie du quartzite de Bakel, du zircon, de l'ilménite et l'exploitation pétrolière et gazière prévue à l'horizon 2021 sont des bases potentielles de croissance accélérée.

Toutefois, l'économie sénégalaise est également plombée par un secteur informel dominant dont la formalisation conséquente sera un atout de taille. Avec plus de 60 % d'activités informelles, les 19 % de pression fiscale sur le PIB sont largement supportés par les entreprises formelles, d'où un climat de persécution fiscale qui décourage l'investissement.

III. Limites et approches critiques

Le plan Sénégal Émergent est un plan de synthèse qui se veut exhaustif et représentatif d'une véritable source d'inspiration des actions publiques qui vont mener le Sénégal à l'émergence. Il concerne l'avenir et la vie de toute une nation (pour 5, 10 ou 12 ans au moins). Son intérêt va au-delà des questions de forme mais concerne la faisabilité d'un fonds scientifique qui appelle de multiples améliorations. Il est alors nécessaire de faire un focus sur les insuffisances, notamment les incohérences sur la méthode, la véritable place de l'éducation et de la formation, les enjeux supplémentaires de protection de l'environnement ainsi que la dimension de l'intégration sous-régionale et africaine et la question de la monnaie. Sans oublier que le Sénégal est aussi interpellé sur le sort de ses expatriés dont les transferts de fonds ont été estimés à 816 milliards de FCFA en 2012, soit plus de 10 % du PIB et proviennent à hauteur de 75 % des pays européens où les émigrés ont de plus en plus de difficultés. Le Fonds de Soutien à l'Investissement des Sénégalais de l'Extérieur (FAISE) est un bon instrument mais son action est largement en deçà des besoins d'investissements compensatoires pour faire face au tarissement prévisible des fonds envoyés par les émigrés.

PSE : Entre incohérences méthodologiques, et carences institutionnelles et organisationnelles

Il y a lieu de s'offusquer sur la manière dont le Plan Sénégal Émergent (PSE) a été préparé. Le même scénario que lors des Plans d'Ajustement Structurel (PAS) s'est quasiment reproduit. Il est certain que les experts du Fonds Monétaire international (FMI) qui ont concocté ces PAS n'avaient pas toutes les compétences requises pour ficeler un programme adapté aux réalités socioéconomiques du pays. De même que pour élaborer un document d'inspiration de l'émergence, l'État du Sénégal n'avait pas besoin d'aller dépenser de l'argent auprès d'experts externes qui n'ont pas une fine maîtrise de la socio-économie sénégalaise. L'argument avancé par les souteneurs du PSE est que ce sont des Sénégalais qui ont fait le plan et que le cabinet étranger s'est juste chargé du pilotage et de la supervision. Au passage, il faut regretter l'incongruité consistant à penser que la conception d'un document puisse être une panacée pour changer la situation économique du Sénégal. Il est également regrettable de constater que c'est le même cabinet international qui a été responsabilisé dans d'autres pays africains dont le Gabon. Les déboires constatés dans les derniers programmes à compter de l'année 2000, combinés avec les ratés précédents de l'Ajustement structurel, devraient servir de leçon à l'État du Sénégal. L'émergence n'est pas un slogan mais un processus complexe dont la réussite relève de la stratégie et de la gouvernance. Selon Alioune Sall[12], directeur de l'Institut des futurs africains, « l'émergence n'est ni un plan, ni un produit que l'on va vendre pour trouver des financements, mais un processus de transformation de l'économie, de la société et de la culture. On ne peut pas assigner à l'émergence un horizon temporel précis. Nulle part les choses ne se sont déroulées ainsi », Moubarack Lô (2003) s'est aussi appuyé sur l'exemple asiatique pour montrer que l'émergence économique « n'est pas un événement mais un processus ». Il a récemment souligné par voie médiatique que la méconnaissance de cette réalité a conduit les experts du cabinet McKinsey à proposer l'horizon 2035, et que ce délai est anormalement long pour un pays comme le Sénégal dont les atouts sont déjà assez importants. Le président Macky Sall dispose, en effet, d'une marge maximale de 12 ans de gouvernance selon la constitution du Sénégal. La logique lui impose de dérouler une programmation d'horizon plus réduit au lieu de surfer sur la facilité des horizons lointains.

Sur le plan purement scientifique, un réel travail de recherche sur le Sénégal et l'Afrique est déjà existant, figurant dans les travaux et réflexions intarissables effectués par les chercheurs et intellectuels sénégalais depuis 1960, à commencer par Cheikh Anta Diop. La prospective est devenue le support normal de toute stratégie de gouvernance dans un monde caractérisé par de plus en plus d'aléas économiques, sécuritaires et environnementaux. Elle doit servir de boussole pour piloter le décollage économique de l'Afrique, qui doit être pensé dans un cadre intégré et non de manière cloisonnée comme semblent l'adopter les dirigeants africains. Le fameux ouvrage d'Alioune Sall intitulé *Afrique 2025* est un creuset de scénarios prospectifs sur les futurs possibles en Afrique, dont l'usage aurait pu permettre de prévenir les crises sociopolitiques connues en Côte d'Ivoire ou au Mali. Selon Alioune Sall : « la prospective, c'est se demander ce qui change et ce qui va changer, en pointant les acteurs possibles du changement ». Les partis politiques sont des acteurs majeurs et potentiels du PSE puisque c'est un plan qui est censé être à l'œuvre jusqu'en 2035 et donc au-delà de l'action du régime actuel. Cela fait poindre une autre anomalie méthodologique : le

---

[12] Interview relayée par RFI le 16 mai 2015.

fait de planifier pour plus de 20 ans sans adopter une démarche plus inclusive impliquant tous les Sénégalais, et notamment la classe politique qui est appelée à prendre le relai gouvernemental au bout du (ou des) mandats de Macky Sall. L'idéal était ainsi de tailler institutionnellement le plan d'émergence à la mesure des ambitions de la société civile et de la classe politique significative afin de susciter leur engagement pour son exécution coercitive à l'horizon défini.

Sur les plans économique et social, à proprement parler, de multiples travaux suffisants comme source de prospective économique et sociopolitique ont été déjà réalisés. Mamadou Lamine Diallo a publié en 2004 un ouvrage intitulé *Le Sénégal, un lion économique ?* (éditions Karthala), qui est un creuset d'options stratégiques normatives pouvant mener le Sénégal à l'émergence. Il y dresse les conditions d'adaptabilité des choix politiques par rapport au type de rationalité relationnelle qui caractérise les prises de décision des élites africaines. Le professeur Moustapha Kassé, témoin incontesté de l'ajustement structurel, est d'une expérience et d'un dynamisme scientifique qui lui ont valu la publication de plusieurs ouvrages touchant à l'ensemble des problématiques du développement du Sénégal et de l'Afrique. Son dernier ouvrage, publié en 2015, revient sur les défis économiques manqués des cinquante dernières années durant lesquelles la croissance économique du Sénégal est restée atone. Le Sénégal regorge également d'autres grands chercheurs expérimentés postés dans des laboratoires universitaires et dont la mise en valeur des travaux aurait suffi pour se passer des services d'un cabinet étranger. Le Centre de Recherches Économiques Appliquées de l'université de Dakar (CREA) a eu à piloter avec succès les programmes MIMAP (Micro Impacts of Macroeconomic Ajustments and Policies) proposé par le CRDI et le DSRP (Document de Stratégie de Réduction de la Pauvreté). Ces deux programmes concomitants visaient à évaluer et à améliorer les impacts des politiques macro-économiques sur les personnes pauvres dans leur famille et dans leur collectivité. Fared Carden (2009) a souligné que la mise en œuvre de ces programmes a été facilitée par le fait qu'ils étaient conçus par des chercheurs sénégalais avertis.

La démarche adoptée dans la conception du PSE témoigne encore des faiblesses organisationnelles du Sénégal sur les plans institutionnel, politique, économique et scientifique. D'ailleurs, le métier de chercheur n'est pas bien valorisé au Sénégal à part quelques postes offerts par les rares organismes bénéficiant d'un appui financier comme l'Institut de Recherche pour le Développement (IRD) et l'Institut Fondamental d'Afrique Noire (IFAN). La lutte contre le chômage gagnerait à être adossée à une révision en profondeur des mécanismes de valorisation et d'utilisation des productions locales de connaissances. Certains des diplômés chômeurs peuvent être casés dans les métiers de l'expertise, à travers une réorganisation qui met en avant les cabinets et laboratoires locaux.

C'est cette même carence organisationnelle qui fait défaut à tous les niveaux, des institutions générales aux institutions spécialisées du pays. Les failles des dispositifs institutionnels fondamentaux de l'État ont d'ailleurs été utilisées par le président Abdoulaye Wade pour retoucher 18 fois la Constitution du Sénégal dans la période 2001-2011. C'est le projet de retouche de trop, la 19ème, concernant le ticket président/vice-président qui a mené à la révolte du 23 juin 2011, à partir de laquelle le Sénégal s'est inscrit dans une nouvelle trajectoire sociopolitique faisant de la réforme globale des institutions un projet incontournable. Déjà la Charte de gouvernance démocratique issue des assises nationales de 2008 avait initié cette réflexion sur les institutions.

Le Sénégal a été affaibli sur le plan de la facilité à faire des affaires (*Doing Business)* à cause des multiples ruptures et litiges contractuels qui ont éclaboussé le pays depuis les années 90. La résiliation du contrat d'Elyo/ Hydroquébec pour la gestion de la Sénélec en juillet 2000, la confiscation de la licence de Sentel GSM (Tigo) en 2001, les scandales finan-ciers sur la licence d'Expresso à partir de 2007, les rapports sans effets de la Cour des comptes sur des concussions et autres actes délinquances financières portant sur des fonds publics, pour ne citer que ceux-là, sont venus décrédibiliser les institutions d'encadrement et de contrôle de l'é-conomie. La réforme des institutions confiée à Amadou Makhtar Mbow en 2013, revêtait une dimension économique importante dès lors qu'elle devait déboucher sur une réorganisation institutionnelle susceptible de porter et de faciliter l'émergence économique.

L'ancien ministre du Plan, El Hadji Ibrahima Sall[13] considère justement que le Plan Sénégal Émergent n'est pas mal mais que le Sénégal ne dispose pas de l'organisation institutionnelle pouvant permettre de le concrétiser. Ce défaut d'organisation institutionnelle caractérise au même degré les domaines vitaux du foncier et de la gouvernance locale.

---

[13] Dans l'émission *Les Affaires de la Cité (LAC),* Télé futur média (TFM), juillet 2014.

L'acte 3 de la décentralisation est arrimé à une philosophie bien appréciable, mais les délais de réalisation des réformes n'étaient pas suffisants ce qui, d'une part, a limité les concertations et le partage des textes, d'autre part, le projet s'est opéré en deux phases qui auraient dû être concomitantes. La première phase est la communalisation universelle, l'adoption des textes y afférant et l'organisation précipitée des élections locales de juin 2014, l'autre phase, très attendue, est la détermination des cadres locaux de gouvernance économique et sociale. Il s'agit là d'élaborer un cadre approprié pour la territorialisation des politiques publiques telles que poursuivies dans le PSE. L'issue des élections locales du 29 juin 2014 a révélé les incohérences de ce projet d'approfondissement de la décentralisation, dont l'adoption devait suivre un calendrier mieux réfléchi. L'acte 3 de la décentralisation revêt, en effet, une dimension technique que seules des ressources humaines de qualité peuvent véhiculer et mettre en œuvre. Il est donc consternant de constater le manque de concertation, de dialogue et de concessions politiques qui a débouché sur une compétition électorale entre près de 3 000 listes à travers les localités du pays. L'éparpillement des ressources humaines locales dans ces multiples listes a fait que les vainqueurs de ces dernières élections locales n'ont pas les compétences suffisantes pour une bonne appropriation de l'acte 3 et un bon déroulement des réformes sur le terrain. Mais si l'acte 3 de la décentralisation est juste un programme d'appoint au PSE, les réformes des institutions et du foncier, quant à elles, devaient précéder l'élaboration du PSE en vue de leur prise en compte dans les nouvelles orientations stratégiques sur l'économie. Là également, nonobstant la révision institutionnelle annoncée en début 2016, le nouveau régime n'a pas suffisamment pris en compte le rapport sur les institutions d'Amadou Makhtar Mbow que le président Sall n'avait promis d'exploiter qu'après les élections locales de juin 2014. L'autre incohérence porte sur la réforme foncière qui est un préalable implacable à toute mesure destinée à développer l'agriculture (élevage compris). Il s'agit d'une vieille préoccupation qui a nécessité l'adoption d'un premier régime foncier, établi par la loi n°64-46 du 17 juin 1964, et précisant les modalités de gestion foncière et d'utilisation des terres domaniales. Mais selon un document publié en 2002 par l'UEMOA et la Food and Agriculture Organization (FAO), cette loi était ambiguë sur la gestion des terres de terroir appartenant aux communautés locales. Durant le règne d'Abdoulaye Wade, la crise foncière s'est aggravée, avec de multiples scandales sur lesquels ont été citées les communautés rurales de Bambilor, Mbane et Sangalkam.

À l'instar des institutions, le régime de Macky Sall a créé une commission de réforme foncière confiée initialement à Me Doudou Ndoye, puis au Pr Moustapha Sourang en 2014. Les enjeux de la réforme foncière sont multiples et très importants :

- Le professeur Sourang a révélé que 90 % des dossiers judiciaires du pays concernent le foncier, situation laissant en suspens une majorité d'espace cultivable.

- L'accès au foncier est aussi entaché d'injustices sociales largement et permanemment décriées par les populations sénégalaises.

- Le plan national d'aménagement du territoire ne peut être parachevé dans ce climat de désordre et de tensions sur la propriété foncière.

Sur ce dernier aspect de l'aménagement du territoire, il importe de revoir la tutelle de l'Agence Nationale d'Aménagement du Territoire (ANAT) dont la mission transcende tous les secteurs. Dans les pays développés où les plans d'aménagement sont prêts et maîtrisés à quelques variantes près, on peut concevoir l'existence d'un ministère chargée d'exécuter et de suivre ces plans. Mais dans le cas du Sénégal où tout est à faire et à repenser, la tutelle ministérielle de l'ANAT limite ses marges de manœuvre vis-à-vis des autres ministères.

Arguments supplémentaires en faveur de l'éducation, de la formation et de la productivité

Dans un monde de plus en plus régi par la compétition entre entreprises et entre États, seules des ressources humaines de qualité peuvent permettre de tirer son épingle du jeu. De même que les mouvements des firmes transnationales sont, au-delà de la recherche du bas coût, déterminés par les espérances de compter sur des ressources humaines aptes à accomplir les productions ciblées dans chaque localité. C'est ainsi que les pays émergents (asiatiques et d'Amérique latine) ont pu attirer plusieurs multinationales dans l'électroménager, l'informatique, l'électronique et la mécanique à partir des 70. L'on peut ainsi considérer sans se tromper que les enjeux de la formation scientifique et technique vont bien au-delà de l'importance que leur accordent les autorités sénégalaises. Le pilier 2 du PSE annonce des actions pour le capital humain, la protection sociale et le développement durable. Mais le Plan d'actions prioritaires 2014-2018 met l'accent sur les programmes de protection sociale, les programmes d'accès aux services sociaux et la réforme de l'administration (graphique 19, page 49 du PSE). Il s'agit ici de fortifier l'argumentaire qui tend à valider ce caractère prioritaire de l'éducation, de la formation et de la promotion des sciences et de l'innovation.

Condorcet écrivait au 18ème siècle qu'« il n'y a point d'innovations sans avances, sans risques ». Pour lui, les avances (ou investissements) sont un support sans lequel l'innovation reste dans un régime de médiocrité. D'un point de vue pratique, cette assertion renseigne sur le faible progrès dans les sociétés africaines où l'on a l'habitude de lésiner sur les moyens quand il est question de recherche et de formation. Pour ainsi dire, que l'opérationnalité des découvertes, des inventions et des résultats de recherches en Afrique est souvent entachée de limites dont l'explication peut être trouvée dans les carences financières des gouvernements africains qui consacrent de maigres ressources à la recherche et à l'innovation. Le Sénégal est un exemple typique d'un État qui a un fort degré d'utilisation de technologies dont l'essentiel est importé. Les véhicules, les téléphones portables, les ordinateurs et les machines industrielles, sont autant de denrées technologiques essentielles dont l'utilisation en masse témoigne d'un creusement inexorable des déficits extérieurs du Sénégal et du chômage. Le progrès technique crée du chômage qui peut être compensé par les emplois créés dans la fabrication et le fonctionnement des machines. Mais dans le cas du Sénégal où les machines sont importées, l'utilisation de celles-ci crée du chômage cyclique (c'est-à-dire par défaut de production). Les publications de l'ANSD (2014) montrent que la facture des importations est aggravée par les achats de machines et d'autres appareils (destinés à l'industrie alimentaire) qui ont augmenté de 114,7% en 2014. À défaut de fabriquer directement des machines, le Sénégal peut essayer d'attirer les multinationales de la technologie en préparant une main d'œuvre capable de travailler à la production des biens technologiques et d'autres biens sophistiqués. C'est pourquoi la formation supérieure doit privilégier les filières scientifiques qui doivent se développer suivant un processus de désengorgement progressif des facultés de lettres. Le gouvernement doit élaborer un dispositif permettant d'agir en amont sur les choix de série dès le lycée, en vue d'inciter les élèves à s'imprégner des matières scientifiques depuis le collège.

Durant le processus de convergence et de rattrapage enclenché au lendemain de la Seconde Guerre mondiale, l'Europe a rattrapé les USA à l'issue des Trente Glorieuses, le Japon a rattrapé l'Europe dans les années 60 et les dragons asiatiques et la Chine ont rattrapé le Japon dans les années 70 et 80. Mais l'Afrique, qui pourtant adopte les mêmes technologies, n'a pas convergé vers les mêmes niveaux de productivité et de création de richesses. Les modèles de Romer (1986, 1990) expliquent cette situation par les capacités sociales (institutions, gouvernance et situation sociopolitique) mais surtout par l'absence de ressources humaines susceptibles de s'approprier et d'absorber les technologies. Le Sénégal est bien en phase avec l'utilisation des progrès techniques, notamment ceux relatifs aux nouvelles technologies de l'information et de la communication où, avec le groupe Sonatel, il se place deuxième en Afrique subsaharienne derrière l'Afrique du Sud (Ndiaye, 2012). Mais l'utilisation des technologies ne s'est pas encore traduite par des retombées significatives sur le niveau de la productivité des facteurs, ce qui le place assez loin de la frontière technologique dont l'atteinte a accéléré les processus de convergence et de rattrapage en Occident et chez les pays émergents dans la période 1950-2000. Bellone (1997) et Belloc (1980) soulignent d'ailleurs que les mécanismes d'ajustement qui prennent place à l'intérieur de l'économie constituent l'enjeu principal pour appréhender les difficultés et le caractère conditionnel du rattrapage technologique. Leurs modèles établissent que le mécanisme d'*Import-led-growth* n'est pas un processus auto-continu[14] qui permet l'industrialisation systématique des pays pauvres.

Le modèle de Acemoglu, Aghion et Zilibotti (2006) montre que les économies éloignées de la frontière technologique doivent miser plus sur les institutions capables de faciliter l'accumulation du capital et l'imitation. S'inspirant des travaux de Gerschenkron (1962), ils ont montré également que les différences de revenu par tête et de la productivité, observées d'un pays à l'autre, sont largement expliquées par l'adoption d'institutions appropriées. C'est pourquoi les économistes néoclassiques (dont Romer) parlent des « capacités sociales » qui conditionnent le processus de convergence, c'est-à-dire l'adoption d'un modèle de gouvernance transparent et la préparation d'un capital humain capable d'engendrer le progrès technique. L'éducation, la formation et la recherche sont ainsi des facteurs de développement dans tous les pays quel que soit leur niveau de développement technologique. Ils constituent une base fondamentale de création et d'absorption des technologies mais aussi de mise à niveau de la productivité du travail, notamment dans un contexte où le défaut de formation explique la migration de la main-d'œuvre sous-qualifiée vers la périphérie des secteurs porteurs de croissance comme les services et les télécommunications dans le cas du Sénégal.

[14] Il s'agit du mécanisme d'importation d'input à composante de pro-cédés technologiques et qui permettrait de diffuser les technolo-gies, selon la logique que la production des inputs importés permet de payer pour ces importations.

Enjeux d'environnement : au-delà des visées du PSE

Même si l'activité économique sénégalaise est encore une source négligeable de pollution, il demeure qu'à l'échelle du pays, la question de l'environnement doit être parmi les priorités. Deux écoles de pensée économique s'affrontent sur cette question environnementale. Les économistes hétérodoxes, apparentés à la gauche et aux écologistes, considèrent que la croissance économique tant recherchée est la cause aggravante des dérèglements climatiques qui provoquent les catastrophes naturelles. Les orthodoxes, apparentés aux ultralibéraux, ont défendu que le marché est autorégulateur et que la nature va se remettre des griffes de la croissance. Or, la réalité est tout autre : la production est accompagnée d'une dilapidation des ressources naturelles et d'une pollution démesurée source de déséquilibres inquiétants de l'écosystème de la planète. Mais, malgré les immenses richesses créées dans le monde (plus de 93 000 milliards de dollars en 2013), plus que suffisantes pour assurer un bien-être planétaire, la pauvreté continue de ronger plus d'un milliard d'êtres humains. Il se pose un problème de répartition et de prise en compte des générations futures, sans oublier que la santé de l'humanité est dangereusement menacée. C'est dans ce contexte qu'est né le concept de développement durable : un développement sur mesure, permettant aux générations actuelles de satisfaire leurs besoins sans compromettre la possibilité pour les générations futures de satisfaire les leurs. Et comme, c'est la quiétude de l'Homme sur terre qui est en jeu et que les exigences de répartition et d'équité sont copieusement ignorées, les économistes hétérodoxes considèrent qu'il faut maîtriser la croissance en préservant l'environnement. L'écologiste français Yves Paccalet a théorisé la décroissance et le partage dans son livre *L'humanité disparaîtra, bon débarras*, publié en 2006. Les décideurs politiques doivent dorénavant prendre rigoureusement en compte les avis des écologistes. Les grandes puissances, titulaires de grandes industries, sont au centre des responsabilités de la pollution et de ses conséquences. Elles sont les premières interpellées dans la recherche d'une solution globale aux dangers environnementaux qui guettent la planète.

Au Sénégal, le plan d'action prioritaire du PSE (graphique 19, page 49) n'a pas bien abordé la dimension environnementale de l'émergence économique même s'il est mentionné dans le point 272 (page 59) que : « les objectifs poursuivis en matière de développement durable consistent à réduire la vulnérabilité des populations aux chocs résultant des changements climatiques mais également à préserver la base de ressources nécessaires pour soutenir une forte croissance sur le long terme ».

La réalité est qu'au Sénégal, aussi bien l'autorité publique que les populations ont péché par manque d'anticipation environnementale depuis 1960. La vulnérabilité environnementale du Sénégal est aggravée par le fait que les plans d'urbanisme et d'aménagement ne sont pas respectés et que l'assainissement est quasi inexistant dans une majeure partie du pays. Les écologistes prévoient dans les prochaines décennies une nette avancée de l'érosion marine et la montée des océans, ce qui constitue une forte menace pour le delta du Sénégal. Les côtes sénégalaises ont enregistré des allertes en début septembre 2015 avec l'avancée de la mer qui a causé des dégâts importants, de la corniche Est de Dakar à Bargny, en passant par Rufisque, Thiaroye, Yarakh, Grand Mbao (où une soixantaine de maisons ont été envahies par l'eau de mer), et Gorée (la liaison maritime Dakar-Gorée a été d'ailleurs perturbée). Certaines prévisions parlent d'un exode de plus de 500 000 personnes dans les prochaines années et pour elles, le déplacement des populations concernées vers des points « hauts » serait une bonne anticipation. Il faut donc déplacer les habitations à risque à l'écart des mers et des autres points d'eau en anticipation des catastrophes prévisibles. Des moyens faramineux doivent être consacrés aux réseaux d'assainissement qui auront également vocation à stopper les inondations[15], à les prévenir et à améliorer le cadre de vie des Sénégalais en faveur du recul des maladies comme le choléra.

L'autre aspect concerne la foresterie qui couvre une superficie de 13 millions d'hectares et dont la valorisation peut avoir un quadruple effet : la préservation de l'environnement et de la biodiversité, la lutte contre la désertification, la promotion de l'emploi vert et la réduction de l'exode rural. On peut ainsi comprendre les regrets du commandant des Eaux et forêts, Papa Momar Faye[16], par rapport à la négligence des portefeuilles forestiers dans le Plan Sénégal Émergent. Selon lui, les zones de Kédougou, Tambacounda, Kolda, Ziguinchor et Sédhiou recèlent d'un potentiel floristique riche qui peut être le support d'une véritable

---

[15] Concernant les victimes des inondations, la logique *Jaxaay* doit être poursuivie comme l'a exprimé en 2012 l'ancien Premier ministre Abdoul Mbaye. Il s'agit d'une question sociale qu'il faut régler comme telle, en activant tous les leviers institutionnels de la solidarité nationale, comme cela se fait dans les autres pays. En 2012, le nouveau régime avait déjà annoncé l'allocation des 7 milliards FCFA, budget du Sénat à cet objectif. Ajoutés aux fonds de solidarité collectés et le budget du plan décennal, l'État dispose d'un pactole non négligeable pour la construction de nouvelles habitations pour sinistrés.

[16] Contribution relayée par la presse en ligne le jeudi 18 février 2015.

symbiose entre la terre, les ressources naturelles et la ruralité, et dont la valorisation peut être une source avérée de création de richesses et d'emplois verts dans un environnement mieux protégé.

En gros, il est temps de se doter d'un vrai mécanisme de veille et de quantification en tant que baromètre des actions précises et ponctuelles que l'État sénégalais doit engager sur le plan environnemental. Sur la scène internationale, la 21e Conférence des parties à la Conventioncadre des Nations unies sur les changements climatiques (CCNUCC), ou COP21, qui s'est tenue du 30 novembre au 11 décembre 2015 à Paris est une nouvelle lueur d'espoir. Cette rencontre vise à élaborer, pour la première fois, un accord universel et contraignant à mettre en vigueur en 2020, et permettant de lutter efficacement contre le dérèglement climatique et d'impulser la transition vers des sociétés et des économies résilientes et sobres en carbone. Il s'agit d'un engagement déjà formulé lors de la conférence sur le climat de Copenhague en 2009, ayant pour objectif de mobiliser 100 milliards de dollars par an à partir de 2020, qui transiteront par le Fonds vert pour le climat, dont la première capitalisation a déjà atteint 10,2 milliards de dollars. Plus largement, la conférence de Paris doit adresser aux acteurs économiques et financiers les signaux nécessaires à la réorientation de leurs investissements, afin d'engager la transition vers des économies à faible teneur en carbone. Avant la COP21, chaque pays devait élaborer un mémorandum et une publication présentant ses efforts nationaux. Sur cette base, le Sénégal, de même que les autres pays africains, doit rigoureusement s'inscrire dans cette mouvance en formulant une problématique détaillée et des objectifs limpides pour accaparer une partie significative des fonds collectés. La Banque Africaine de Développement (BAD) a déjà mis le pas dans la marre en annonçant en octobre 2015 l'octroi de 40 % de ses investissements à la cause écologique et environnementale.

Incidences du franc CFA et dimension de l'intégration africaine ignorées

Le point 225 du PSE (page 45) souligne qu'à partir de 2005, le Sénégal a enregistré une surévaluation du Taux de Change Effectif Réel (TCER) comme cela transparaît à travers la détérioration de son solde commercial. Cette surévaluation est une entrave au développement des exportations du Sénégal et à la croissance économique. Elle met également en évidence les déconvenues inhérentes à la dépendance monétaire. Le franc CFA est une monnaie garantie par la Banque de France à travers une parité fixe. Sa valeur pratique vis-à-vis des autres monnaies dépend des fluctuations de l'euro sur lesquelles les autorités monétaires de la zone franc n'ont aucune emprise. De même que le caractère embryonnaire et léthargique de l'intégration économique en Afrique rend ses États vulnérables face aux chocs monétaires et économiques exogènes et leur confère un rôle d'observateurs dans les hautes instances internationales telles que le conseil de sécurité de l'Organisation des Nations Unies (ONU), l'Organisation mondiale du Commerce (OMC) ou le Fonds Monétaire international (FMI). L'ensemble de ces problématiques est détaillé dans le dernier chapitre (chapitre 5).

CONCLUSION DU CHAPITRE PREMIER : UN COCKTAIL DE VOLONTÉS ET D'INSUFFISANCES

Le nouveau régime installé en 2012 a certes hérité d'une situation économique peu reluisante. Durant la période 2000-2012, les grandes infrastructures réalisées ont été quelques arbres qui cachent une forêt de dégâts dont le plus grave est la dilapidation du patrimoine foncier du pays. Le processus de réforme foncière, lancée depuis 2013, est un facteur déterminant sur le volet agricole qui cristallise une attention toute particulière dans le PSE. De même que les malversations avec l'argent public et la corruption ont atteint un pic dans la période 2000-2012. En témoigne le dernier rapport de la Cour des comptes publié en 2015 et qui a montré des actes de délinquances financières à grande échelle dans des organes publics aussi importants que l'Agence de Régulation des Télécommunications et des Postes (ARTP) et la Caisse de Sécurité sociale (CSS). L'action de l'administration sénégalaise a aussi été littéralement brouillée par une « agenciarisation » poussée à l'extrême, qui n'a finalement pas encore été bien jugulée par le nouveau régime, acculé par une pléthorique clientèle politique. Toutefois, des velléités de réorganisation institutionnelle et de redressement économique sont réellement affichées par le nouveau régime. Le PSE est un texte qui unifie les différents engagements du président Macky Sall dans son programme *Yoonu Yokkuté*, puis dans la stratégie nationale de développement économique et sociale. Le plan d'action prioritaire 2014-2018 qui y est proposé est destiné à insuffler une nouvelle dynamique de finances publiques axée majoritairement sur les investissements. Cependant, le PSE est un plan national, solitaire, ficelé dans un contexte où les pays africains doivent affronter ensemble les mêmes défis économiques et sécuritaires et partagent déjà des cadres communautaires tels que l'Union Économique et Monétaire Ouest-Africaine

(UEMOA), la Communauté Économique des États de l'Afrique de l'Ouest (CEDEAO) ou l'Union africaine (UA). Pourtant, Macky Sall est depuis 2012 le président du New Partnership for African Development (NEPAD) et il a été désigné en mai 2015 Président en exercice de la CEDEAO. En plus, ce n'est pas cohérent d'envisager une émergence solitaire en étant entouré d'États pauvres et instables tels que la Guinée Bissau, la Guinée Conakry ou la Sierra Leone. La configuration de la coopération internationale, les Accords de Partenariat Économique (APE) et le franc CFA sont aussi les sources potentielles d'autres obstacles détaillés dans les deux derniers chapitres.

CHAPITRE 2

ÉLÉMENTS DE BILAN ET PERSPECTIVES À MI-PARCOURS

Le nouveau régime a mis évidemment le Sénégal en chantier sur les plans social, infrastructurel et du redressement productif. Le pays est inscrit dans un nouveau processus dont l'évaluation requiert un peu plus d'années d'observation, ce qui peut rendre prématuré un bilan exhaustif des politiques et stratégies en cours. Ce chapitre est donc d'une plus grande teneur en perspectives. Mais il est important de situer et d'établir l'étape de départ pour espérer cerner ce qui a été accompli jusqu'ici. Il est reconnu qu'après la dévaluation du franc CFA en 1994, l'économie sénégalaise a enregistré une moyenne de croissance de 5 % jusqu'en 2005. Mais à partir de 2006, des chocs exogènes et asymétriques sont venus bloquer la croissance économique à une moyenne de 3 % entre 2005 et 2012 malgré la stratégie de croissance accélérée et l'Instrument de soutien à la politique économique du FMI. Finalement, la pauvreté est passée de 57 % en 2002 à 47 % de la population en 2013 selon les publications de l'ANSD. Les Objectifs du Millénaire pour le Développement (OMD) n'ont pu être atteints. Les politiques économiques de la décennie 2002-2012, n'ont globalement pas produit les fruits escomptés. Les nouvelles orientations stratégiques véhiculées dans le PSE ont été les sources d'une embellie sur les plans des finances publiques, de l'agriculture, de l'emploi et de l'accès aux financements des porteurs de projets. Elles ont aussi insufflé une nouvelle dynamique de lutte contre les actes de mal gouvernance et de concussion, avec notamment la répression de l'enrichissement illicite et l'approfondissement de la lutte contre la corruption. Le livre-bilan à mi-chemin d'Abdou Latif Coulibaly (2015) donne des indications transversales sur ces réalisations mais il échoue à reconnaître le caractère conséquemment incomplet et très réducteur du PSE qu'il juge plutôt pertinent, cohérent, efficace et efficient. Mais ce chapitre se contente d'une analyse objective et exclusive du volet socioéconomique et tisse les conditions et les hypothèses sans l'observation desquelles les actions entamées vont rester sans effets significatifs.

I. UNE NOUVELLE DYNAMIQUE DANS L'ACTION ÉCONOMIQUE DE L'ÉTAT

Le gouvernement du Sénégal s'est inscrit à partir de 2012 dans une véritable dynamique de remodelage et de refondation des finances publiques adossée sur une stratégie payante de réduction des charges de l'État. Ainsi, à compter de l'année 2013, plus de 15 milliards de FCFA ont été économisés sur la facture téléphonique qui avait atteint un pic de 34 milliards de FCFA en 2009 selon les chiffres du FMI. Le gouvernement s'est également illustré dans une véritable posture d'appui au monde rural avec une enveloppe de 34 milliards de FCFA lors de la saison agricole de 2012. Cette nouvelle dynamique d'action publique est impulsée par une réelle volonté de redressement économique et elle a jeté les bases d'un nouveau paradigme de pilotage macroéconomique, de finances publiques et de soutien à la croissance économique.

Macky Sall : plus de volonté que ses prédécesseurs ?

Le président Macky Sall a bien compris la philosophie de son élection qui est plus une sanction populaire contre Abdoulaye Wade, qu'une réelle adhésion à ses ambitions. En 2012, la dénaturation de l'environnement sociopolitique, la crise morale et la dilapidation des ressources publiques avaient atteint un niveau tellement profond que le peuple sénégalais n'attendait que la première occasion pour bouter Abdoulaye Wade hors du pouvoir. Donc, à part Macky Sall, tout autre candidat aurait obtenu le même score au second tour (66 % des suffrages). Mais la compréhension de cette réalité a servi de stimulateur à Macky Sall qui fait de sa réussite au pouvoir un défi personnel ayant vocation à prouver aux Sénégalais ses mérites. En termes de volonté exprimée, d'actions et d'initiatives entreprises au bout de plus de quatre ans de pouvoir, Macky Sall est incomparable avec ses prédécesseurs. Le tableau ci-dessus relate quelques actions phares réalisées par les trois derniers présidents du Sénégal.

Tableau 13 : Quelques actions phares d'Abdou Diouf, d'Abdoulaye Wade et de Macky Sall

Abdou Diouf
Processus de libéralisation de l'économie sénégalaise enclenché en 1985 dans le cadre de l'ajustement stru-cturel renforcé (suite à l'adoption des Plans d'Ajustement Structurel en 1980).   **R**éforme de l'administration et des Entreprises Publiques à Caractère Industriel et Commercial (EPIC) avec la privatisation et l'amélioration du management des gran-des entreprises publiques.   **R**ationalisation des effectifs de la fonction publique amorcée avec les programmes de départs volontaires au début des années 90 (3 769 départs volontaires à partir de 1990).   **A**tteinte du Point d'achèvement de l'initiative « Pays Pauvres Très Endettés » (PPTE) en 1999 ayant débouché sur la réduction de la dette publique à 17 % du PIB au Point décision en 2005.   **O**btention de financements concessionnels de la réforme de l'éducation et de la formation (Programme Décennal de l'Éducation et de Formation conçu dans le cadre de l'initiative spéciale des Nations unies pour l'Afrique et dont la préparation a commencée en 1996).
Abdoulaye Wade
Approfondissement de la dynamique libérale de l'éco-nomie sénégalaise avec la création de l'Agence de Pro-motion des Investissements et des grands travaux (APIX) en 2000.   **C**onstruction de l'autoroute à péage Dakar/Diamniadio, de l'Aéroport International Blaise Diagne de Diass et d'autres infrastructures à grande utilité publique telles que le monument de la renaissance africaine et le Grand théâtre de Dakar à partir de 2010.   **D**ésengorgement routier de Dakar avec un programme ficelé et réalisé par l'Agence Nationale pour l'Organisation de la Conférence Islamique (ANOCI) créée par le décret n° 2004-678 du 7 juin 2004.   **F**ragilisation des lobbies français et approfondissement des liens de coopération avec la Chine et les autres pays arabes avec l'arrivée de Dubaï Word au Port de Dakar en 2007.   **D**émarrage de l'exploitation des phosphates de Matam, en appoint aux activités déjà existantes.   **R**egain de dynamisme dans l'agriculture avec la naissance de

multiples projets et programmes tels que le Retour Vers l'Agriculture (REVA) à partir de 2003 et la Grande Offensive Agricole pour la Nourriture et l'Abondance (GOANA) en 2007.
Macky Sall
Rationalisation des finances et des structures publiques en cours. **E**fforts de mobilisation de 10 000 milliards de FCFA pour le financement du Plan d'Actions Prioritaires (2014-2018) dans le cadre du Plan Sénégal Émergent (PSE). **P**rogramme d'Accélération de la Cadence de l'Agri-culture Sénégalaise (PRCAS), initié en 2014 et adossé sur le PSE, pour un coût global de 581 milliards de FCFA. **P**rogramme d'Urgence de Développement Commu-nautaire (PUDC) lancé en mai 2015 pour un coût total de 113 milliards de FCFA. **P**oursuite du maillage infrastructurel du pays : prolon-gement de l'autoroute Dakar/Diamniadio jusqu'à l'aéro-port de Diass (livraison prévue en 2016), construction d'un centre international de conférence à Diamniadio (opérationnel en novembre 2014) et pose de la première pierre de l'autoroute Thiès/Touba en janvier 2015 pour un coût de 417 milliards de FCFA. **M**ise en œuvre du désengorgement administratif et éco-nomique de Dakar avec un nouveau Pôle Urbain et une zone économique spéciale à Diamniadio, après les pro-messes non tenues du président Abdoulaye Wade sur l'érection d'une nouvelle Capitale à l'intérieur du pays. **A**ssistance financière des plus démunis (Bourses de sécurité familiale) et initiatives pour la Couverture Maladie Universelle (CMU), la santé est dorénavant censée être « gratuite » pour les enfants de moins de 5 ans. **P**rospection et forage en cours pour une exploitation pétrolière attendue à l'horizon 2021. **P**remières carrières de quartzite à Bakel : le quartzite est un substitut parfait au basalte utilisé notamment dans les couches de base des routes.

Tel que noté dans le point 316 (page 70 du PSE), la Zone Économique Spéciale de Diamniadio va constituer une plateforme multifonctionnelle pour l'essentiel des activités productrices de revenus (industrie, artisanat, confection, équipements, infrastructures, etc.). Elle s'inscrit dans la volonté d'inciter les entreprises à délocaliser et à diversifier leurs activités hors de la capitale et à attirer de nouveaux investisseurs.

Le Programme d'Urgence de Développement Communautaire (PUDC) est ficelé pour une durée 2 ans (2015-2017). Il est destiné à doter le monde rural de projets infrastructurels qui concernent l'hydraulique, les pistes et l'électrification. Il s'agit précisément de couvrir les besoins des populations en électrification rurale, en forages hydrauliques, en pistes rurales ainsi que les besoins en équipements de transformation agricole. Le PUDC est un cadre d'accélération d'une partie des projets que le Président a annoncés pour chaque localité du pays dans le cadre des conseils des ministres décentralisés. Plus de 5 000 milliards de FCFA de financements ont été annoncés dans les localités ayant déjà accueilli ces Conseils décentralisés entamés en juin 2012. Par exemple en avril 2015, c'était la région de Kaffrine (300 km à l'est de Dakar) qui a été à l'honneur avec des promesses d'investissements publics de 207 milliards de FCFA, dont 9 milliards pour l'agriculture et l'élevage, 29 milliards pour l'énergie et l'électrification rurale et 93 milliards pour les infrastructures. Mais le fait de confier l'exécution du PUDC au Programme des Nations Unies pour le Développement (PNUD) a été interprété comme un subterfuge par rapport aux procédures de marchés publics et un affront à l'encontre des compétences de l'administration publique sénégalaise.

Par ailleurs, après les remous connus sur la dotation du Millénium Challenge Account (MCA) entre 2003 et 2009, le Sénégal avait finalement obtenu un appui d'environ 270 milliards de FCFA pour son premier compact, et espère, en cas d'évolution positive du programme, obtenir un minimum de 350 milliards de FCFA. Le nouveau régime a compris que la négociation et l'obtention d'un nouveau compact dépendent d'une bonne exécution du programme MCA en cours. C'est pourquoi il veille bien à l'exécution des projets et c'est dans ce cadre, par exemple, que le Directeur général d'ISOLUX a été convoqué d'urgence en 2014 pour s'expliquer sur les manquements notés dans la réfection de la RN6[17].

17 La société espagnole ISOLUX a été adjudicatrice principale du marché de réhabilitation de la route nationale du sud, la RN6, qui relie quasiment toutes les capitales de la Casamance naturelle à Tambacounda.

Sommaire bilan macroéconomique jusqu'en 2014, année d'adoption du PSE

À partir des années 2000, les Objectifs du Millénaire pour le Développement (OMD) ont été une boussole à partir de laquelle l'État du Sénégal taillait ses ambitions sur le plan socioéconomique. Mais à part l'éducation où la scolarisation universelle est quasiment atteinte à l'issue du Programme Décennal de l'Éducation et de la Formation (PDEF) entamé dans les années 2000, les OMD n'ont pas totalement été réalisés au Sénégal. Il a été question de réduire la pauvreté de moitié à l'horizon 2015 avec des taux de croissance de 7 à 8 %.

Dans son rapport d'étape annuel de 2010 sur le Document de Stratégie de Réduction de la Pauvreté, le FMI avait dressé un bilan avec des objectifs précis sur les perspectives et les impératifs pour une atteinte des OMD en 2015. Le tableau suivant retrace les acquis et les prévisions sur la croissance, l'inflation, le taux d'investissement et le solde budgétaire.

Tableau 14 : Quelques indicateurs de base du DSRP II

Historique							Prévisions		
	2004	2005	2006	2007	2008	2009	2010	2011	2015
Croissance	5,9	5,6	2,5	4,9	3,2	2,2	5,0	5,1	7,0
Inflation	0,5	1,7	2,1	5,9	5,8	-1,0	2,0	2,0	2,0
Taux d'investissement.	21,6	24,5	24,8	26,4	26,8	27,1	26,0	26,0	30,0
Solde budg. Global (hors dons)	-5,2	-4,6	-7,3	-5,9	-6,8	-4,9	-4,0	-4,0	-3,0

Sources : DPEE, FMI (2010)

Ce tableau donne des illustrations sur les conditions délicates de suivi des OMD (chiffres arrêtés en 2010). En même temps que l'atteinte d'un taux de croissance de 7 % en 2015, le gouvernement sénégalais ambitionnait également de ramener le solde budgétaire à 3 %, c'est-à-dire à la limite fixée dans les critères de convergence de l'UEMOA. En 2010, le taux de croissance escompté à 5 % s'est chiffré à 4 % environ et le solde budgétaire global a atteint 7,8 % selon les chiffres de l'AFD, au lieu des 4,0 prévus. De même que pour l'année 2011 durant lequel le taux de croissance s'est chiffré à 4 % (au lieu de 5 %) et le déficit public global s'est aggravé jusqu'à 8,6 % (au lieu des 4 % prévus). La tendance sur le solde budgétaire était inquiétante puisque les chiffres de l'AFD tablaient sur 10,2 % en 2012.

Cependant, la nouvelle stratégie de maîtrise du déficit public dévoilée par le nouveau régime en 2012 a permis de ramener ce déficit à 6,7 % et le taux d'inflation a été maîtrisée. Mieux que les 2 % d'inflation ciblés à partir de 2010, le taux d'inflation a été en deçà de 2 % en 2012 et 2013 et il a reculé pour se situer à -1,1 % en 2014 selon les publications de l'ANSD. Toutefois sur le plan purement économique, la réalisation des OMD semble être hypothéquée par une pauvreté qui n'a pas baissé et un chômage qui est resté endémique.

Tableau 15 : Taux de pauvreté au Sénégal

	Dakar	Autres urbains	Rural	National
ESAM II (2001-2002)	38,1	45,2	65,2	55,2
ESPS I (2005-2006)	28,1	41,4	59,0	48,3
ESPS II (2010-2011)	26,2	41,3	57,3	46,7

ESAM : Enquêtes sénégalaises auprès des ménages ESPS : Enquêtes de Suivi de la Pauvreté au Sénégal

Il faut reconnaître que la pauvreté a drastiquement baissé au Sénégal depuis 1995, passant de 67,8 % à 57,1 % en 2002 (Mesplé-Somps, 2007). Mais les stratégies politiques adoptées depuis 2002 en vue de la réalisation des OMD n'ont pas eu de résultats probants avec un taux de pauvreté qui se situe à 46,7 % selon la dernière enquête sur la pauvreté réalisée en 2011 (ESPS II). Donc d'un recul de 10 points en 7 ans entre 1995 et 2002, la pauvreté n'a reculé que 9 points en 10 ans entre 2002 et 2012. Et pour 2012 et 2013, les publications de la Banque mondiale montrent que le taux de pauvreté stagne autour de 26 % à Dakar et 57 % en milieu rural, faisant osciller la pauvreté nationale autour de 47 %, loin des 33 % environ poursuivis dans le cadre des OMD. Et l'embellie notée sur la croissance économique en 2012 s'est estompée : de 3,7 % en 2012, le taux de croissance a reviré à 2,6 % en 2013. Il s'est néanmoins amélioré en 2014, se chiffrant à 4,3 % du fait du raffermissement dans le secteur secondaire et du repli du déficit extérieur qui est passé de 1 527 milliards en 2013 à 1 449 milliards en 2014 selon les chiffres de l'ANSD publiés en fin novembre 2015.

PSE : Des ambitions de finances publiques réalisables en différé et des objectifs de croissance peu ambitieux

Tel que libellé dans le scénario pessimiste du PSE, environ 9 700 milliards de FCFA sont recherchés dans le Plan d'Actions Prioritaires (PAP 2014-2018), dont un engagement à 3 729 milliards de FCFA bailleurs de fonds recueilli au Groupe consultatif de Paris en février 2014. Le ministère des Finances a déclaré en juillet 2015 que cette part des partenaires techniques et financiers du Sénégal a été recouvrée à hauteur de 1 800 milliards de FCFA. Mais la prise en compte des ressources susceptibles de ne pas être recouvrées a d'ailleurs occasionné une révision du PTIP 2013-2015 en 2014 (PTIP 2014-2016). Le nouveau PTIP 2016-2018, conclu en juin 2015, prévoit un financement de 3 528 milliards de FCFA. Il faut donc reconnaître que le PSE est financièrement en marche, mais avec de réels décalages dans l'exécution des recettes qui risquent d'être aggravés par l'appréciation du dollar (qui renchérit un peu le service de la dette) et les Accords de partenariat économique avec l'Europe (qui risquent d'effriter les recettes douanières).

Le PSE reste un programme à forte composante d'endettement public dans un contexte où le service de la dette asphyxie de plus en plus les finances publiques, atteignant 598 milliards en 2014 et 596 milliards de FCFA en 2015. On peut espérer des effets positifs de la nouvelle stratégie de gestion de la dette publique à moyen terme (SDMT) 2014-2017, dont le but est d'élaborer des scénarios pour la réduction des coûts et risques liés au portefeuille actuel de la dette publique. Il faut saluer au passage l'obtention de financements de recours tel que le Sukuk[18] de 100 milliards de FCFA contracté par l'État du Sénégal à 6,25 % pour la période 2014-2018. Il s'agit d'un produit de finance islamique par lequel l'État sénégalais a saisi une opportunité saine et innovante d'emprunts supplémentaires.

[18] Un Sukuk est un produit financier issu de la finance islamique, assimilable à une obligation traditionnelle qui respecte les règles de la *Sharia* (loi fondamentale islamique).

D'un autre côté, l'objectif de croissance de 7,1 % escompté dans 10 ans n'est pas ambitieux, dès lors que les taux de croissance prévus à court terme vont osciller autour de 5 % et vont être largement phagocytés par les résultats obtenus par les opérateurs de télécommunications. Pour 2014 et 2015, le gouvernement a prévu des taux de croissance respectifs de 4,5 % et 5,9 %. Il faut remarquer ici que cette prévision pour 2015 est en deçà du taux de 7 % de croissance prévu en 2015 dans les documents stratégiques du régime précédent. Ces mauvais résultats ont poussé le nouveau régime à tenter une accélération des actions afin de limiter les écarts de résultats sur les OMD en 2015. Les délais de réalisation des OMD (ou maintenant Objectifs de Développement Soutenable) sont maintenant en redéfinition et le gouvernement sénégalais a pris de nouvelles mesures dans le cadre de ses nouvelles orientations économiques et sociales pour approfondir les efforts notamment dans le domaine de la réduction de la pauvreté et de l'accès aux soins sanitaires. Cependant, la CMU, tout comme les nouvelles options d'assistance, reposent sur des moyens difficilement mobilisables avec cette morosité économique qui fait que la croissance peine à franchir la barre des 3 %. Et avant de distribuer des ressources, il faut d'abord les créer par une croissance économique soutenue.

Mathématiquement, le taux de croissance économique est égal au produit du taux d'investissement et du taux de productivité du capital (cf. Ndiaye, 2010) :

$$T_c = T_i \times P_{mk}.$$

Les chiffres de l'ANSD sur les années précédentes font état d'une moyenne de productivité marginale du capital d'environ 20 % (0,20). Le taux d'investissement requis pour atteindre le taux de croissance de 7 % (0,07) est obtenu en posant :

0,07=0,20 x Ti, Ti = 0,07/0,20 = 0,35.

Pour atteindre les 7,1 % de croissance prévus par le PSE à l'horizon 2017, le taux d'investissement doit dépasser 35 % du PIB[19]. Estimé par le FMI à 30 % du PIB en 2015, le taux d'investissement du Sénégal s'est bien amélioré à compter de l'année 2009. Il s'est chiffré à plus de 29 % en 2014 selon les dernières estimations et pourrait effectivement atteindre les 35 % dans le moyen terme. En 2014, le taux de croissance

[19] Le taux d'investissement privé fluctue autour de 16 % selon les chiffres annoncés par le Conseil National du Patronat (CNP) lors des assises de l'entreprise, King Fahd Palace, 12-13 décembre 2012.

économique calculé par l'ANSD [20] est de 4,3 % du fait de l'embellie notée dans le secteur secondaire tiré par une croissance de 11,3 % dans la construction, 11,5 % dans la fabrication de produits plastiques et 15,5 % dans la fabrication de machines. Le taux de croissance prévu pour 2015 est de 5,4 % et il faut réaliser deux points de croissance en plus pour obtenir 7,1 % en 2017. Ce taux est potentiellement peu ambitieux puisqu'il peut être largement dépassé à l'échéance si l'État arrive à amoindrir la vulnérabilité énergétique, à améliorer le climat des affaires et à résorber le retard agricole qui, à eux seuls, expliquent les faibles taux de croissance observés jusqu'ici.

L'électricité est obtenue pour 90 % à base de combustible (charbon, gaz et fuel) dont l'importation constitue un poste dominant des importations totales du pays. La cherté du baril de pétrole a ainsi conséquemment renchéri les coûts des facteurs de production et de l'énergie électrique durant la période 2002-2012[21]. Le secteur électrique se tient mieux avec l'onéreux plan Takkal, initié en 2011 et que le nouveau régime est obligé de perfuser à plus de 100 milliards de FCFA annuels malgré les injonctions antisubventions du FMI.

Concernant le climat des affaires, la corruption, les malversations, les ruptures de contrats public/privé, les multiples scandales politicofinanciers, la fragilité des institutions et les tensions électorales sont autant de facteurs qui ont brouillé la facilité à faire des affaires au Sénégal ces dernières années. L'État sénégalais a néanmoins fourni d'importants efforts en matière d'infrastructures routières depuis 2000 et il a adopté en décembre 2012 un Programme de Réformes pour l'Amélioration de l'Environnement des Affaires et de la Compétitivité (PREAC). Et l'issue heureuse des scrutins présidentiel et législatif de 2012, conjugués aux multiples nouvelles initiatives de bonne gouvernance engagées par le nouveau régime, ont effectivement permis au Sénégal de gagner 10 places dans le classement *Doing business* passant de la 171ème place en 2014 à la 161ème place en 2015.

Concernant l'agriculture, l'appui de 34 milliards de FCFA en direction du monde rural en mai 2012, a été bien perceptible dans les récoltes de la saison 2012/2013. La production céréalière est passée de

---

20 Rapport de l'ANSD rapporté dans les médias en fin novembre 2015.

21 Durant cette période, le baril de pétrole est passé de 24 dollars en 2002 à 147 dollars en 2007, pour se stabiliser autour de 90 dollars de 2008 à 2014. En fin 2014, le baril de pétrole a chuté autour de 60 dollars et le gouvernement a baissé de 102 FCFA le litre de gazole et de 94 FCFA le litre le super.

1 099 279 tonnes lors de la saison 2011/2012, à 1 499 757 tonnes pour la saison 2012/2013. De même que les productions d'arachides huilières, de manioc et de pastèques ont enregistré d'importantes hausses de production. Sur le plan de l'élevage, le gouvernement a redoublé d'efforts de soutien au secteur depuis 2012, à travers des subventions sur l'alimentation et la santé du cheptel. Le Projet Régional d'Appui au Pastoralisme dans le Sahel (PRAPS), lancé en fin 2015 vise à mobiliser 16 milliards de FCFA en partenariat avec la Banque mondiale. Déjà dans le cadre du Plan d'actions prioritaires du PSE, l'État du Sénégal a alloué 28 milliards de FCFA au Plan national de développement de l'élevage adossé à quatre projets prioritaires : le Projet de développement de l'aviculture familiale, le Projet d'appui à la modernisation des filières animales, le Projet de développement de l'élevage en Basse et Moyenne Casamance et le Projet d'appui au développement de la filière laitière. Le maintien d'une telle dynamique devrait permettre d'augmenter substantiellement la part de l'agriculture dans le PIB qui oscille toujours autour de 15 %.

Un renouveau perceptible dans les dépenses et les marchés publics

La volonté affichée par l'État a été claire dès après les élections de 2012 : réduire le train de vie de l'État, éliminer les dépenses inutiles et maîtriser le déficit et la dette publics. Cette maîtrise des finances publiques obéit à l'autre nécessité que constitue la chute des prix des denrées de première nécessité que le candidat Macky Sall avait promise aux Sénégalais. Dès lors, à part les concessions tarifaires que l'État a pu obtenir de l'Union nationale des commerçants et industriels du Sénégal (UNACOIS) et des autres commerçants et industriels du pays, il fallait préparer une bonne fourchette de subventions en plus des plus de 100 milliards de FCFA annuels destinés à la Sénélec. Sans économies budgétaires supplémentaires, l'État sénégalais aurait été dans l'incapacité d'honorer ses multiples charges d'infrastructures en cours, soutenir le monde rural, mettre en place les bourses de sécurité familiale, augmenter les subventions, supporter les baisses de TVA induites par la baisse des prix et appliquer une baisse d'impôts sur le revenu (29 milliards de FCFA dès 2013). C'est ainsi que des actions volontaristes porteuses d'économies budgétaires conséquentes ont été entreprises :

- La limitation des charges courantes telles que le carburant ou les voyages en classes affaires, etc. La rationalisation sur le téléphone a fait passer la facture téléphonique de l'État de 23,5 milliards de FCFA en 2011 à 15 milliards de FCFA en 2014. Un plafond d'économies de 11 milliards de FCFA a été préconisé par le ministère des Finances dans le protocole d'accord signé avec Sonatel en 2014. Et dès 2013, une économie de 3 milliards a été obtenue sur la téléphonie et 1,2 milliard sur la facture d'eau de l'État.

- La suppression de plus d'une cinquantaine d'agences et de structures publiques inutiles et budgétivores. En 2014, l'Agence Nationale d'Appui aux Marchands Ambulants (ANAMA), l'Agence Nationale d'Emploi des Jeunes (ANEJ) et le Fonds National de Promotion de la Jeunesse (FNPJ) ont été fondus dans une seule structure nommée Agence Nationale pour la Promotion de l'Emploi des Jeunes (ANPEJ).

- L'audit de la Fonction publique amorcée en 2013 a permis de déceler 2 378 postes fictifs et 9 892 contentieux et d'autres cas de tricheries sur les rémunérations. Des économies budgétaires portant sur plusieurs dizaines de milliards de FCFA annuels sont attendues de ce nettoyage. De même que l'enquête sur les indemnités dans la fonction publique a permis de localiser des incohérences et des exagérations notoires dont la correction en cours sera source d'autres économies budgétaires.

Par ailleurs, les passations de marchés publics ont été un véritable panier percé des finances publiques dans la période 2000-2012. Malgré un code des marchés publics réformé, encore et encore, depuis 2007, l'Agence de Régulation des Marchés Publics (ARMP) et la Cour des comptes n'ont cessé de transmettre à l'Inspection Générale d'État (IGE) des rapports annuels sur des actes de mauvaise gestion portant sur des fonds publics. Néanmoins, le Code des marchés publics, dans sa dernière version disponible en octobre 2014, semble présenter les garanties d'un verrouillage systématique sur ce que l'on y considère comme relevant des marchés publics. Le travail de contrôle à postériori de l'ARMP est suppléé par un contrôle à priori au niveau de la Direction Générale des Marchés Publics (DCMP), qui est une matérialisation des directives de l'UEMOA sur la régulation et le contrôle des marchés publics. En gros, le flux des marchés publics se porte de mieux en mieux même si le respect des procédures et le renforcement de leur célérité ne sont pas définitivement tranchés. En 2013, 305 750 projets de marchés ont été reçus des autorités contractantes (700 plans de passation) et 392 décisions rendues par le Comité de Règlement des Différends (CRD). Le taux d'absorption des crédits a été de 88 %, soit 1 064 milliards de FCFA (893 milliards de FCFA en 2012) et les marchés par appel d'offres ont représenté 80 % de la commande publique.

Cependant, l'une des anomalies fondamentales dans la tenue des marchés publics, surtout dans les travaux qui représentent plus 50 % des marchés[22], est qu'elle ne profite pas suffisamment aux entreprises locales et ne fait pas choisir les meilleurs prestataires. Interrogé sur la question en janvier 2015, l'économiste Moubarack Lô souligne que l'ampleur des investissements ne se traduit pas dans la croissance, car le levier de la commande publique n'est pas efficacement utilisé par l'État alors qu'il est un instrument précieux de soutien de l'activité économique. Il a relaté, à juste titre, le mauvais choix des investissements, les gaspillages et parfois les surfacturations et la mauvaise qualité des produits délivrés. Dans la logique keynésienne, les dépenses publiques n'ont d'effets multiplicateurs significatifs sur le Produit intérieur brut et sur l'emploi que si elles sont suffisamment perçues par des entreprises nationales. Mais malheureusement une partie consistante des investissements publics tombe dans l'escarcelle des entreprises étrangères, ou sert à des importations de mobiliers, d'appareils et autres machines. Pour que l'impact de la commande publique soit significatif sur l'emploi, la croissance et la réduction de la pauvreté, le gouvernement doit en faire bénéficier davantage les entreprises locales. Dans ce cas, les effets seront plus perceptibles puisque celles-ci emploient des Sénégalais et distribuent des revenus à des Sénégalais et cela va relancer la machine de la consommation. Telle est d'ailleurs la logique qui gouverne le vœu du gouvernement, exprimé par le Premier ministre Muhammad Dionne lors de sa déclaration de politique générale en novembre 2014, de consacrer 15 % de la commande publique à la menuiserie locale. Mais est-ce qu'il est question de 15 % sur l'ensemble de la commande ou 15 % de ce qui concerne le mobilier ? En tout état de cause, il n'y a point besoin de limite, l'idéal étant de mettre en avant, autant que possible, les entreprises nationales.

22 50 % dans la période 2008-2012, mais 37 % en 2013 selon les publications de l'ARMP.

II. Les efforts de réponse à la demande sociale : emploi et protection sociale

De prime abord, il faut reconnaître que jamais un président sénégalais n'a dévoilé autant de volonté et de dévouement à la cause sociale. L'on peut comprendre certaines options d'assistance du président Macky Sall, telles que les bourses de sécurité familiale, comme des décisions entreprises sous le coup de l'émotion, en réponse aux appréhensions faites lors de ses visites de campagne dans certains coins reculés du pays avant les élections de 2012. Rien que la détermination et l'insistance du chef de l'État par rapport à cette préoccupation sociale doivent lui valoir félicitations et encouragements. Le Président s'est également engagé fermement pour l'accès universel aux soins sanitaires et œuvre sans relâche pour la fortification du pouvoir d'achat des travailleurs vulnérables. À ce niveau, la baisse de fiscalité sur les salaires d'un peu moins de 29 milliards de FCFA à partir de janvier 2013 est une mesure salutaire mais le problème en est que les salariés ne représentent qu'environ 3 % des travailleurs sénégalais. La réduction des prix du loyer à partir de février 2014 a été, elle aussi, d'un impact positif malgré d'importantes anomalies de méthode.

Bourses de sécurité familiale, Couverture Maladie Universelle (CMU)...

La prise en compte de la dimension sociale du développement est l'une des transformations inéluctables du néolibéralisme. Les plans d'ajustement structurel et l'approfondissement du libéralisme durant le mandat d'Abdoulaye Wade (2000-2012) ont inexorablement basculé l'économie sénégalaise dans le jeu de l'économie de marché. D'importants efforts ont été consacrés à la liberté juridique et la liberté économique pour la promotion de l'investissement privé avec la naissance de l'Agence de Promotion des investissements et des grands travaux (APIX) dès l'année 2000. Mais l'économie de marché, ou néocapitalisme, draine un certain nombre d'inégalités et de distorsions sociales qu'il faut corriger avec la régulation sociale et la régulation économique. Par régulation économique, il faut entendre l'ensemble des dispositions réglementaires qui régissent les secteurs, la production, la tarification et la qualité conformément aux aspirations des consommateurs (ou usagers)[23]. La régulation sociale concerne plutôt l'équité dans la répartition des revenus et le partage des risques sociaux sous l'impulsion de l'État. En matière de régulation sociale, l'État sénégalais ne ménage aucun effort pour apporter un minimum d'assistance à ses populations à travers son implication permanente dans les activités de l'Institut de Prévoyance Retraite (IPRES), de la Caisse de Sécurité Sociale (CSS) et dans les mutuelles de santé des fonctionnaires.

À partir de 2012, le président Macky Sall a insufflé une nouvelle dynamique solidaire axée sur l'assistance financière des populations pauvres. Dans le PSE (point 365, page 80), il est écrit que « le Sénégal a pris l'option novatrice en Afrique de mettre en place le Programme de Bourse de Sécurité familiale. La bourse est destinée à fournir des allocations trimestrielles de 25.000 FCFA à des ménages vivant dans une situation d'extrême pauvreté. La phase pilote a touché 50.000 familles et une phase de généralisation à partir de 2014 va permettre d'atteindre 250.000 familles vulnérables en 2017. À travers la bourse de sécurité familiale, c'est une nouvelle bataille qui est engagée pour la scolarisation universelle, la protection de la santé des enfants et donc la baisse de la mortalité infantile ».

Lors de son discours de fin d'année 2014, le président de la République a décliné son objectif de toucher 100 000 ménages en 2015 pour 21 milliards de FCFA. La Délégation Générale à la Protection Sociale et à la Solidarité Nationale (DGPSN) s'active, en partenariat avec des Organisations non gouvernementales, dont Hellen Keller International (HKI), dans le but de permettre aux ménages vulnérables et bénéficiaires du Programme National de Bourse de Sécurité Familiale de bénéficier d'appuis, en vue de mener des activités de micro-jardinage et d'aviculture locale. Mais afin d'éviter que ne se développe un phénomène de multibénéfice, la mise au travail des populations vulnérables doit être coordonnée au plus haut niveau à travers un inventaire de l'ensemble des transferts[24] publics ou privés mobilisés et leur allocation juste et équitable au maximum de ménages possible.

La Couverture Maladie Universelle (CMU) est l'autre aspect de la protection sociale auquel le nouveau régime accorde une attention toute

---

[23] L'Autorité de Régulation des Postes et des Télécommunications (ARTP), la Commission de Régulations du Secteur de l'Électricité (CRSE) ou l'Autorité de Régulation des Marchés Publics (ARMP) peuvent être inscrites dans ce registre.

[24] Les transferts sont les fonds publics ou privés donnés sous forme d'assistance aux pauvres sans contreparties.

particulière. Dès 2013, les soins de santé ont été déclarés gratuits pour les enfants de moins de 5 ans et dans son discours de fin d'année 2014, le président de la République a souligné en outre qu'avec 372 mutuelles impliquées, la CMU va toucher 178 600 personnes dès 2015. Mais, dans l'ensemble, la directrice nationale de la Banque mondiale, Vera Songwe, a évoqué en février 2015 la couverture limitée des programmes existants, la multiplicité des critères de ciblage, l'absence de dispositifs de coordination et la dispersion institutionnelle des programmes. On peut se féliciter déjà des 21 milliards de FCFA que la Banque mondiale a mis à la disposition du Sénégal pour appuyer la Délégation générale à la protection sociale afin d'assurer la qualité du ciblage et des données sur les 450 000 ménages que le gouvernement a prévu d'inscrire.

Cependant, il ressort clairement que le financement de tels engagements va poser des problèmes à long terme[25]. La demande sociale s'avère être trop élevée à ce niveau relativement aux 47 % de ménages sénégalais pauvres selon les chiffres officiels. D'ailleurs, c'est en se fondant sur la théorie de l'économie générationnelle que Bousso et Dramani (2014) ont déterminé un gap de 35 % devant être financé via le système public et privé de transferts pour permettre de résorber la dépendance des jeunes et des séniors. Donc les besoins sont bien au-delà des quelques dizaines de milliards que l'État du Sénégal mobilise chaque année et le niveau des prélèvements obligatoires et parafiscaux sont insuffisants pour supporter un tel programme social dans un contexte où les créations de richesse se font rares, avec des taux de croissance qui peinent à atteindre les 5 %. S'y ajoute qu'avec plus de 60 % de secteur informel dont les contributions fiscales sont très limitées, les impôts sur les sociétés et sur les revenus s'abattent essentiellement sur un peu moins de 40 % des acteurs économiques, et du coup ils sapent l'investissement par une pression fiscale intenable sur toute activité déclarée. La faiblesse des ressources publiques est ainsi devenue un cercle vicieux qui ne peut pas être surmonté sans une lutte efficace contre la fraude et l'évasion fiscale ainsi que l'ajustement à la hausse de la contribution fiscale du secteur informel.

Pour compenser les déficits de ressources dans ses programmes sociaux et notamment pour la CMU, le gouvernement sénégalais a

[25] On sait déjà que l'agence de la Couverture Maladie Universelle doit de l'argent à certaines structures sanitaires du pays (dont l'Hôpital Principal, l'hôpital de Grand-Yoff et le CHU de Fann).

annoncé en 2014 des surtaxes sur le tabac, les brasseries et les transferts d'argent. L'initiative semble être pertinente et intéressante sur les deux premiers produits. Mais il faut surtout y aller avec prudence sur les transferts d'argent qui sont des services utilisés largement par des populations financièrement vulnérables et qui n'ont pas accès aux services bancaires encore très onéreux pour leur niveau de revenus.

Volonté et actions pour l'emploi des jeunes

Lors de la campagne présidentielle de 2012, le candidat Macky Sall avait promis 500 000 emplois aux jeunes Sénégalais. Plus de trois ans après son arrivée à la tête de l'État, les jeunes expriment de plus en plus leur impatience par rapport à un chômage qui touche également les diplômés. C'est dans cette logique qu'il faut comprendre les agitations hâtives du gouvernement à vouloir montrer que ces promesses sont en train d'être réalisées. Il faut reconnaître que cette préoccupation de l'emploi est la priorité du gouvernement qui œuvre déjà dans le cadre d'une convention nationale avec les employeurs. La Convention nationale État/ Employeurs est un dispositif à coûts partagés dont le principal objectif est le renforcement de l'employabilité des demandeurs d'emploi aux fins de faciliter leur intégration dans le marché du travail. En outre, s'articulant autour de six composantes, la convention prévoit un élargissement de l'assiette des partenaires signataires et prend en compte les aspects liés à l'auto-emploi. Elle se veut un instrument clé de mise en œuvre de la politique nationale de l'emploi à côté du Programme des domaines agricoles communautaires (PRODAC), du Projet d'Appui à la promotion de l'Emploi pour les Jeunes et les Femmes (PAPEJF) et de l'Agence Nationale pour la Promotion de l'Emploi des Jeunes (ANPEJ). À compter de l'année 2014, le PRODAC vise la création d'au moins 300 000 emplois sur quatre ans, le PAPEJF ambitionne de générer 15 000 emplois durables et décents, alors que l'ANPEJ est chargée de créer plus de 100 000 emplois selon les chiffres du ministère de la Jeunesse, de l'Emploi et de la Construction citoyenne.

Le Programme des domaines agricoles communautaires a été financé par la Banque africaine de Développement (BAD) à hauteur de 17,8 milliards de FCFA réservés exclusivement aux jeunes et aux femmes. Mais, le ministre Mame Mbaye Niang a raison de considérer qu'en l'absence de formations professionnelles, le problème du chômage des jeunes va se pérenniser[26]. Et il a déclaré en 2014 que 17 lycées techni-

---

[26] Le diagnostic du ministre de la Jeunesse reste cependant incomplet puisque le chômage concerne tous les niveaux de qualifications, des non qualifiés aux

ques professionnels sont en train d'être construits. Ces structures de formations vont donc venir en appoint aux actions ponctuelles que comptent dérouler par le ministère de la Formation technique, l'Agence nationale de la Maison de l'outil (ANAMO) et les Instituts Supérieurs d'Enseignement Professionnel (ISEP).

Cependant, la communication adoptée par les autorités pour montrer que la machine de l'emploi est mise en branle renferme de réelles incohérences. En 2014, l'opinion publique a été abreuvée de chiffres contradictoires provenant de diverses sources gouvernementales. D'abord le ministère de la Jeunesse, de l'Emploi et de la Construction citoyenne, déclare en 2014 que le nombre d'emplois créés au Sénégal de 2012 à 2014 s'évalue à 94 354 emplois formels dont 38,59 % au niveau du commerce, 13,42 % dans l'agriculture, 13,27 % dans le bâtiment et les travaux publics, 8,7 % dans l'hôtellerie et la restauration et 4,74 % dans l'industrie alimentaire. Ensuite, quelque temps après, le ministère du Travail, du Dialogue social, des Organisations professionnelles et des Relations avec les institutions, déclare que depuis son installation à la tête du pays, le nouveau régime a créé 165 555 emplois, dont 135 629 dans le secteur privé et 29 926 dans la sphère publique (11 642 dans la fonction publique, 8 284 instituteurs et vacataires, et 10 000 agents de sécurité de proximité). Enfin, le Conseil des ministres du 27 mai 2015 annonce des statistiques en matière d'emploi recensées entre 2012 et 2014 avec un cumul de 135 629 contrats visés par les inspections régionales du Travail et de la Sécurité sociale, soit 37 114 en 2012, 44 695 en 2013 et 53 820 en 2014.

Ces chiffres sont à considérer avec prudence puisque des précisions restent à donner sur les types de contrats, les catégories de chercheurs d'emplois concernées et les niveaux de rémunération en comparaison au seuil de pauvreté. En plus, il s'agit de chiffres sans signification tant qu'on ne les rapporte pas aux emplois détruits. Le ministère de la Jeunesse a donné d'autres chiffres qui ne concordent pas avec les statistiques officielles. Il a révélé une forte prédominance des demandeurs d'emplois non qualifiés, lesquels représentent 46 % des effectifs. Il a également mentionné un chômage de 10,2 % au niveau national et de 12, 2 % pour la tranche d'âge entre 15 et 35 ans. Ces chiffres officiels datent de 2011 et ils sont en deçà des justes estimations puisqu'ils ne tiennent

hautement qualifiés. Dans certains secteurs comme l'agriculture ou l'artisanat, les acteurs sont qualifiés par la pratique et l'expérience et n'ont donc pas besoin de formation mais plutôt de moyens et d'encadrement.

point compte de la majorité de Sénégalais qui ne se sont pas inscrits comme chercheurs d'emplois. En réalité, le taux de chômage s'avère être beaucoup plus élevé même si les statistiques manquent à ce niveau. Le ministère a en outre déclaré que les investissements privés sont passés de 1 953 milliards de FCFA en 2011, à 2 436 milliards de FCFA en 2014, soit une augmentation de 483 milliards de FCFA. De tels chiffres signifient que l'investissement privé représente plus de 30 % du PIB, alors que les statistiques du FMI évaluent les investissements à 29 % du PIB dont 17 % pour la seule composante privée.

Les problèmes de concordance à eux seuls invalident ces chiffres annoncés pourtant par des personnalités et des institutions travaillant dans un même cadre gouvernemental. L'ANSD et la DPEE sont deux structures publiques qui donnent beaucoup de satisfaction en termes de statistiques et d'études sur les tendances économiques et sociales. L'ANSD a lancé en 2015 de nouveaux mécanismes de mesures et de suivi des statistiques sur l'emploi et le travail. Et dans une de ses notes de conjoncture en 2015, la DPEE a trouvé que sur un an, le nombre d'emplois dans le secteur moderne a baissé de 0,7 % en décembre 2014. Les industries et les services ont enregistré des pertes respectives de 4,1 % et 1 % de leurs effectifs. La DPEE note tout de même que cette baisse a été toutefois atténuée par des créations nettes de 14,1 % et 5,2 % d'emplois dans le commerce et les bâtiments et travaux publics (BTP) respectivement. Une globalisation et un approfondissement de cette mouvance statistique sont mieux appropriés pour générer des tendances statistiques sur l'emploi scientifiquement plus fiables et plus plausibles.

Il est établi et admis qu'environ 100 000 demandeurs d'emplois arrivent chaque année sur le marché du travail dont 78 % de jeunes, soit 78 000 jeunes dont 32 760 sont sans qualification selon le ministère de la Jeunesse. Mais si le chômage touche de plein fouet les diplômés, la main-d'œuvre non qualifiée est d'autant plus mal lotie. La politique de l'emploi doit être revue dans sa globalité après le constat d'échec des nouvelles stratégies amorcées dans le cadre du DRSP 2 qui visait à faire passer le taux de chômage de 15 % en 2006 à 13 % en 2010 et à 10 % en 2015. Auparavant, la Nouvelle Politique Nationale de l'Emploi, adoptée en mars 2010, avait fixé l'objectif d'atteindre un taux de chômage de 8 % en 2015 et de créer entre 2010 et 2 015 près 607 000 emplois. Le Document de Politique Économique et Social (DPES, 2011-2015) et la Stratégie Nationale de Développement Économique et Social (SNDES, 2012-2015) avaient pour objectif de faire passer le taux de chômage de 10 % en 2011 à 8 % en 2015. Il faut remarquer que dans le cadre des objectifs du DRSP 2, le taux de chômage escompté à 10 % en 2015 a été de 10,2 % dès 2011. Mais le problème de l'emploi est resté entier. Fort de ces tendances statistiques, le spécialiste Ndongo Sylla (2014) est justement d'avis que le taux de chômage est un très mauvais guide de la politique économique dans les pays en développement et qu'il n'est pas pertinent de fixer des objectifs en termes de taux de chômage dans le contexte de ces pays. Il considère qu'il faut abandonner le paradigme de raisonnement toujours basé sur le modèle du *Trickle-Down Economics*, faisant croire que la croissance économique du tissu productif existant va régler tous les problèmes.

Toutefois, les nouveaux axes de promotion de l'emploi fixés dans les nouvelles orientations stratégiques de l'État sénégalais (PSE) sont porteurs d'embellies sur le plan de l'emploi. La logique de la capacitation (Agence Nationale de la Maison de l'Outil), la formation technique et professionnelle (ISEP et Office National de Formation Professionnelle et Technique) et la promotion des filières scientifiques dans la formation de base, constituent un rempart unique pour la requalification et la productivité. Elle doit être déroulée en concomitance avec une réelle stratégie de promotion des très petites, petites et moyennes entreprises (TPE, PME) et de l'auto-emploi qui représentent 85 % des emplois occupés au Sénégal selon les derniers chiffres publiés par l'ONFPT en décembre 2015.

La création d'entreprises et l'auto-emploi : des remparts cruciaux contre le chômage

Le Forum économique de Doha (Qatar) de mai 2013 a fait ressortir que l'économie mondiale est en profonde mutation, du fait de la multiplicité des nouveaux enjeux et défis économiques et sécuritaires qui interpellent l'humanité. Ce 13ème forum de Doha a été l'occasion de fouiller en profondeur cet agenda économique et sécuritaire planétaire à travers une thématique originale articulée autour du thème central *Enrichising The Middle East's Economic Future*. Les questions du chômage, des circuits financiers et de l'investissement ont été largement débattues. Il a été révélé que dans le Centre Est de l'Asie, pas moins de 50 millions d'emplois doivent être créés dans le court et le moyen terme. Il s'agit là d'un constat statistique qui touche toute la planète : le chômage se creuse en Europe et en Amérique, il reste un problème lancinant en Asie et il interpelle à plus fort degré les pays africains. Ce n'est pas la question de l'emploi qui se pose en tant que telle, mais plutôt celle des activités et des investissements qui vont créer les nouveaux emplois, renforcer le pouvoir d'achat des travailleurs et juguler la pauvreté. Cette problématique a été abordée au CMED Workshop du Forum *Creating New Business, Not Just Jobs* ayant vu la participation de grands économistes de renom. Les panélistes de ce Workshop ont unanimement admis la possibilité de créer des emplois suffisants en promouvant une nouvelle génération d'entrepreneurs.

L'auto-emploi est alors la voie la mieux indiquée pour résoudre les problèmes économiques de notre époque. Des programmes ont été lancés aux États-Unis, tels que *My Business* en 2006, qui visait la création de 30 000 emplois, et le gouvernement américain l'avait accompagné par la création de bureaux d'accueil des diplômés. Mais jusqu'en 2009, seules 3 entreprises ont été créées avec 900 emplois du fait notamment de la forte préférence des jeunes pour le salariat. Les solutions à ces résultats décevants reposent sur l'implication des chefs d'entreprises et la promotion du *Learning By Doing*. Des expériences concluantes prenant en compte ces réalités ont été menées aux États-Unis, au Japon et au Maroc.

Au Sénégal, l'élément majeur dans le combat pour satisfaire la demande sociale est la réelle prise de conscience, suivie d'actions, du rôle de la création d'emplois par la promotion de l'entrepreneuriat et des toutes petites, petites et moyennes entreprises (TPE et PME). À partir de 2012, la multiplicité des initiatives et des programmes gouvernementaux témoigne d'une réelle volonté dans ce sens. Le coup de ménage institutionnel amorcé en 2013 a abouti à la mise sur pied d'un unique interlocuteur national pour les jeunes sénégalais en recherche d'emploi. Le FNPJ, l'ANAMA et l'ANEJ ont été fondus en une seule structure : l'Agence Nationale pour la Promotion de l'Emploi des Jeunes (ANPEJ). En plus des services d'orientation et d'appui institutionnel attendus de l'ANPEJ, le gouvernement a diversifié les sources de financement et d'appui à la création d'entreprises et à l'auto-emploi. Le Fonds Souverain d'Investissements Stratégiques (FONSIS) a été créé pour initier et développer des projets stratégiques, restructurer et développer des actifs transférés de l'État ou même être coinvestisseur dans les demandes d'investissement reçues d'entrepreneurs, d'investisseurs ou de l'État. Selon la loi qui l'a créé en 2013, le FONSIS peut allouer des ressources au développement des TPE et PME, à travers un fonds de capital-investissement qui leur est dédié. Son directeur, Amadou Hott, considère qu'il s'agit d'opérations de dynamisation de l'activité économique productive, moyennant des moyens et des actifs octroyés par l'État. En synergie, la Banque Nationale de Développement Économique (BNDE) est une structure financière qui se démarque de ce que l'on a connu dans les années 80 avec la Banque Nationale pour le Développement du Sénégal (BNDS). Elle a déjà atteint un encours de crédits de 30 milliards de FCFA en 2015, ce qui, du coup, est à la fois source d'espoir et d'inquiétudes chez plusieurs observateurs.

Le Fonds de Garantie des Investissements Prioritaires FONGIP est conçu pour venir aider les entreprises en difficulté et aussi garantir l'accès aux financements pour les TPE et les PME. Il s'est également positionné en qualité de maître d'œuvre de la composante de financement de l'entrepreneuriat rural du Programme d'Urgence de Développement Communautaire (PUDC). Il est composé d'une multitude de sous-fonds qui couvrent la quasi-totalité des secteurs.

- Fonds de garantie pour l'accès au logement social (FOGALOS)
- Fonds de garantie pour l'artisanat (FOGART)
- Fonds de garantie pour l'auto-emploi des jeunes (FOGAREJ)
- Fonds de garantie pour les investissements des Sénégalais de l'extérieur (FOGARISE)
- Fonds de garantie et de développement des PME (FOGADEV)
- Fonds de bonification pour la baisse des taux d'intérêt des crédits destinés aux groupements de femmes (FONBONI)

Toutefois, des défis majeurs restent à relever : l'amélioration du climat des affaires, la formalisation de l'informel et le renforcement de la qualification et de la productivité des chômeurs dont plus de 40 % sont alors sans qualification selon les statistiques officielles.

III. L'ESPOIR EST PERMIS SOUS HYPOTHÈSES

Lors de sa visite des 29 et 30 janvier 2015 au Sénégal, la directrice du FMI, Christine Lagarde, a reconnu que la croissance économique sénégalaise n'a été ni vigoureuse, ni bien répartie. C'est vrai qu'après des croissances écono-miques moyennes de 5 % dans la période 1995-2005, 3 % entre 2005 et 2012 et 4 % de 2012 à 2014, le Sénégal a été encore classé 170ème sur 188 pays dans le rapport 2015 du Programme des Nations Unies pour le Développement (PNUD). La livraison de l'autoroute à péage Dakar/ Diamniadio et la réduction des délestages à partir de 2012 n'ont pas pu relever significativement les taux de croissance entre 2012 et 2014. Il faut reconnaître tout de même que de bonnes actions entreprises par le régime de Macky Sall ont mené à une légère embellie socioéconomique à compter de l'année 2012. Les prévisions officielles de croissance économique tablent sur plus de 6 % en 2015.

Amélioration tendancielle de l'économie sénégalaise

Le revenu *per capita* du Sénégal est passé de 350 000 FCFA en 2000, à 509 000 FCFA en 2011 selon les chiffres de l'ANSD, soit 45 % d'augmentation nominale en 10 ans. Globalement, les statistiques montrent qu'il y a eu moins de 50 % d'augmentation sur le revenu par tête et plus de 100 % d'augmentation des prix des principales denrées de première nécessité dans la période 2000-2012. S'y ajoute que le prix du loyer a plus que triplé à Dakar, sur fond de spéculations immobilières et foncières aggravées. Le niveau de vie des Sénégalais a par conséquent substantiellement chuté durant cette période. Avec une incidence de pauvreté monétaire de 47 % en 2012, le Sénégal était encore loin de pouvoir atteindre les Objectifs du Millénaire pour le Développement (OMD). C'est vrai que la période 2000-2012 a été caractérisée par des chocs exogènes et asymétriques, tels que la crise de l'énergie, la crise des matières premières agricoles mais également la hausse de la valeur du dollar à partir de l'année 2010, créant du coup une nouvelle tendance à la hausse des prix des produits importés. Pourtant, durant cette période, des pays de l'UEMOA économiquement moins lotis (Mali, Burkina, Togo ou Bénin), ont fait preuve d'une maîtrise de l'inflation à travers une politique de compensation tarifaire basée sur la rationalisation de leurs dépenses publiques.

L'État du Sénégal a eu recours à des initiatives d'allègement fiscal et de promotion du climat des affaires à partir de 2000, mais la croissance débridée des dépenses publiques a poussé l'État à attiser la pression fiscale qui a découragé les initiatives privées et renchéri les coûts des facteurs de production déjà aggravés par la crise de l'énergie. Le morcellement et « l'agenciarisation » excessive de l'administration publique sénégalaise, combinés à un clientélisme politique sans précédent, ont causé une hausse exponentielle des charges courantes de l'État avec une masse salariale qui est passée de 12 milliards de FCFA en 1999 à plus de 40 milliards de FCFA en 2012. Sans oublier le programme ambitieux d'infrastructures dont la réalisation est entachée de multiples malversations et scandales financiers. Le niveau atteint par les dépenses publiques a coûté cher aux citoyens sénégalais avec un État qui était perpétuellement à la recherche acharnée de nouvelles recettes. Tenaillé entre des charges en dilation progressive et implacable, le budget de l'État a été taillé sur la mesure de toutes recettes supplémentaires potentielles. C'est pourquoi il n'y a pas eu de plan sérieux de lutte contre l'inflation durant la période 2000-2012 puisque l'État sautait sur la TVA supplémentaire en cas de hausse des prix des produits à grande consommation[27].

En 2012, la situation économique était assez chaotique avec des charges publiques exorbitantes dont le ministère des Finances n'a pas encore pu se départir malgré les pressions du FMI. En plus de cela, les nouvelles autorités ont dû faire face à une conjoncture macroéconomique difficile malgré une croissance économique de 4,1 % en 2010. En 2011, la croissance économique a chuté à 2,6 % du fait notamment du recul de 20 % de la production agricole. La balance courante a également enregistré un déficit chiffré à 6,4 % du PIB et le déficit public s'est chiffré à 455 milliards en 2011, soit 6,7 % du PIB (plus du double du plafond de l'UEMOA). De 1 024 milliards FCFA en 2006, la dette publique s'est établie à 2 704 milliards de FCFA en 2011, soit plus du double en cinq ans. En mars 2012, le gouvernement devait déjà 150 milliards de FCFA d'arriérés de paiement vis-à-vis des entreprises locales. C'est ainsi que lors de sa déclaration de politique générale en septembre 2012, le Premier ministre Abdoul Mbaye avait annoncé la décision du gouvernement d'accorder 493 milliards de FCFA au service de la dette, dont 412 milliards en remboursement de dettes intérieures sur un encours total de 653 milliards de FCFA.

Afin de mieux réussir la campagne agricole de 2012, le nouveau régime a déboursé 83 milliards de FCFA pour parvenir à une baisse significative des prix des denrées de première nécessité, offrir des vivres de soudure et des aliments de bétail aux agriculteurs vulnérables et subventionner les intrants agricoles. Le gouvernement a dû également faire face à 120 milliards de FCFA de compensations tarifaires induites par les options onéreuses du plan Takkal et enregistré plus de 35 milliards de FCFA de moins-values fiscales pour la même année. Du coup, tous les ingrédients étaient réunis pour que le déficit budgétaire grimpe au-delà de 8 %. Mais les initiatives de réduction des dépenses

27 Notons qu'en France, quand les cours du pétrole ont subitement flambé en 2003 et que le prix du carburant à la pompe avait haussé, le gouvernement avait décidé, de manière transparente, d'utiliser les recettes en TVA imprévues dans la résorption du déficit de la sécurité sociale.

publiques et les options de bonne gouvernance ont permis un net recul des scandales financiers et de la gabegie habituelle notée dans l'utilisation des fonds publics. En illustrent les gains de plus de 10 milliards de FCFA réalisés par l'État sur sa facture téléphonique à partir 2012. Des économies budgétaires ont été possibles dès 2012 et elles ont permis au gouvernement d'Abdoul Mbaye de maintenir le déficit public à 6,7 % du PIB tel qu'il ressort de la loi de finances rectificative de 2012. En gros, la situation économique a été sous contrôle dès l'année 2012 avec une croissance économique de 3,7 %, un déficit public en baisse et une inflation ramenée en deçà de 2 %.

L'année 2013 était économiquement prometteuse mais le faible taux de croissance économique enregistré (moins de 3 %) s'avère inquiétant relativement à la livraison de l'autoroute Dakar/Diamniadio, la baisse des délestages et les nouvelles options de relance économique. Le gouvernement d'Aminata Touré (Première ministre de septembre 2013 à juillet 2014) a péché dans sa communication sur les vraies raisons de ce revirement de croissance qui peut être aisément expliqué. D'une part, cette faiblesse du taux de croissance économique en 2013 s'explique par le recul du secteur primaire. D'autre part, l'option de maîtrise de l'inflation durant les années 2012 et 2013 a eu un effet de rétrécissement sur le PIB en volume. Économiquement, le compromis entre la croissance et l'inflation obéit à une logique de sacrifice : la réduction de l'inflation de 1 % implique un ratio de sacrifice pouvant aller jusqu'à plus de trois points sur la croissance selon les modèles de la DPEE. Autrement dit, un recul de 1 % de l'inflation peut produire un recul de plus de 3 points sur la croissance économique potentielle. Or, le gouvernement du Sénégal a fait un effort significatif sur la maîtrise de l'inflation depuis 2012.

Tableau 16 : Taux d'inflation au Sénégal de 2010 à 2014 (en %)

Année	2010	2011	2012	2013	2014
Inflation	1,3	3,4	1,4	0,7	-1,1

Source : http://donnees.banquemondiale.org /indicateur/FP.CPI.TOTL.ZG

Le gouvernement a dû, par ailleurs, renoncer à plusieurs de ses recettes budgétaires potentielles à partir de 2012 : il s'est déjà permis une baisse de fiscalité sur les salaires de 29 milliards de FCFA annuels appliquée dès janvier 2013, il a continué à perfuser la Senelec à hauteur de plus de 100 milliards de FCFA annuels (jusqu'en 2014) et il a annoncé en février 2015 l'annulation de l'essentiel des taxes aéroportuaires qui avaient drastiquement renchéri la destination Sénégal au grand détriment du tourisme. Il s'agit là d'une option qui allège le coût de la vie mais qui va certainement limiter les marges de manœuvre budgétaires de l'État, notamment l'objectif de ramener le déficit public à 3 % du PIB dès 2016. Le maintien du coût de la vie à son niveau actuel sera déjà une prouesse à l'horizon 2017, puisqu'il va s'appuyer sur la réduction des dépenses courantes de l'État dont la faisabilité devrait pouvoir s'accommoder de l'objectif de maîtrise du déficit public comme déjà relaté plus haut.

Il importe de signaler enfin que, parmi les poudrières héritées par le nouveau régime en 2012, figure en pole position une crise foncière profonde dont le dénouement a nécessité la création d'une commission de réforme et dont la réussite conditionne celle de l'aménagement du territoire et l'atteinte des objectifs agricoles du PSE. La dynamique de bonne gouvernance, même si elle reste tâchée par des actes de népotisme et de clientélisme toujours flagrants, a généré des mesures et des dispositions qui changent petit à petit la mentalité des hommes politiques vis-à-vis de l'argent public. Ces mesures ont été crédibilisées par l'incitation coercitive à la déclaration de patrimoine, pour laquelle se sont déjà exemplairement exécutés le président Macky Sall lui-même et le maire de Dakar, Khalifa Sall.

Mais il faut être en mesure de faire face aux chocs exogènes et asymétriques

L'UEMOA et la CEDEAO sont deux cadres d'harmonisation et de coordination des politiques économiques, caractérisés par une grande hétérogénéité et une asymétrie des situations économiques entre leurs états membres. Et pourtant, le tarif extérieur commun a été adopté en 2015 pour la CEDEAO alors que l'UEMOA devient de plus en plus ferme sur les critères de convergence, notamment les plafonds respectifs de 3 %, 3 % et 70 % sur le déficit public, l'inflation et la dette publique. Toutefois, les états de l'UEMOA et de la CEDEAO ne bataillent souvent pas avec les mêmes armes du fait des disparités dans leurs situations économiques respectives. Le Sénégal évolue sous le joug d'une vulnérabilité et d'une dépendance énergétiques qui laminent conséquemment ses budgets publics et aggravent ses déficits extérieurs en cas de hausse des cours du pétrole, là où d'autres pays comme le Nigéria ou la Côte d'Ivoire, pays producteurs de pétrole, ne subissent pas le même choc. La tendance s'est quand même inversée en 2015 : la chute vertigineuse des cours du pétrole est favorable à l'économie sénégalaise et non au Nigéria. Cette hétérogénéité économique est donc une source de chocs asymétriques qui cristallisent l'ensemble des difficultés de coordination éprouvées par les organisations communautaires et que chaque État doit pondérer suivant ses atouts. Par ailleurs, l'économie sénégalaise est également exposée à d'autres facteurs exogènes qui peuvent perturber l'exécution du plan Sénégal Émergent (PSE).

Premièrement, on peut citer la volatilité du dollar qui s'est apprécié par rapport à l'euro à partir de 2010, après une dégringolade sans précédent durant la période 2001-2010, avec le pic d'un euro à 1,6 dollar enregistré en 2008. Mais de 2013 à 2014, 1 euro coûte en moyenne 1,32 dollar ; ce prix a chuté à 1,15 dollar en début 2015, ce qui corrobore la tendance conjoncturelle à la chute de la valeur de l'euro par rapport au dollar. Ainsi, l'utilisation du dollar comme monnaie de facturation sur le plan international occasionne naturellement des coûts supplémentaires sur l'ensemble des produits importés, ce qui peut compromettre l'objectif de l'État du Sénégal de maintenir à un niveau bas le prix des denrées importées. On pensait que c'est seulement l'euro fort qui posait problèmes aux pays de la zone franc sur leurs exportations. Mais dans un pays comme le Sénégal où l'appareil productif et les exportations sont encore faibles, le dollar fort a tout aussi des conséquences sur le stock « dollarisé » de dettes publiques mais également sur la cherté des importations qui sont majoritairement incompressibles. D'ailleurs, en juin 2015, il a été constaté une hausse de 50 FCFA sur le kilo de riz, de 200 FCFA sur le pot grand modèle de tomate et de 200 FCFA sur le litre d'huile. Il a également été constaté de légères hausses sur le sucre et les pâtes. La Direction du Commerce intérieur a justifié ces hausses par l'appréciation du dollar par rapport à l'euro. Pour ce qui concerne l'huile, la hausse est largement due à l'entrée en vigueur du tarif extérieur commun de la CEDEAO en janvier 2015 (les droits de douane passent de 20 à 35 %). L'option d'augmentation de l'offre de produits sénégalais adoptée dans le PSE trouve alors sa pertinence mais elle devra relever l'autre défi important de la compétitivité internationale.

Deuxièmement, ces quinze dernières années ont permis de constater les conséquences négatives de la cherté des hydrocarbures sur un pays comme le Sénégal qui dépend entièrement des importations de pétrole brut. À l'interne, le coût des facteurs de production a augmenté de manière exponentielle, avec notamment une énergie électrique obtenue à 90 % à partir des combustibles. Sur l'international, le coût du fret maritime, qui concerne 90 % du transport mondial de marchandises, dépasse dans certains cas la valeur du produit transporté. En 2008, le coût du fret maritime avait connu une hausse spectaculaire de 121 %. Après un léger repli au cours de l'année 2009, ces coûts du fret maritime ont encore augmenté à la fin de l'année 2010 d'environ 40 %. En outre, les disponibilités de navires sont affaiblies, à très court terme, par les grands besoins de trafic de la Chine, des dragons asiatiques, des pays émergents et des puissances occidentales. Cette situation provoque une supériorité intempestive de la demande par rapport à l'offre de fret, ce qui tire les coûts à la hausse. Il est évident que l'augmentation des coûts de fret maritime est directement répercutée sur l'ensemble des marchandises transportées, ce qui a exacerbé l'inflation importée.

Troisièmement, la loi de l'offre et de la demande sur le marché international est l'autre facteur exogène qui pèse sur les prix des produits à l'interne. Il ne faut, en outre, pas perdre de vue que l'augmentation des besoins en énergie tient quelquefois sur des détails auxquels on ne fait pas forcément attention. Ces dernières années, chaque père de famille sénégalaise a pu constater que ses dépenses sont dilatées par de nouveaux besoins relatifs aux nouvelles technologies (achats de crédit pour soi et pour les enfants, internet, télévision 24 heures sur 24, dépendance aux congélateurs et réfrigérateurs, achats de téléphones, de cartes mémoires, de lecteurs, etc.), ce qui lamine considérablement le pouvoir d'achat résiduel, destiné à la nourriture, au règlement des factures, à l'achat de carburant (pour ceux qui possèdent un véhicule). Rien que les recharges de batteries de portables et les branchements des nouveaux appareils de technologie représentent une pression sur les besoins en électricité et donc sur les besoins en combustibles des États. La demande d'énergie est également tirée par la croissance des villes et l'électrification progressive des milieux ruraux. On peut comprendre qu'à l'échelle de toute la planète, le degré par lequel les nouvelles technologies, la forte croissance urbaine et l'électrification rurale impactent l'augmentation de la demande d'électricité, de pétrole et donc du prix du baril. Il en est de même pour les denrées alimentaires, dont la demande est aussi tirée par la croissance démographique et l'augmentation de la consommation dans les pays émergents (BRICS, BENIVM, autres pays émergents d'Asie, etc.) alors que l'offre est de plus en plus rétrécie par les pertes de récoltes dues aux catastrophes naturelles et à l'usage de certaines denrées alimentaires comme la canne à sucre et le maïs pour la production de biocarburant. Dès lors, aussi bien sur le marché des hydrocarbures que sur celui des produits alimentaires, il apparaît clairement que l'aggravation générale de la hausse des prix sur le plan mondial tient à des effets de pénurie, c'est-à-dire l'augmentation des besoins (de la demande) et la stagnation de l'offre.

Changer les mentalités et promouvoir la discipline : démocratie n'est pas anarchie

Le point 242 du PSE (page 48) relate que le succès de ce plan d'émergence nécessite une nouvelle démarche de rupture et des changements de comportements des différents acteurs (consommateurs, producteurs, entrepreneurs, fonctionnaires, décideurs, acteurs, partenaires sociaux, etc.). Singapour est un exemple de pays qui a gagné son ticket vers l'émergence par les changements mentaux et la discipline de son peuple, auréolés d'une propension publique incommensurable à investir dans l'éducation et la formation. La réussite du PSE dépend donc de la prise de conscience par chaque Sénégalais de ses responsabilités comportementales et du rôle qu'il doit jouer dans cette marche vers l'émergence. Selon Moubarak Lô (2003) il faut l'engagement d'une révolution culturelle, pour transformer les modes de penser, d'être et d'agir des citoyens, et les pousser à adopter les valeurs positives (effort et discipline dans le travail, épargne, esprit d'entreprise, non-dépendance à l'aide, innovation). Monsieur Lô souligne que la démocratie à mauvais escient semble être une charge qui fait traîner l'économie du Sénégal. Mamadou Diagna Ndiaye, Conseiller spécial du président Sall, a relaté que « notre pays, qui a réussi sa mue politique en accédant à toutes les libertés publiques et en construisant un État de droit unanimement reconnu est, paradoxalement, victime de son succès et de notre propension à vouloir vivre de la rente du symbole démocratique, au détriment de la construction d'une économie performante et durable »[28].

En Afrique subsaharienne, des efforts considérables de démocratisation ont été consentis à partir de la deuxième moitié des années 1990 (Sénégal, Bénin, Ghana, Kenya, Tanzanie, etc.). Mais, l'économiste Amartya Sen (Prix Nobel en 1998) est d'avis que la démocratie est importante dans les moments difficiles et en veut pour preuve la capacité historique pour l'Inde de se départir des famines alors que la Chine a eu du mal à résoudre sa dernière famine au début des années 60, qui a fait 30 millions de morts. Barro (2000) a, quant à lui, relaté que des accroissements du niveau de vie tendent à engendrer un accroissement progressif de la démocratie, mais qu'à l'opposé, les démocraties qui se sont

---

[28] Dakar actu.com, le 29 novembre 2014.

érigées sans développement économique préalable se révèlent fragiles[29]. Cette situation est bien celle du Sénégal : au moment où la démocratie s'approfondit depuis les années 90, la pauvreté n'a pas reculé dans la décennie 2000-2012, stagnant autour de 50 % de la population actuellement. La démocratie sénégalaise est entachée de dérapages et de confusions implacables qui torpillent l'érection d'un modèle de société couché sur le respect, la discipline, le patriotisme et la citoyenneté.

À l'échelle gouvernementale, la répression de l'enrichissement illicite, les nouvelles approches appliquées par l'Office Nationale de Lutte contre la Corruption (OFNAC) et les déclarations de patrimoine sont des pas importants vers l'éradication des actes de délinquances financières des dirigeants. Mais le gouvernement doit aller plus loin dans les approches coercitives en faveur du culte du travail, du mérite, du civisme et du patriotisme. Par exemple, les Sénégalais, leurs autorités et les médias avec eux, auraient pu éviter qu'un seul cas de maladie à virus Ebola ait pu coûter plus de 5 milliards de FCFA à l'hôtellerie sénégalaise à compter de juillet 2014. Se pose la question du comment. Et c'est ça le challenge des gouvernants dans toute action tendant à guider les mentalités et le patriotisme.

Dès sa nomination en juillet 2014, le Premier ministre Muhammed Dionne a appelé les Sénégalais au travail. Il s'agit d'un appel intelligent puisque, quelle que soit la pertinence de son action en tant que Premier ministre, la faible productivité des travailleurs Sénégalais, surtout dans la sphère publique, n'est pas pour lui faciliter la tâche. Avec environ 14 jours chômés et payés chaque année, le Sénégal compte un nombre de jours fériés jugé acceptable, comparé à la Tunisie (15 jours), la Côte d'Ivoire (15 jours) ou le Botswana (16 jours). Le Sénégal ne compte ainsi qu'un jour de plus par rapport à la moyenne constatée dans les pays développés, qui se situe à 13 jours fériés par année. Cependant, l'asymétrie des situations socioéconomiques d'un pays à l'autre appelle à une analyse spécifique qui disqualifie toute comparaison entre pays pauvres et pays développés. Au Sénégal, les jours fériés n'auraient pas posé de problème s'ils se limitaient à une réduction statique de la production. Ils sont, en effet, la source d'autres blocages collatéraux. D'un côté, ils ternissent la productivité de la main-d'œuvre dans les jours suivants. Par exemple, lors d'une grande fête religieuse coïncidant avec

---

[29] Amartya Sen et Barro cités par Callens, *Cours d'histoire de la pensée économique*, Université Lille 1, 2002.

un jeudi[30] ou un vendredi, certains travailleurs prolongent leur repos jusqu'à la fin de la semaine (« effet de pont »). Or, Dakar regorge d'une majorité de populations originaires des autres localités du pays, qui se déplacent à l'occasion des fêtes, avec l'essentiel des moyens du transport, en plus de concerner une bonne partie de la main d'œuvre des services (transport et commerce, notamment). Du coup, le transport est bloqué les lendemains de fêtes, ce qui aggrave ces « effets de pont » dans Dakar et son agglomération. D'un autre côté, le préjudice en termes de production est faramineux et il plombe la croissance avec une perte de production de 2,6 % par an selon les enquêtes de la DPEE (2012).

Par ailleurs, une multitude de Sénégalais vit grassement dans l'oisiveté totale ou dépendent de la politique politicienne. La politique est devenue une profession et plusieurs hommes politiques n'ont pas de métier. Lors de son allocution au Gamou[31] 2010, Serigne Cheikh Ahmad Tidiane Sy Al Maktoum[32] a invité les Sénégalais à éviter que les marabouts soient plus nombreux que les disciples et que les politiciens soient plus nombreux que les militants. Il s'agit d'une déclaration contextuelle qui mérite pleines méditations. L'islam est, en effet, devenu un fonds de commerce utilisé par des gourous embusqués, des sortes de loups à la carapace de chèvres, qui exploitent des parcelles de pouvoir religieux savamment entretenues. À part les manifestations phares que sont le Maouloud et le Grand Magal de Touba[33], érigés en journées chômées et payées du fait de leur grande importance, ainsi que les cérémonies historiques dédiées au Prophète Mouhamad (PSL) par d'autres érudits de l'islam, le Sénégal est également secoué par de multiples et sporadiques manifestations religieuses qui mettent le peuple dans une recréation permanente. C'est sans doute pourquoi Serigne Abdoul Aziz Sy Al Amine a déclaré en juin 2015 qu'il y avait « trop d'appels religieux dans le pays et que ceci atteint la productivité des Sénégalais dès lors où une partie d'eux vivent oisivement des fonds collectés et que les disciples de détournent de leurs devoirs de citoyens. »

---

30 3 jours fériés sur 10 tombent sur un jeudi ou un vendredi selon les enquêtes de la DPEE.

31 Le Gamou est la célébration de la naissance du prophète de l'islam (PSL). On l'appelle aussi Maouloud.

32 Vénéré Khalife de la confrérie tidjanya.

33 Le Maouloud (voir note 27). Le Magal de Touba commémore le retour d'exil en 1905 de Cheikh Ahmadou Bamba (RTA), fondateur de la confrérie mouride.

Dans le même sillage, il faut admettre que la multiplicité des partis politiques (plus de 220 partis dans un pays de 13 millions d'habitants) dénote d'une intension inavouée de certains politiciens d'exploiter des individus acquis à leur cause pour faire chanter les régimes en leur faisant miroiter un pouvoir militant fictif afin d'entrer dans les grâces du pouvoir. Le résultat est l'existence de coalitions hétéroclites qui arrivent au pouvoir avec des incohérences idéologiques incapacitantes et l'obligation d'entretien d'une clientèle politique extravagante qui gêne la bonne gouvernance du pays. C'est pourquoi le gouvernement a du mal à se passer de certaines agences et institutions inutiles qu'il utilise pour caser cette clientèle politique. De même que les remaniements intempestifs des gouvernements s'expliquent essentiellement par l'égoïsme de certains politiciens tapis dans l'ombre, jetant en pâture les hommes en place et guettant le moindre changement d'homme pour espérer récupérer un strapontin. Cette problématique repose avec acuité la lancinante question du financement des partis politiques et de l'encadrement réglementaire de leur création et de leur nombre. Une formule de financement des partis politiques permettrait d'éviter cette cacophonie qui dicte à chacun d'eux la quête d'un strapontin pour utiliser les privilèges des responsabilités publiques aux services de leurs activités politiques. La multiplicité des listes et l'éparpillement des compétences sénégalaises dans des listes adverses lors des élections locales du 29 juin 2014 ont créé une situation inédite dans les communes avec parfois des équipes municipales sous-qualifiées et incapables de mettre en œuvre l'acte 3 de la décentralisation. Cette multiplicité des listes a été d'un coût public salé lors de ces municipales de 2014 en termes d'impression et de gestion administrative du scrutin. Ce raisonnement s'applique au front syndical. Pour moins de 400 000 salariés, le Sénégal compte une quarantaine de syndicats et une vingtaine de centrales syndicales. Ce n'est ni sérieux, ni efficace et crée de l'anarchie, de la cacophonie, du désordre et des pertes de temps dans les négociations avec l'État.

L'entretien de ce cancer politico-social est un élément significatif d'explication du caractère exorbitant des charges courantes de l'État et de la maigreur des investissements publics. C'est ce qui explique par exemple que sur les 2 731 milliards de FCFA de budget votés en 2014, l'État n'ait pu accorder que 137 milliards à l'agriculture, soit 5 %, alors que l'on dit que l'agriculture est la priorité du pays. L'autre élément qui obstrue le développement de l'agriculture est l'effritement de la main-d'œuvre agricole qui, par exode rural, est parti ne rien faire dans les centres urbains et surtout à Dakar. On peut remarquer, par exemple, que les charretiers et les conducteurs de calèches ne venaient à Dakar que pendant la saison sèche et ils retournaient à la campagne en saison des pluies pour les besoins de l'agriculture. Mais maintenant, on les voit toute l'année à Dakar et dans les autres centres urbains, en plus des gardiens, des ambulants et autres jeunes qui ont déserté les zones rurales, ne croyant plus à l'agriculture. Le Sénégal a besoin d'une bonne stratégie de reconstitution de la main-d'œuvre agricole après les résultats mitigés du plan REVA et de la GOANA. La communalisation universelle (acte 3 de la décentralisation) n'aura de sens que si elle s'érige comme le socle d'émergence de véritables pôles économiques tirés par l'Agriculture. De même que les nouveaux programmes agricoles du Plan Sénégal Émergent (PSE) n'auront de vigueur que s'ils sont porteurs d'incitations suffisantes pour une pratique plus élargie de l'agriculture.

Pour finir, on peut dire quelques mots sur la pharmacopée et la médecine traditionnelles qui ont, elles aussi, connu un regain d'intérêt et constituent une alternative appropriée face aux problèmes d'accessibilité aux médicaments. Mais ce secteur, dans son état actuel, n'est pas structuré de manière à jouer efficacement son rôle dans la couverture des besoins sanitaires des populations, du fait d'insuffisances profondes en matière d'orientations : défaut de clarification du rôle de chaque intervenant, inexistence de loi fondamentale et de décret d'application spécifique. Un vide juridique total malgré la mise en circuit depuis dix ans d'un projet de loi visant à organiser, à assainir et à réglementer le milieu de la médecine traditionnelle. Cette situation laisse la porte ouverte à toutes sortes de tradipraticiens aux méthodes risquées et il ne se passe pas un jour dans le pays sans que la presse ne relaie une histoire d'escroquerie impliquant des charlatans. L'absence d'assise et de support scientifiques des interventions des médecins traditionnels expose aussi les usagers à des dangers de surdosage, d'intoxication ou d'empoisonnement. Il n'existe, en effet, aucun label, aucun standard dans le domaine et les médecins traditionnels sont libres d'exercer dans l'informel sans peur d'être inquiétés par une quelconque législation. S'y ajoute que l'exploitation irrationnelle des ressources végétales affecte négativement les écosystèmes et entraîne une disparition de plusieurs espèces. Cette situation est déjà un motif suffisant pour étayer la nécessité urgente d'une régulation appropriée de ce secteur.

Enjeux de régulation : arguments en faveur d'un régulateur pour chaque secteur clé

L'essence de la régulation des marchés relève de sa capacité à prévenir les risques de collusion, de position dominante mais surtout à assurer la prise en compte les exigences du service public et de l'intérêt général. Le modèle de Plane et Hoffman (2001) sur la performance des entreprises électriques africaines met en évidence le rôle potentiel de la régulation pour concilier le service universel et les objectifs de profit des opérateurs privés. La régulation doit permettre de se rapprocher le plus possible d'un optimum de concurrence avec une bonne prise en compte des objectifs de service public et de long terme. Cependant, le cas des industries de réseau pose des équations supplémentaires du fait de leur configuration et de l'ampleur de leurs missions. Il s'agit non seulement de services publics mais aussi de secteurs facteurs de cohésion sociale et d'aménagement du territoire. La France offre un exemple intéressant en ce sens que l'acceptation populaire de la libéralisation a eu nécessairement comme corollaire le respect et la prise en compte de la dimension sociale du service public. La Commission européenne maintient la poursuite du service minimum (ou service universel) applicable aux exclus ou défavorisés et du maintien de la péréquation spatiale au nom de la solidarité nationale et de l'aménagement du territoire. Dans ce schéma, un surcoût va subsister relativement à la demande non solvable notamment en milieu rural et c'est là une première mise en évidence du rôle de la régulation qui devra aussi s'atteler à la question du long terme.

En France, la compensation financière se faisait via un fonds spécifique comme le FSPPE (Fonds du Service Public de Production d'Électricité). Mais d'autres missions d'intérêt général concernent la promotion des énergies renouvelables, le respect de l'environnement, la sécurité d'approvisionnement et la pérennisation des sources d'investissements. Comme la concurrence favorise l'existence de plusieurs entreprises, la solution préconisée est d'attribuer les missions de service public par un système *pay or play*[34] via des enchères ou par sélection comparative. La solution souvent retenue est de les confier à l'opérateur historique. Au Sénégal, le Fonds de Développement du Service Universel des Télécommunications (FDSUT) est institué par le Code des télécommunications de 2001 et le décret d'application a été élaboré en

[34] Tout opérateur peut choisir entre payer une taxe ou accepter de participer à ces missions de service public.

2007. De même qu'un Fonds de Soutien à l'Énergie (FSE) a été institué en 2006. En plus des télécoms et de l'énergie, la dynamique de la régulation doit être renforcée afin de soutenir la transparence, la stabilité, la viabilité et la pérennité de tous les secteurs clés. Le tableau 17 suivant expose les principaux secteurs et leur situation réglementaire.

Tableau 17 : Principaux secteurs et situation réglementaire

Secteur	Organe de régulation	Observations
Finances publiques	Cours des comptes (CC) Inspection Générale d'Etat (IGE)	Manque d'indépendance du fait d'une tutelle présidentielle et ministérielle absolue. Rapports annuels en mal d'exploitations, ce qui attient la crédibilité de ces institutions
Marchés publics	Autorité de Régulation des Marchés Publics (ARMP)	Manque d'indépendance du fait de son rattachement à la Primature. Synergies ambigües avec la Direction Centrale des Marchés Publics qui, elle, dépend du ministère de l'économie et des finances.
Commerce des denrées alimentaires	Agence de régulation des marchés (ARM)	Manque d'indépendance vis-à-vis du ministère du commerce et manque de moyens. Activités concentrées sur les produits importés en masse tels que le riz, le sucre et les oignons.
Energie et eau	Comité National des Hydrocarbures (CNH). Commission de régulation du secteur de l'électricité (CRSE) Non pour l'eau.	Revoir le mécanisme de révision des tarifs des hydrocarbures toutes les quatre semaines. Manque d'indépendance et de moyens matériels à la CRSE. Etendre les compétences de la CRSE à l'Eau ?
Télécommunications	Autorité de Régulation des Postes et Télécommunications (ARTP)	Manque d'indépendance puisque logée directement à la présidence de la République.
Hôtellerie et restauration	Non	Besoin d'homologation et d'encadrement tarifaires pour les restaurants et les hôtels et nécessité de labellisation d'une véritable gastronomie sénégalaise.
Transports terrestres	Non	Le CETUD est une bonne structure qui ne couvre que Dakar sans vocation spécifique de régulation. Il faut une autorité de régulation pour l'ensemble du secteur des transports terrestres et maritimes, avec notamment les autoroutes en usage et en construction.
Immobilier	Non	L'objectif de rationalisation tarifaire pourrait mieux tenir avec l'existence d'un régulateur. Celui-ci s'attellerait également à faire respecter les plans d'urbanisme et d'aménagement.
Enseignement supérieur	Autorité Nationale d'Assurance Qualité de l'Enseignement supérieur (Anaq-Sup)	L'ANAQ-Sup est une innovation salutaire dont il faut accroitre conséquemment les prérogatives et les moyens pour la réalisation de son ambitieux et indispensable programme.

L'autorité nationale d'Assurance qualité dans l'enseignement supérieur (ANAQ-Sup), créée en 2012, est devenue un outil stratégique et un appoint indispensable au dispositif du Conseil Africain et Malgache pour l'Enseignement Supérieur (CAMES). Au-delà de la réorganisation du secteur concomitamment à la réforme en cours, l'assurance-qualité aura vocation de faire du Sénégal une plateforme africaine d'éducation et de formation, telle que mentionnée dans le point 264 du PSE. L'action de l'ANAQ-Sup va remettre de l'ordre dans l'enseignement supérieur sénégalais, notamment en termes de contrôle du respect des standards internationaux de l'enseignement supérieur, véhiculé à travers un programme d'accréditation des formations, amorcé en 2013. Le travail de l'ANAQ-Sup est également censé apporter des correctifs à l'anarchie et au défaut de régulation qui caractérisent le secteur de la formation privée où plusieurs écoles opèrent sans toutes les habilitations requises. Certaines structures privées ont continué à opérer sur plusieurs années avec un agrément annuel d'une année de validité (renouvelable). C'est pourquoi, sur les 196 demandes d'accréditation déjà reçues par l'ANAQ-sup, seules 16 ont pu respecter les modalités de poursuite de la procédure en 2015.

---- Concernant les denrées alimentaires, l'État gagnerait à responsabiliser davantage l'Agence de Régulation des Marchés (ARM), en lui conférant davantage de compétences, de prérogatives et de moyens. De connivence avec la Société de Commercialisation (SDC), les structures d'appui au monde agricole telles que la Société Nationale d'Aménagement et d'Exploitation des Terres du Delta, de la vallée du fleuve Sénégal et de la Falémé (SAED) et les institutions d'appui à la production telles que la Banque Nationale de Développement Économique (BNDE), l'ARM peut disposer de suffisamment de leviers synergiques pour juguler les problèmes de commercialisation des produits locaux. En 2013, 41 000 tonnes de sucre étaient en souffrance à la Compagnie Sucrière Sénégalaise (CSS) alors que les importateurs disposaient de 27 000 tonnes sous forme de Déclaration d'Importations de Produits Alimentaires (DIPA) au port de Dakar. L'État sénégalais avait ainsi bloqué momentanément les importations pour aider la CSS à écouler ses stocks. Il s'agit de mesures de défense commerciale provisoires (suspension, régulation des importations, etc.) que le gouvernement applique déjà au sucre et à l'oignon et qui va s'élargir au riz. En 2015, la BNDE s'est engagée à financer l'achat des stocks de 8 000 tonnes de riz blanc. Outre l'achat de ce riz en souffrance dans les rizeries, la BNDE s'est proposée de favoriser la contractualisation entre importateurs et riziers et à mettre en place un financement complémentaire pour des interventions ponctuelles de ce type dans le secteur. Corrélativement à l'objectif d'autosuffisance en riz pour 2017, la régulation table également sur la mise en place d'une stratégie de commercialisation basée sur des normes de qualité.

---- Sur les marchés publics, l'ARMP est dans une bonne dynamique sanctionnée par un suivi minutieux des opérations de passation, du règlement des différents et de la production de rapports annuels statuant largement sur les anomalies et les pratiques contraires aux règles. Malgré les inquiétudes associées aux modifications opérées au Code en octobre 2014, les litiges ont été tranchés et les crispations ont été dépassées à temps malgré les divergences régulières sur les avis prononcés par le CRD. En illustre l'affaire du marché pour l'acquisition et la mise en œuvre d'un Système électronique Intégré de Gestion de l'Information Financière (SIGIF). D'un point de vue technique, l'offre du groupement Catalyst-Kpmg-Infosys a été jugée meilleure. Mais c'est sous l'angle financier (critère dominant dans le code sénégalais des marchés publics) que le marché a été finalement attribué à l'opérateur Atos-Gsie technologies-Bearing. Celui-ci a fait une offre de 7 milliards de FCFA là où son principal concurrent sur le marché, Catalyst-Kpmg -Infosys, a fait une offre de 11 milliards de FCFA.

CONCLUSION DU CHAPITRE 2 : EMBELLIE ECONOMIQUE ET SOCIALE PERCEPTIBLE. L'ESPOIR EST PERMIS SOUS HYPOTHESES D'ADAPTABILITE INTERNATIONALE ET D'AJUSTEMENTS SOCIO-POLITICO-ECONOMIQUES

Au sortir de ce deuxième chapitre, il importe de faire d'abord un focus sur les tâtonnements observables sur les choix publics depuis 2012. Trois documents de stratégies de développement ont été proposés en deux ans : *Yoonou Yokkuté*, SNDES et PSE. En 2012, le gouvernement avait adopté l'application d'un visa d'entrée dans le pays avant de le supprimer en 2015. Après le bruit sur l'institution d'une surtaxe sur les appels entrants agitée en 2011, le gouvernement s'était contenté d'augmenter l'impôt sur les sociétés de 25 à 30 % en 2012 afin de mieux profiter de la manne financière des télécommunications. De fortes pressions rendent probable un retour éventuel au 25 %. Mais dans l'ensemble, la situation économique du pays s'est un peu améliorée, en termes de maîtrise de l'inflation, d'orthodoxie dans l'utilisation des fonds publics, de rationalisation dans l'action des structures administratives, de fonds en faveur de l'entrepreneuriat et l'auto-emploi et d'actions concrètes en faveur du secteur agricole. Les fermetures d'entreprises constatées entre 2012 et 2014 (433 selon les estimations de l'ANSD) peuvent être considérées comme des œufs à casser pour faire tenir la mayonnaise du redressement des finances publiques et de la sphère productive. En plus de l'impératif de juguler l'anarchie socio-politico-institutionnelle qui règne dans le pays, il reste cependant beaucoup à faire pour asseoir une forte dynamique d'économie de marché et mettre en branle les véritables leviers et chaînes de valeurs agro-industrielles qui vont réduire le chômage. Sur les marchés publics, il a été noté une nette décélération sur les marchés de travaux qui sont passés de plus de 50 % entre 2008 et 2012, à 37 % en 2014. On note un retour en force des lobbies français qui ont été fragilisés dans la période 2000-2012, alors que le secteur privé national se plaint toujours de son faible accès aux marchés publics. L'inscription du PUDC dans les activités du Programme des Nations Unies pour le Développement (PNUD) est considérée comme un subterfuge visant à contourner les dispositions du code des marchés publics. En outre, certains nouveaux grands projets de l'État semblent avoir été attribués de gré à gré comme l'a relaté le Forum Civil à propos de l'autoroute Thiès-Touba.

CHAPITRE 3

ANALYSE D'ÉCONOMICITÉ DES CHOIX PUBLICS

Après avoir admis que des avancées ont été accomplies à partir de 2012 en termes d'orthodoxie budgétaire et de promotion économique et sociale, il est important de procéder à une analyse économique des grands choix, orientations et options stratégiques de l'État. L'intérêt de ce chapitre va être jaugé suivant l'identification des anomalies et des irrationalités qui obstruent le respect des critères d'économicité des choix publics. Ce chapitre s'appesantit sur les trois secteurs prépondérants sur lesquels veut s'appuyer le gouvernement sénégalais tel que préconisé dans la vision du PSE. Il s'agit, d'abord, de la sphère des finances publiques. Ensuite, de l'agriculture dont la promotion globale à travers toutes ses chaînes de valeur s'avère incontournable pour la réussite économique du Sénégal. Puis, du secteur énergétique, qui est considéré comme le maillon faible de l'économie sénégalaise et dont le redressement revêt un enjeu économique fondamental. Enfin, le partenariat public/privé doit être repensé, pour non seulement éviter les erreurs contractuelles et des négociations conclues, mais surtout pour en faire un instrument majeur de la promotion du secteur privé national, des Investissements Directs Étrangers (IDE) et de la construction d'autres grandes infrastructures.

I. LES NOUVELLES OPTIONS SUR LES FINANCES PUBLIQUES

Concernant les dépenses publiques, ce sont les charges de fonctionnement qui posent problème et les partenaires techniques et financiers n'ont pas cessé depuis 2009 de sommer l'État sénégalais d'apporter des correctifs. Mais ces charges ne sont pas prêtes à baisser à court terme. Par exemple, les chiffres de la DPEE ont montré que les charges salariales ont connu une évolution mensuelle de 2,1 milliards de FCFA en valeur absolue, passant de 39,6 milliards de FCFA en octobre 2014 à 41,7 milliards de FCFA en novembre 2014. Face aux charges publiques qui compromettent la soutenabilité de la dette, la règle d'or, c'est-à-dire un équilibre budgétaire strict, semble être le nouveau mot d'ordre en

Occident. Mais le déficit public reste utile si la soutenabilité de la dette publique est suffisante.

Analyse des nouvelles orientations budgétaires

Le gouvernement sénégalais entend bien accompagner le PSE par un nouveau paradigme budgétaire qui puisse laisser suffisamment de marges à l'investissement public. Il s'agit d'une ferme volonté à laquelle sont arrimées des options concrètes véhiculées dans les programmes triennaux d'investissement public. Dans le cadre du PAP (Plan d'Actions Prioritaires) 2014-2018, la logique financière de base stipule que l'ensemble des financements intérieurs et extérieurs acquis (projets et programmes en cours de mise en œuvre) sont rattachés à une ligne d'action, selon la pertinence de la composante principale du projet inscrit dans le Programme Triennal d'Investissements Publics (PTIP) 2013-2015, révisé par le PTIP 2014-2016. Il est dit à propos du PAP que « la tendance à l'horizon de la stratégie a été intégrée à partir du reste à programmer pour les années 2017 et 2018 ». Il faut remarquer ici que le gouvernement a donc révisé le PTIP 2013-2015 en 2014, très probablement du fait des gaps de ressources envisagées, corrélativement au faible taux de croissance en 2013 (2,6 %), aux nombreuses subventions, aux baisses de fiscalité et aux fonds d'assistance sociale. Cette situation est bien prévue dans le scénario pessimiste du PAP qui tient compte des ressources susceptibles de ne pas être mobilisées en cas de récession économique. Dès lors, le gouvernement sénégalais doit faire encore des efforts dans l'élaboration de sa loi de finances. Le fait de concéder chaque année des gaps considérables entre les prévisions et les budgets effectifs gêne l'efficacité de l'action économique de l'État. En 2013, il était prévu un budget de 2 531 milliards mais les enquêtes de la DPEE ont montré que les dépenses réelles effectuées sont de 2 190 milliards de FCFA. De même que prévue à 2 731 milliards de FCFA, le budget 2014 a été finalement arrêté à 2 300 milliards de FCFA selon le ministère de l'Économie et des Finances.

Ces anomalies budgétaires ont été relatées dans le rapport d'expertise du cabinet Grant Thornton qui remet en cause, arguments à l'appui, la sincérité (ou l'exactitude) du budget 2015. Ce rapport pose avec pertinence la problématique d'un héritage budgétaire qui a piégé l'État sénégalais dans de faramineuses charges de personnel, qui représentent plus de 32 % des recettes fiscales. Il s'agit bien d'un pourcentage qui respecte le plafond de 35 % fixé par l'UEMOA mais qui ne prend pas en compte les charges dues aux corps émergents de l'État que le ministère des Finances a choisi de comptabiliser dans d'autres postes de dépenses. Il s'agit ainsi d'une incohérence comptable dont la correction va porter les charges de personnel de l'État à plus de 42 % des recettes fiscales, donc au delà du plafond de l'UEMOA.

En juillet 2014, le ministre de l'Économie et des Finances, Amadou Ba, avait indexé le niveau des indemnités qui, selon lui, représentent un surplus de 370 milliards de FCFA, en plus des 400 milliards de salaires annuels versés par le gouvernement. L'État sénégalais a ainsi déboursé 770 milliards de FCFA en 2014, rien que pour ses charges de personnel, soit près de 50 % des recettes fiscales perçues, selon lui, par 1 % de la population (les agents de l'État). Mais ce type de calcul n'est pas suffisamment informatif puisque rapporté au PIB, cette masse salariale ne représente qu'un peu plus de 9 % du PIB. Il s'agit plutôt d'un pourcentage raisonnable pour la fonction publique si l'on tient compte du type de rationalité relationnelle qui fait que chaque travailleur sénégalais prend généralement en charge un nombre important d'autres Sénégalais à cause du chômage. Un gouvernement soucieux de la croissance économique ne devrait d'ailleurs pas se plaindre du niveau de revenus distribués, eut égard aux exigences de la politique économique expansionniste. Mais les salaires distribués par l'État n'ont un effet multiplicateur significatif sur le PIB que s'ils servent plus à la consommation intérieure qu'à l'épargne. Il est donc mieux indiqué de jauger le degré de perception des indemnités par les salariés vulnérables qui les consomment plus et le comparer au degré de perception par les cadres supérieurs qui les épargnent plus. Déjà, le gouvernement a bien fait de modeler la baisse de fiscalité sur les salaires en vigueur depuis janvier 2013, dans un sens qui en fait mieux profiter aux bas salaires. Le vrai débat doit porter sur la productivité de l'administration sénégalaise : combien 1 franc CFA déensé par l'État crée-t-il de valeurs ajoutées en fin de compte ? Il faut s'assurer que les agents de l'État soient productifs et permettent plus de créations de richesse qu'ils n'en consomment et cela passe par un véritable dispositif de mesure individualisée de la productivité de chaque ressource humaine de l'État.

À partir de 2006, la dette publique du Sénégal a évolué à un rythme inquiétant pour atteindre 3 076 milliards de FCFA en 2012, soit 42,9 % du PIB, dont 798,5 milliards de FCFA de dette intérieure. Le service de la dette a connu une progression de 14 % par rapport à 2013, atteignant 598 milliards de FCFA en 2014. En 2015, l'encours de la dette publique se chiffre à plus de 53 % environ du PIB. Ainsi, comme l'ont si bien signalé les experts du cabinet Grant Thornton, le service de la dette et les dépenses de personnel, à eux deux, absorbent environ 66 % des recettes ordinaires de l'État hors dons. Avec le rythme d'endettement actuel, le Sénégal risque de renouer avec l'engrenage et le cercle vicieux de l'endettement connus au lendemain de la dévaluation du franc CFA de 1994. Il faut surtout éviter le surendettement qui freine l'investissement et pour ce faire il faut partir des racines même de cet endettement. Celui-ci se nourrit du déficit public qui a été de 417 milliards en 2012, 406 milliards en 2013 et 496 milliards en 2014. C'est sous cet angle qu'il faut comprendre l'option du nouveau régime de réduire le déficit public par la maîtrise des dépenses publiques. Toutefois en 2015, le Sénégal en est encore à un encours d'endettement qui est bien inférieur aux 70 % de plafond fixés par l'UEMOA. Le Sénégal dispose encore de marges d'endettement assez conséquentes qui peuvent être mises en valeur pour décrocher de nouvelles lignes de financement pour le PSE, tout en évitant le recours aux marchés financiers privés. Par exemple en avril 2013, le gouvernement sénégalais a émis un emprunt obligataire de 50 milliards de francs CFA pour 10 ans au taux de 6 %. En 2023, l'État du Sénégal aura donc remboursé 72 milliards, soient 22 milliards de plus en 10 ans. Un autre emprunt obligataire de 50 milliards de FCFA a été contracté selon des termes similaires en novembre 2015. Une telle option est à éviter, à fortiori pour un pays qui a un accès facile aux financements concessionnels. Le Groupe consultatif et le Club de Paris sont des regroupements de bailleurs de fonds qui se réunissent périodiquement pour accompagner les États dans leurs stratégies d'endettement public. Le Club de Paris encadre les États ayant des difficultés à obtenir des crédits concessionnels[35] pour les aider à bénéficier de nouvelles lignes de crédits octroyés par les pays de l'Organisation de la Coopération et du Développement Économique (OCDE), le Japon ou la Russie. Il s'agit d'opportunités d'emprunts lénifiés, qui, combinées aux autres crédits disponibles dans le cadre des coopérations bilatérales avec la Chine, le Japon, les pays du Golfe et les nouveaux pays émergents, devraient permettre au Sénégal de se passer des onéreuses levées de fonds des marchés obligataires auxquels il a de plus en plus recours depuis 2008.

Toutefois, la solvabilité et la soutenabilité de la dette publique dépendent de plusieurs paramètres endogènes qui peuvent ternir la signa-

---

[35] La plus intéressante mission du Club de Paris, c'est de démarcher et de négocier le remboursement des dettes dans des conditions beaucoup plus douces que celles du marché.

ture d'un État et torpiller ses capacités d'endettement supplémentaire. Dans le cas du Sénégal, le défi majeur est de limiter l'endettement marginal par la maîtrise du déficit public et un recours assez limité au marché obligataire. Un tel recours a d'ailleurs un effet d'éviction inévitable sur le marché financier du pays en question, ce qui peut limiter l'investissement privé et la croissance, et du coup, saper la soutenabilité de la dette publique. Il peut également limiter les capacités pour l'État d'en recourir en cas d'urgence. C'est sous cet angle qu'il faut analyser la réticence du ministère de l'Économie et des Finances concernant l'emprunt obligataire intenté par la Mairie de Dakar en début 2015. Le Sénégal s'endette sur tous les fronts (bilatéral, multilatéral, marchés financiers) et le ministère des Finances est l'unique ordonnateur des finances nationales. Pour cet emprunt obligataire local, le Premier ministre Muhammad Dionne[36] est justement d'avis que devant fournir une garantie de 10 milliards de FCFA, le ministère des Finances a raison de prendre les précautions sur le niveau d'endettement et la solvabilité de la Mairie de Dakar.

On peut ajouter qu'après avoir été le ministre chargé du suivi du PSE dès son lancement en février 2014, la nomination de Muhammad Dionne au poste de Premier ministre en juillet 2014 témoigne d'une volonté manifeste du chef de l'État d'accélérer la mise en œuvre du PSE. Suite aux multiples fermetures d'entreprises et aux difficultés que traîne le secteur énergétique, l'urgence que doit gérer le Premier ministre Dionne consiste donc à revigorer les mécanismes de soutien à apporter à la production locale et aux PME sénégalaises ainsi que l'accélération de la cadence de l'agriculture. Mais le contraste en est que le PSE retient l'agriculture comme priorité, alors que son allocation budgétaire oscille autour de 5 % environ. Une telle part doit être substantiellement revue à la hausse même si, d'ores et déjà, le Programme d'Accélération de la Cadence de l'Agriculture Sénégalaise (PRACAS) prévoit un effort financier public supplémentaire notamment pour la promotion de la filière arachidière et la réalisation de l'autosuffisance en riz et en oignon. Toutefois, la réussite de ces nouveaux paris ne saurait être possible dans ce contexte d'instabilité ministérielle lancinante où le Sénégal a compté trois Premiers ministres en un peu moins de 2 ans. Les changements de Premier ministre, de ministre des Finances et de ministre du Budget intervenus en septembre 2013 ont manifestement

[36] Mouhammad Dionne, lors de son passage devant l'Assemblée nationale le 12 mars 2015.

retardé le dossier du Sénégal au Groupe consultatif de Paris où le gouvernement a été finalement reçu en février 2014.

La stratégie de réduction du déficit public en question

Le gouvernement du Premier ministre Abdoul Mbaye (avril 2012-septembre 2013) a consenti d'importants efforts à la réduction du déficit public qui est passé de 5,5 % en 2013 à 5,1 % en 2014. L'idéal est de respecter dans des délais raisonnables le maximum de 3 % de déficit public (et d'inflation) et veiller à ne pas dépasser le plafond de 70 % de rapport dette/PIB retenu dans les critères de convergence de l'UEMOA. À terme, il faut parvenir à une maîtrise de la dette publique de sorte à pouvoir se passer des marchés obligataires et se contenter des lignes concessionnelles des bailleurs de fonds pour les crédits indispensables. Cette maîtrise du déficit et de la dette publics est d'ailleurs considérée comme étant un préalable pour se libérer des injonctions et des inflexions inféconde imposées par les bailleurs de fonds (FMI surtout) quant à la formulation des lignes de politiques économiques depuis 1980. C'est un pari que l'État du Sénégal peut gagner s'il maintient la même dynamique de mobilisation des ressources et de rationalisation de ses dépenses courantes[37].

L'initiative de maîtrise de la dette publique et du désendettement du Sénégal a été déjà prise avec le régime précédent depuis 2005. Des scénarios avaient ainsi été retenus pour maintenir la dette publique du Sénégal à 24 % du PIB en 2015 mais ils n'ont pas été respectés. Il fallait maîtriser l'endettement public et le maintenir à son niveau normal pour éviter le surendettement qui est le frein le plus efficace à l'investissement. Aucun investisseur rationnel ne va investir dans un pays surendetté par crainte de l'exacerbation ultérieure de la pression fiscale. Déjà, avec un PIB nominal attendu à 8 008 milliards de FCFA et des recettes fiscales de plus de 1 600 milliards de FCFA en 2014, la pression fiscale est déjà importante au Sénégal atteignant un peu moins de 20 %, c'est à dire mieux que la barre des 17 % fixée par l'UEMOA.

Le surendettement de la fin des années 90 avait facilité l'atteinte des points d'achèvement et de décision de l'initiative PPTE (Pays Pauvres Très Endettés) qui a vu l'endettement du Sénégal réduit de 78 % à 17 % du PIB en 2006. Mais il est revenu à plus de 53 % du PIB en 2015, soit moins de 10 ans après. Donc, si avec une moyenne de 3 % de crois-

[37] Le Trésor public va encaisser 1 860,3 milliards de FCFA en 2014 contre 1 659 milliards de FCFA en 2013.

sance depuis 2006, le ratio dette/PIB a triplé en 2015, cela signifie qu'elle va largement dépasser les 70 % fixés par l'UEMOA dans un proche avenir si le taux de croissance reste atone tel que l'a récemment décrit Moustapha Kassé (2015). Les nouvelles orientations stratégiques se focalisent sur la maîtrise du déficit public et la rationalisation des dépenses courantes de l'État afin de parvenir par ricochet à maîtriser la dette à moyen terme. Mais quand les dépenses publiques baissent, plusieurs entreprises qui bénéficient de la commande publique vont être affaiblies. Dans une posture de réduction du déficit public, les fermetures de PME sont donc justifiables. Si, par exemple, le gouvernement décide de réduire les dépenses associées aux voyages officiels dans le but de maîtriser ses charges courantes, beaucoup d'agences de voyages qui dépendent des achats de l'État vont fermer. Le gouvernement d'Abdoul Mbaye a peiné dans les stratégies de contournement de la fragilisation des entreprises dépendant de la commande publique qu'allait susciter la réduction du déficit public. Il a réussi le pari des économies budgétaires mais il n'y avait pas de mécanismes automatiques d'injection immédiate de ces économies dans d'autres secteurs. Il s'agit d'une logique bancaire consistant à réaliser une épargne publique d'abord, avant de l'utiliser ensuite pour relancer l'investissement public. Dans ce cas, il est même préférable de laisser opérer le déficit public qui est alors un mécanisme de relance plus rapide et plus efficace pour la commande publique et pour la relance de l'investissement.

L'idéal est d'appréhender l'intérêt de la réduction du déficit public sans liaison avec une quelconque possibilité de relance de l'investissement public. La réduction du déficit public s'appuie sur la réduction des dépenses courantes de l'État qui risquent de ne pas baisser puisque les démembrements de l'État et même le nombre de ministres n'ont pas significativement baissé. Le foisonnement sporadique des nouveaux instruments institutionnels d'intervention, tels que l'agence de la CMU et le PUDC, constituent également un éparpillement financier qui va effriter les marges financières de l'État. Sans oublier les recrutements qui ont été engagés dans la fonction publique, en plus des « 10 000 » agents d'Assistance à la Sécurité de Proximité. Donc, tous les ingrédients s'accumulent pour que les rares économies budgétaires réalisées à travers la rationalisation des charges publiques soient englouties dans de nouvelles dépenses.

Fonds publics et nouveaux projets agricoles du PSE : une analyse de faisabilité

Le secteur agricole sénégalais bénéficie d'une attention toute renouvelée des autorités publiques depuis le début des années 2000. Les objectifs agricoles des DRSP (I et II), la loi agrosylvopastorale, les Programmes Nationaux d'Investissements Agricoles (PNIA), le plan REVA, la GOANA, sont autant de stratégies et d'appuis qui, en conformité avec le Programme Détaillé de Développement de l'Agriculture Africaine (PDDAA) de la CEDEAO, témoignent de la place accordée à l'agriculture dans les politiques publiques. Le secteur dispose d'une bonne assise d'exploitation malgré les disparités et les inégalités sur l'accès aux financements et les appuis matériels. Et, dans le cadre de la Loi d'Orientation Agro-SylvoPastorale (LOASP), des décrets d'application ont été adoptés concernant la protection sociale, les interprofessions, le système de recherche et les fonds de développement agricole. C'est dans ce cadre qu'une compagnie d'assurance a d'ailleurs été mise en place sous la forme d'un partenariat public-privé avec les assureurs. Les nouvelles orientations proposées par le PSE doivent être considérées comme des actions en appoint, qui dans leur philosophie, mettent à l'œuvre des synergies destinées à corriger les imperfections et à accélérer les processus. C'est dans une telle perspective que le Programme d'Accélération de la Cadence de l'Agriculture Sénégalaise (PRACAS) a été élaboré en 2014. Le PRACAS constitue une reformulation et une mise en cohérence des stratégies de développement agricole pour l'atteinte plus rapide des objectifs fixés dans le PSE. Il y est convenu que l'action de l'État s'inscrit, comme pour la plupart des pays au sud du Sahara, dans la mise en œuvre de l'Alliance Globale pour l'Initiative Résilience (AGIR). Il vise à faire jouer à l'agriculture un rôle déterminant dans la croissance de l'économie, la sécurité alimentaire et la réduction de la pauvreté. Sur la base d'un financement arrêté à 581 milliards de FCFA, le PRACAS poursuit les objectifs suivants :

• l'autosuffisance en riz en 2017 avec une production de 1 600 000 tonnes de paddy ;

• l'autosuffisance en oignon en 2016 avec une production de 350 000 tonnes ;

• l'optimisation des performances de la filière arachidière avec une production en 2017 de 1 000 000 de tonnes et un volume d'exportations de 100 000 à 150 000 tonnes par an ;

• le développement des filières fruits et légumes de contre-saison avec un objectif d'exportations de 157 500 tonnes dès 2017.

La préoccupation de l'agronome Moussa Seck (2013)[38] semble être prise en charge selon la volonté exprimée dans le PSE et le PRACAS. Il s'agit, d'une part de dépasser les petites exploitations qui peinent à franchir les 3 hectares cultivés. D'autre part, il faut intégrer plus profondément les fruits et légumes qui sont plus diversifiés face aux céréales qui ne concernent que quelques variétés. Il s'agit, pour le PRACAS, d'atteindre à un horizon réduit, les objectifs agricoles du PSE tels que déclinés dans les orientations stratégiques mentionnées dans le point 300 du document (page 66) :

□ Mise en place de 100 à 150 fermes intégrées, dont des Domaines Agricoles Communautaires (DAC), qui constituent des projets d'agrégation visant le positionnement du Sénégal comme exportateur majeur de fruits et légumes à haute valeur ajoutée (multiplication des exportations par 2 à 3), et les filières d'élevage (lait, aviculture, etc.).

□ Organisation des petits producteurs agricoles autour de gros opérateurs modernes et industriels à travers le développement de mécanismes de contractualisation intégrant le financement de l'activité.

□ Création de trois zones greniers qui constituent des corridors céréaliers visant le développement et l'intensification de bassins agricoles irrigués. Elles vont servir de support à l'émergence de grands acteurs structurés (promotion d'investissements étrangers pour la création de « méga fermes ») et au développement de la transformation (farine de mil, riz, fonio, etc.).

□ Établissement de trois pôles de transformation agro-alimentaire (agropoles intégrées) pour le développement d'une agro-industrie dans le domaine de la transformation des fruits et légumes, des huiles, des produits laitiers, des céréales, de l'aviculture, etc.

□ Relance de la production nationale d'arachide (production d'un million de tonnes d'ici 2017, développement de la production d'arachide de bouche et substitution de 20-30 % de la consommation d'huiles importées par des huiles d'arachide produites localement) par le renouvellement de l'outil industriel, la mise aux normes des unités de fabrication d'huiles artisanales et les incitations au développement de nouvelles filières de transformation.

---

38 Interview parue dans Jeune Afrique en 2013.

En conformité avec les objectifs du PSE, le PRACAS se fonde sur, d'un côté, la modernisation de l'exploitation agricole familiale à travers la formation professionnelle des agriculteurs et l'accès à des financements et des équipements adaptés. Et de l'autre côté, l'émergence d'un entrepreneuriat agricole et rural basée sur une approche en termes de Chaîne de valeur et mettant à l'œuvre une synergie intelligente entre l'agrobusiness et l'agriculture familiale. Le PRACAS nécessite cependant un processus beaucoup moins accéléré que ne le proposent ses principales orientations. La persistance de l'intermédiation sur les semences et les débouchés continuent à rythmer les multiples lamentations et récriminations des paysans sénégalais. Il faut noter l'importance des décalages entre les productions enregistrées en 2013 et celles poursuivies pour 2017, concomitamment avec le maintien d'une démarche financière inadéquate. L'État ne s'est taillé que 25 % des financements, avec une contribution attendue des partenaires techniques et financiers (40 %) et du secteur privé et des exploitations familiales (35 %) en ce qui concerne le riz. En 2012, 2013 et 2014, l'État a injecté dans le secteur agricole au sens large 145 milliards de FCFA par an en moyenne. Et l'agriculture en tant que telle n'a officiellement reçu qu'une dotation budgétaire de 137 milliards de FCFA en 2014. Les 581 milliards de FCFA prévus pour le PRACAS concernent 3 à 4 années, ce qui fait un montant annuel de 145 milliards qui, même s'ils venaient annuellement en appoint, seraient en deçà des besoins du programme. Le gouvernement a annoncé en fin 2014, le renouvellement de l'équipement rural par la mise à la disposition des agropasteurs de près de 1 400 000 nouvelles unités de matériels (semoirs, houes, charrues, souleveuses, tracteurs, moissonneuses, batteuses, motoculteurs, décortiqueuses, moulins, presse à huile, rizeries, faucheuses...) subventionnées à hauteur de 70 %. Il est aussi prévu la suppression de la Taxe sur la Valeur Ajoutée (TVA) du riz local. Mais il est déjà trop ambitieux d'associer subventions et suppressions de taxes corrélativement aux autres besoins financiers du PSE.

La production d'arachide dépasse maintenant 700 000 tonnes annuelles et les efforts prévus dans le cadre du PSE peuvent permettre de dépasser les 1 000 000 de tonnes prévues en 2017. Avec 230 000 tonnes de récoltes en oignon en 2014 selon les chiffres officiels, l'autosuffisance en oignon est quasi-faisable avec la production possible des 350 000 tonnes nécessaires en 2016. Les exportations de fruits et légumes sont passées de 9 343 tonnes en 2000 à 68 000 tonnes en 2013 soit une croissance annuelle moyenne de 16 % (PRACAS, page 20). Cette dynamique va être évidemment renforcée par les efforts supplémentaires prévus par le PRACAS. L'objectif poursuivi dans le cadre du PRACAS est de réaliser 10 % de croissance annuelle pour les exportations vers l'Europe. Globalement, en partant des 68 000 tonnes d'exportations en 2013, les 10 % de croissance annuelle pendant 4 ans permettent d'aboutir à environ 100 000 tonnes d'exportations en 2017 au lieu des 157 500 tonnes prévues. En gros, les objectifs sur l'oignon, l'arachide et les fruits et légumes peuvent être largement approchés en 2017. Néanmoins, on peut se permettre deux réserves à ce niveau. Une première en est que 424 milliards des 581 milliards FCFA de financement prévu par le PRACAS sont consacrés au riz. Une autre réserve en est la piètre qualité de l'arachide, de l'oignon et de certains fruits et légumes sénégalais qui risque de limiter leur compétitivité interne et externe.

Pour le riz, la production moyenne annuelle est de 436 153 tonnes sur la période 2010-2013, avec un pic de 469 649 tonnes de riz paddy en 2012. Le Sénégal veut atteindre 1 080 000 tonnes de riz blanc de qualité en 2017, soit 1 600 000 tonnes de paddy. Les chiffres de la SAED (Société Nationale d'Aménagement et d'Exploitation des terres du delta, de la vallée du fleuve Sénégal et de la Falémé) font état d'une production de 430 000 tonnes de riz paddy, avec un rendement record de 7,5 tonnes à l'hectare, pour la campagne 2014. La SAED révèle également que la production en contre-saison est plus élevée avec 230 000 tonnes alors que le tonnage est de 200 000 tonnes en hivernage. Pour la période 2015-2017, le Sénégal doit produire un supplément de 1 150 000 tonnes de paddy pour atteindre les 1 600 000 tonnes attendues en 2017. Ce qui revient à presque doubler, en 2015, la production de 2014 et de faire de même entre 2015 et 2017 (800 000 multipliés par 2). Il s'agit d'une perspective peu probable qui peut être quand même approchée. Le gouvernement avait annoncé en 2014 un financement de 20 milliards pour la Vallée, avec l'accompagnement de l'Agence japonaise de Coopération internationale (JICA) dans le cadre du Projet d'Amélioration de la Productivité du Riz (PAPRIZ). Le pari est concrètement jouable à l'horizon 2019-2020 avec davantage de production hors saison en misant sur le potentiel de 350 000 hectares de terres irriguées dont seulement 130 000 hectares sont en cours d'exploitation selon les chiffres du gouvernement.

II. QUID DES AUTRES MOTEURS DE LA CROISSANCE ÉCONOMIQUE ?

Le secteur privé national, les Investissements Directs Étrangers (IDE) et l'énergie sont des ingrédients indispensables pour faire tenir la mayonnaise de l'émergence économique. Le pari à ne pas manquer est d'asseoir une véritable dynamique de production locale basée sur un accès abordable aux facteurs de production, susceptible de se substituer largement aux importations et pouvant permettre de faire face aux nouveaux défis relatifs à l'abandon de la non-réciprocité des préférences qui caractérisaient le commerce Nord/Sud (cf. chapitre 4).

IDE, secteur privé national et contenu local dans l'économie sénégalaise

En Commerce international, le mot « contenu local » désigne les contraintes d'utilisation de la main-d'œuvre et les matières premières locales qui s'abattent sur un investisseur qui débarque dans un pays étranger. Le contenu local concerne la part de la main d'œuvre et des matières premières que l'investisseur est obligé de chercher sur place. Ici, ce concept n'est pas très éloigné de cette première acception puisqu'il permet de jauger le niveau minimal de la contribution du secteur privé sénégalais et des productions sénégalaises dans la marche vers l'émergence économique. Le contenu local de l'économie sénégalaise est pauvre et cette défaillance explique l'essentiel des problèmes économiques du pays. Les tableaux 18 et 19 suivants donnent des indications sur la dépendance aux importations et sur la prééminence des consommations alimentaires par rapport aux autres consommations. Toutes choses étant égales par ailleurs, on voit que les importations représentent en moyenne 41 % des consommations finales au Sénégal et qu'environ 50 % des revenus des Sénégalais servent à des consommations alimentaires. Une telle situation valide davantage l'option centrale de promotion agricole retenue dans le PSE et véhiculée dans le PRACAS.

Tableau 18 : Importations et consommations finales de 2009 à 2013 (en milliards de FCFA)

	Importations + fret	**Consommations finales**	**Importations sur/Cons. Finales**
2009	2169,2	5714,9	38,00
2010	2252,3	5921,7	38,00
2011	2621,4	6081,2	43,10
2012	2780,3	6359,4	43,72
2013	2859,9	6719,8	42,56

Source à partir de DPEE (2012), ANSD (2013) et calcul de l'auteur

Tableau 19 : Répartition des dépenses de consommation des ménages

	Dakar	Autres villes	Rural	Total
Consommations totales alimentaires (+ auto-consommations)	38,2 %	48,9 %	55,8 %	47,9 %
Consommations totales non alimentaires	57,7 %	47,3 %	39,1 %	47,7 %
Autres	4,1 %	3,8 %	5,1 %	4,4 %
Dépenses globales totales des ménages	100,0 %	100,0 %	100,0 %	100,0 %

Source : Dramani (2014)

Un moyen simple d'obtenir des taux de croissance élevés à court terme consiste à parvenir à une véritable contraction des importations en vue d'une réduction importante du déficit commercial qui est une composante déterminante du PIB. Pour cela, il suffit de faire des restrictions sur les importations des différents produits alimentaires pour lesquels le Sénégal produit des substituts. On peut parler par exemple du mil face au blé ou du *niébé* face aux haricots importés. L'Institut Sénégalais de Recherche Agricole (ISRA) et l'Institut de Technologie Alimentaire (ITA) doivent être les instruments d'invention des mécanismes productifs et gastronomiques de substitution du consommer local à l'importation.

L'atteinte des objectifs du PRACAS sera déjà un pas de géant pour la réalisation d'un taux de croissance proche de 7 à 8 % à l'horizon 2017. Le gouvernement a annoncé en 2015 le projet de restriction des importations de riz à 500 000 tonnes et de migrer progressivement vers des quantités moindres au fur et à mesure de l'atteinte de l'autosuffisance en riz. L'importation de véhicules et de machines industrielles est un autre facteur bloquant. Sur les véhicules, le Sénégal dispose d'atouts concrets comme le montage de véhicules à Thiès (Sen Iran Auto et Senbus) dont la consommation locale devrait être renforcée par la commande publique et une véritable promotion auprès des travailleurs sénégalais. La réussite de cette option dépend de la capacité des autorités sénégalaises à faire face aux lobbies occidentaux et aux multinationales qui inondent actuellement les marchés africains de produits alimentaires, électroménagers et de véhicules. En sus, le parachèvement du programme d'autosuffisance en riz et en oignon et la promotion du secteur privé national seront indubitablement source d'un contenu local suffisant pouvant mener l'économie sénégalaise à l'émergence dans le moyen terme.

Mais la part du secteur privé dans l'économie sénégalaise est encore immensément faible. Or, l'émergence économique ne sera pas soutenable sans un secteur privé imposant et constituant inversement un pan dominant de l'économie sénégalaise. Selon les statistiques du FMI, le taux d'investissement oscille actuellement autour de 29 % et la part du secteur privé en représente environ 17 %. Son évolution en valeur monétaire est relatée dans le tableau suivant.

Tableau 20 : Investissement privé moyen depuis 1996 (en milliards de FCFA)

Période	1996-1999	2000-2004	2005-2011	2012-2014
Investissement privé moyen	464	664	1045	1 367

Source : APIX (2015)

L'investissement privé représente en moyenne 17 % du PIB, ce qui veut dire qu'avec 12 %, les investissements publics restent un stimulateur important de la croissance du PIB. C'est pourquoi d'ailleurs la réduction des dépenses publiques, amorcée en 2012, a mis en difficulté plusieurs TPE et PME qui comptent essentiellement sur la commande publique. Toutefois, la promotion des IDE est un volet crucial qui ne doit pas être négligé. Les flux d'IDE sont passés de 140 milliards de FCFA en 2008 à 170 milliards de FCFA en 2012 selon les statistiques de la Banque mondiale (2014). Mais concrètement, un investisseur étranger présente plus de risques de partir en cas de découverte d'un univers plus clément en termes de profitabilité. La composante nationale du secteur privé sénégalais est restée embryonnaire par défaut d'une réelle volonté politique de promotion préférentielle depuis les années 80. C'est là où se situe le sens de la notion de patriotisme économique. Le patronat sénégalais n'a cessé ces dernières années de tirer la sonnette d'alarme sur le danger de se focaliser uniquement sur les IDE. Selon Mansour Kama[39], président de la Confédération Nationale des Employeurs du Sénégal (CNES) : « il faut d'abord compter sur ses ressources propres, ensuite sur les capitaux étrangers, pour atteindre l'émergence, par ce que, justement, tous les pays dits émergents se sont développés grâce aux efforts de leurs propres ressortissants et non en comptant exclusivement sur l'apport de capitaux étrangers ».

Le secteur privé local doit être prioritairement positionné dans la résorption du chômage à travers une politique destinée à en faire un pan dominant de l'économie sénégalaise à moyen terme. Si Bill Gates ou Waren Buffet n'avaient pas eu la réussite qu'ils ont actuellement, plusieurs Américains et d'autres travailleurs à travers le monde seraient aujourd'hui au chômage. Les détenteurs locaux de capitaux doivent davantage être incités à effectuer de grands investissements, avec l'appui et la protection de l'État, sans enfreindre les normes internationales d'équité qui régissent le mouvement international des capitaux.

Enjeux d'énergie et dimension socioéconomique

La crise énergétique amorcée à la fin des années 90 s'est prolongée dans les années 2000 malgré la privatisation de la Société Nationale d'Électricité (Sénélec) en 1998 (avortée en 2000). Le Projet de Restructuration du Secteur de l'Électricité (PRSE) lancé en 2003 avait permis à la Sénélec de mettre en œuvre un programme d'équipement visant à

[39] Propos relayés le vendredi 13 mars 2015 dans les médias sénégalais en ligne.

juguler la vétusté des installations et à renforcer les capacités de production. La puissance exploitable du parc de production est passée de 562,5 MW en 2005 à 684,5 MW en 2009, soit une augmentation relative de près de 22 % (AFD, 2012). Mais, les objectifs annuels escomptés n'ont pas été atteints durant toute la période 2006-2009. Les difficultés d'approvisionnement en combustibles, aggravées par la cherté des hydrocarbures à partir de 2004, et les pertes techniques dans le réseau de transport et de distribution ont entraîné des délestages récurrents durant la période 2004-2011. L'énergie non fournie (END) découlant de ces incidents a été de 91 GWh en 2007, 104,3 GWh en 2008 et 89,0 GWh en 2009. La cherté des hydrocarbures et les délestages ont continué à coûter à l'économie sénégalaise 1 à 2 points de croissance économique dans la période 2006-2011. Le tableau 21 donne quelques autres indications.

Tableau 21 : Chiffres clés de la Sénélec entre 2005et 2011

	2005	2006	2007	2008	2009	2010	2011
Énergie disponible (en Gwh)	2171	2192	2306	2400	2489	2618	2559
SENELEC	67%	66%	69%	64%	76%	69%	53%
Achats	33%	34%	31%	36%	24%	31%	47%
Dont Hydro-électricité	12%	11%	8%	10%	10%	10%	10%
Ventes	79%	79%	77%	78%	79%	79%	80%
Pertes	21%	21%	23%	22%	21%	21%	20%
Résultats financiers de SENELEC en milliards F FCFA							
Compensations tarifaires	26	33	37	60	40	28	103
Résultats d'exploitations	-7	-23	-3	-1	13	-52	4
Résultats nets	-4	-34	-6	-7	6	-55	-13

Source : à partir des publications du FMI et de l'AFD.

La Sénélec a été un gouffre à milliards durant la période 2000-2011 : 158 milliards de FCFA mobilisés en 2003 pour le plan *Sukalli Sénélec*[40], 130 milliards de FCFA de subventions d'exploitation de 2006 à 2008, dont 33 milliards en 2006, 37 milliards en 2001 et 60 milliards en 2008, recapitalisation à hauteur de 109 milliards de FCFA en 2008 (le capital passe de 119,43 milliards, à 125,7 milliards de FCFA). La cherté du fuel a été l'argument principal de justification des délestages et les récentes baisses sur les cours du pétrole semblent avoir un léger effet positif face à l'abandon progressif des compensations tarifaires à partir de 2014.

Le plan Takkal, adopté pour la période 2011-2015, a sonné l'accalmie même si elle repose en masse sur des perfusions à travers des emprunts et des dotations publiques. Ses prévisions de dépenses ont été arrêtées à 653 milliards de FCFA : réhabilitation des infrastructures pour 40 milliards, restructuration de la Sénélec pour 140 milliards et nouvelles capacités de production pour 470 milliards. La contribution de l'État, additionnée avec un prélèvement sur les importations, une taxe parafiscale sur les hydrocarbures (15 FCFA/litre), une taxe sur le chiffre d'affaires des opérateurs de télécommunications (3 % de Codete), devraient rapporter 485 milliards de FCFA en quatre ans. Ce fonds devait être complété par des emprunts bancaires et les apports des bailleurs de fonds. Ce système a été jugé insoutenable par le Fmi qui a proposé en 2013 d'abandonner les plus de 100 milliards de FCFA de subventions annuelles consacrées à l'électricité.

À partir de 2006, une majeure partie des capacités électriques installées est indisponible en face d'une demande qui suit une évolution de 8 % chaque année. Jusqu'à présent, la production distribuée est largement en deçà de la production consommée à cause de la vétusté du réseau (pertes techniques évaluées à plus de 30 milliards de FCFA) et de l'arrêt quasipermanent de certains groupes de la Sénélec surexploités, sans respect des programmes d'arrêt pour maintenance. La solution prônée par le plan Takkal est d'associer des opérations de maintenance, de restructuration et d'augmentation des capacités. En sus de la centrale à charbon de Sendou, dont la mise en service était prévue pour 2015, la turbine à gaz de 126 MW ISO Dual Fuel acquise en 2011, le plan Takkal est venu avec un lot de projets de nouvelles centrales électriques qui ont été quasiment tous validés par le nouveau régime installé en 2012. Les projets d'augmentation des capacités de production se sont

[40] Expression de langue wolof qui signifie « redresser la Sénélec ».

ainsi multipliés dans le cadre d'un mix énergétique englobant l'électrification rurale, qui vise un taux de 60 % d'ici 2017 pour un investissement de 99 milliards, tel que décliné dans le PSE.

La réapparition des délestages à partir de 2013 a été concomitante avec l'abandon progressif des subventions publiques proposées par le FMI. Mais aux frais de qui faut-il arrêter les subventions au moment où les Sénégalais continuent de s'offusquer de la cherté des factures ? La pose des nouveaux compteurs modernes, avec l'approfondissement des mécanismes de prépaiement, a été considérée par une partie de l'opinion comme une supercherie visant à augmenter les factures. Des manifestations ont été constatées à Grand-Yoff et d'autres localités de Dakar en 2014, certains pères de famille déclarant que leurs factures ont quasiment doublé avec les nouveaux compteurs. La volonté exprimée par l'État est, tout de même, d'augmenter la production avec un mix énergétique qui va allier différentes sources selon des combinaisons favorables à des réductions tarifaires conséquentes à moyen terme.

À partir de 2013, un coup d'accélérateur a été porté sur le renforcement des capacités de production. Construite en 1981, la centrale de Kahone I était à l'arrêt depuis 2008, mais elle a redémarré en 2012 après des travaux de réhabilitation qui ont coûté 4,5 milliards de FCFA. Après ses travaux d'extension, la centrale Kahone II va également produire 90 MW au total. En 2014, un protocole d'accord impliquant les sociétés qatari Nébraz et japonaise Mitsui, a été conclu pour la construction d'une nouvelle centrale électrique au Cap des Biches. Le projet d'extension de la centrale électrique de Boutoute dans le sud du pays prévoit deux nouveaux groupes de puissance unitaire de 5 MW chacun, pour un coût de 8 milliards de FCFA. À Kayar (nord-est de Dakar), le groupe indien Jindal Steel and Power s'est engagé en 2015 à construire une centrale à charbon de 350 MW sur une durée de 30 mois pour un coût de 250 milliards de FCFA. Le contrat a déjà été signé et il s'effectue en deux unités de 175 mégawatts chacune, avec une électricité d'un coût moyen de 63,75 FCFA par KWh. Notons qu'une production indépendante supplémentaire de 53 MW a été inaugurée en 2016 dans le carde d'un PPP conclu avec Contour Global, la société américaine qui a racheté les actions de la société Gti en 2013.

Cependant, avec tous ces nouveaux projets, plus de 50 % de l'électricité va bientôt dépendre du charbon, avec un recul de la part des énergies renouvelables qui va passer de 10 % à moins de 7 % des capacités de production. Cette nouvelle propension à faire usage du charbon, expose la Sénélec à des aléas supplémentaires sur l'approvisionnement en combustibles importés, et risque de la dévier de ses obligations environnementales. Cette situation relance la vieille question du recours aux énergies renouvelables. Le Sénégal a déjà posé des actes de coopération énergétique avec le Maroc qui a lancé en 2015 le projet de construction de cinq centrales éoliennes et d'installation de 580 MW d'énergie solaire d'ici 2020. L'orientation partielle de la coopération Sénégal/Maroc sur les énergies alternatives et les efforts ayant mené au projet de construction d'une centrale éolienne de 151 MW à Taïba Ndiaye (annoncé en octobre 2015) vont permettre d'améliorer nettement le recours limité aux énergies propres.

III. PARTENARIATS PUBLIC/PRIVÉ ET CONTRATS DE L'ÉTAT : APPROCHES CRITIQUES

Ici, le mot partenariat public/privé (PPP) va être élargi à tout type de collaboration entre l'État et le secteur privé local ou international. Il s'étend du petit charretier qui ramasse les ordures ménagères moyennant rétribution de la municipalité, à l'opérateur d'envergure internationale qui a construit une infrastructure selon une formule contractuelle négociée avec l'autorité publique. Le Sénégal mise beaucoup sur le partenariat public/privé suivant le mouvement de libéralisation de son économie amorcée au lendemain de l'ajustement structurel renforcé en 1985. À partir de cette date, les nouveaux objectifs de la politique économique sont centrés sur la promotion du secteur privé national et l'attraction des capitaux étrangers. Ces objectifs sont couronnés par l'implication de plusieurs opérateurs privés internationaux dans la privatisation de certains secteurs stratégiques comme l'eau (gérée par la Saur depuis 1995), la Sonatel (détenue par France Télécom à 42 % à partir de 1997) ou l'autoroute à péage Dakar/ Diamniadio construite et exploitée par Eiffage/Sénégal à partir de 2012.

Choix des formules contractuelles de PPP

Afin de mieux cerner les contenus des relations partenariales que le Sénégal a ficelées jusqu'ici et d'en tirer des enseignements utiles, il est important de faire un récapitulatif sur les principales formules de partenariats public/privé utilisées par les États.

Tableau 22 : Récapitulatif des principales formules de PPP

Formule contractuelle	**Caractéristiques**	**Rémunération de l'opérateur**
Concession privée	Prise en charge globale par l'opérateur pendant une durée comprise entre 20 et 30 ans. L'opérateur est responsable de l'essentiel des investissements.	Usager final par facturation
Affermage	Prise en charge de l'exploitation par l'opérateur pendant 15 ou 20 ans. Création d'une société de patrimoine responsable des infrastructures (État) et d'une société d'exploitation responsable de la maintenance (privé).	Usager final par facturation
Build Operate and Transfer (BOT)	Conception, financement, réalisation et gestion par l'opérateur privé à ses risques et périls, pendant une durée déterminée au bout de laquelle l'État reprend la propriété de l'ouvrage.	Autorité publique ou facturation
Design Build Opérate (DBO)	Conception, réalisation et gestion par l'opérateur privé à ses risques et périls, pendant une durée déterminée au bout de laquelle l'État reprend la propriété de l'ouvrage.	Autorité publique ou facturation
Assistance à la gestion	L'opérateur privé met à la disposition de l'État des moyens humains et techniques, contre rétribution. La gestion des opérations reste du ressort de l'État.	Autorité publique
Délégation de service public	L'opérateur privé est un délégataire de la gestion d'un service ou d'un ouvrage public.	Autorité publique suivant les résultats

Opération et maintenance	L'opérateur privé prend en charge la gestion et la maintenance avec un niveau de responsabilité défini.	Autorité publique
Build Own Operate (BOO)	Il est comme le BOT sauf que l'ouvrage appartient définitivement à l'opérateur sans limite de durée. Le BOO s'apparente donc à la privatisation.	Usager par facturation
Privatisation	Elle est à la limite des partenariats public/privé. La privatisation n'est pas à proprement parler un PPP puisque l'entreprise ou l'ouvrage est vendu.	Usager par facturation

Sources : reconstitution à partir Marty, Trosa et Voisin, Savas, 2000 et Cahiers Industries (2004)

Chez les Anglo-saxons, le mot « concession » est un terme générique qui peut désigner à la fois l'ensemble des formules. En zone francophone, la conceptualisation est plus diversifiée, même si à l'image des Anglo-saxons, le mot « contrat de concession » peut être utilisé à la place de chaque formule. Ici, la concession privée et l'affermage sont des contrats dits de prise en charge générale. Sauf que dans le cas de l'affermage, le partenaire privé n'est engagé que dans l'exploitation et non dans les investissements qui restent du ressort de l'État détenteur d'une société de patrimoine. Il est également important de scinder les contrats de construction et de gestion que l'on confond souvent à la seule formule BOT. Il existe une autre formule de construction et de gestion appelée *Design, Build and Operate* (DBO), où contrairement à la formule BOT, l'opérateur privé n'est pas responsabilisé dans le financement de l'ouvrage.

La formule contractuelle est un support dont le choix revêt une dimension primordiale. Le choix d'une formule de PPP inappropriée peut s'avérer coûteux en termes de coûts de transaction et le premier échec risque d'affecter les contrats suivants. Par exemple, depuis l'échec en 2000 de la concession privée signée avec Elyo/Hydro-Québec en 1998, il est difficile de trouver un nouveau repreneur privé pour la Sénélec qui est restée publique depuis lors. Il s'agissait bien d'une concession privée signée pour 25 ans à compter d'avril 1998 dans lequel le partenaire privé était responsable des investissements et de l'exploitation à ses risques et périls. Il ressort ainsi de l'analyse de cet échec que la formule de la concession privée adoptée était peut-être inappropriée, si l'on constate qu'en Côte d'Ivoire, c'est un contrat d'affermage qui a été conclu en 1991 sans rupture jusqu'à présent. Tout de même, au Gabon, la formule de la concession privée a plus ou moins réussi mais il s'agit d'un pays pétrolier qui a dû encourir moins de risques sur l'approvisionnement en combustible[41].

Le Sénégal a, par ailleurs, conclu avec le groupe Eiffage Sénégal un contrat de 30 ans pour la gestion de l'autoroute à péage Dakar Diamniadio. Eiffage était impliqué dans tout le processus de réalisation de cet ouvrage. Mais ce partenariat est rangé dans le registre des BOT alors que la formule utilisée semble être plutôt plus proche d'un contrat de type DBO, l'État sénégalais ayant fourni 84 % des financements mobilisés. Cette participation financière de l'État doit impacter la durée de la concession et la rémunération de l'opérateur pour lesquelles le peuple sénégalais considère avoir été spolié vu le niveau très élevé des tarifs.

Sur le pétrole, le président du Sénégal a déclaré en 2014 son choix pour les contrats de partage de production. L'exploration du pétrole sénégalais est en cours, le forage est maintenant prévu en 2016 et il faut encore 5 à 6 ans pour le démarrage effectif des activités de production. C'est vrai qu'il existe des paramètres inconnus du public dont tiennent compte les dirigeants politiques et qui infléchissent leurs prises de décision. Néanmoins, la concession pourrait, après analyses et négociations, s'avérer être la meilleure formule et consacrer une innovation sénégalaise historique dans ce sens. Les parts des entreprises étrangères doivent être consistantes, puisque comme l'a si bien relaté le président Macky Sall : « ce sont les compagnies pétrolières qui investissent lorsqu'il y a découverte de pétrole dans un pays ». Mais est-ce une raison valable pour que le Sénégal renonce à ses marges de négociations d'une transaction optimale ? La réalité est qu'il s'agit des côtes du Sénégal, de son environnement immédiat, voire d'une opportunité unique et im-

41 À la rupture du contrat, l'opérateur privé s'était plaint du blocage des prix à l'approche des élections de 2000, alors que l'augmen-tation des prix était nécessaire (et prévue par la convention de concession) suite à la hausse des cours du pétrole en 1999.

manquable d'avoir de faramineuses ressources additionnelles pour le financement de l'émergence économique.

D'un autre côté, le Sénégal peut participer aux investissements en y consacrant momentanément une bonne partie des fonds alloués aux Programmes Triennaux d'Investissements Publics (PTIP). L'enjeu en vaut la peine. C'est une question d'intelligence économique et d'optimisation : tout franc CFA supplémentaire encaissé dans ce pétrole sera utile pour le pays. Cet effort financier participatif et les documents d'enquêtes supplémentaires financées et coordonnées par l'État sénégalais pourront servir de supports et d'arguments en vue d'une négociation plus poussée des parts du Sénégal, que cela soit un partage de production ou une concession proprement dite. L'État du Sénégal va disposer ainsi d'une marge d'arbitrage confortable. Et suivant la quantité exacte des réserves (qui reste à préciser) et la durée de la production, le Sénégal peut proposer une concession en tablant sur des parts supérieures aux 10 % prévus. Une telle formulation partenariale permettrait d'encaisser plus de 10 % des recettes du pétrole auxquelles vont s'ajouter les 30 % d'impôt sur le bénéfice de la joint-venture qui va être soumise au Code général des impôts du Sénégal.

Ratés de négociations pour l'électricité et les télécoms mais stabilité dans le PPP sur l'eau

Dans les industries de réseau sénégalaises, le régime de partenariats public/privé adopté a suscité plusieurs déconvenues concernant les négociations contractuelles et sur la répartition des rentes générées par le secteur des télécommunications.

L'observation de la dynamique actuelle des télécommunications sénégalaises tend à corroborer la sous-optimalité du modèle de libéralisation adopté. Certains économistes considèrent qu'il n'est pas optimal de vendre une entreprise publique rentable puisque c'est un manque à gagner en termes de recettes publiques (voir Thalmann, 1997). Or, Sonatel était une entreprise rentable en 1997. Même si la participation privée a été d'un apport technologique et managérial immanquable et que l'État reste actionnaire à 28 %, l'idéal aurait été de préférer un contrat de concession à cette privatisation qui a abouti à une propriété privée définitive sur plus de 70 % de la société. Actuellement, Sonatel génère des valeurs ajoutées substantielles et regorge de potentialités encore très importantes (externalités d'offre et économies d'échelle). Son chiffre d'affaires est passé de 62,7 milliards de FCFA en 1996, à 635 milliards de FCFA en 2011, suivant une évolution moyenne annuelle de 20 %.

Son bénéfice net est passé de 41 milliards de FCFA en 1996, à 185 milliards en 2010, suivant un rythme d'évolution moyenne de 25 % annuel (avec un pic de 41 % en 2005). Cela suppose-t-il qu'il y a eu une partie de ce qui aurait dû revenir à la collectivité qui s'intègre dans les profits privés ? Face à cette situation, l'État avait initié une surtaxe sur les appels entrants en 2011, avant de reculer en 2012, non sans augmenter l'impôt sur les sociétés qui est passé de 25 à 30 %.

Mais comme il s'agit d'un secteur concurrentiel, il est normal que le régulateur s'abstienne d'imposer une formule tarifaire, en jouant sur la supervision de la concurrence. Déjà en 2006, l'alignement tarifaire, à quelques francs CFA près, entre les deux opérateurs mobiles de l'époque (Alizé devenu Orange SN en 2006 et Sentel GSM devenu Tigo en 2006), avait suscité des soupçons de collusion de la part des associations consuméristes du Sénégal. Et malgré un bénéfice brut annuel qui tourne actuellement autour de 200 milliards de FCFA, les Sénégalais se sont encore plaints des problèmes de qualité du réseau d'Orange SN qui ont mené à des opérations de boycott au cours de l'année 2015. En tout état de cause, l'Autorité de Régulation des Télécommunications et des Postes (ARTP) doit veiller à la répartition juste et équitable des richesses générées dans le secteur. Et cela passe nécessairement par un traitement minutieux, prudent et intransigeant des questions tarifaires et de qualité.

L'attribution de la licence de Sentel GSM (ou Tigo) a également été jugée comme un grand scandale. Cette licence a été cédée à 50 millions de FCFA en 1999 alors que durant la même période l'État camerounais a vendu une licence à 98 millions de dollars et l'État kenyan a vendu à Kencell une licence à 94 millions de dollars. Le gouvernement avait ainsi considéré que la licence de Tigo avait été bradée et l'a confisquée en 2001, soit un an après le changement de régime intervenu en 2000. Le nouveau gouvernement d'alors réclamait 100 milliards de FCFA pour le renouvellement de cette licence prévu en 2012. Cette affaire a abouti à une plainte déposée par Millicom International (mère américaine de Tigo) au Centre International de Règlement des Différends liés aux Investissements (CIRDI), avec un lot de dépenses publiques supplémentaires en termes de pertes de temps et de frais judiciaires. Le nouveau régime issu de la présidentielle de 2012 a repris les négociations et est arrivé à un dénouement mal négocié. Le gouvernement sénégalais a, en effet, accepté en 2013 d'encaisser 53 milliards de FCFA en échange de la prolongation de la licence de Tigo jusqu'en 2028.

Sur l'électricité, un contrat de concession a été conclu en avril 1998 avec le consortium Elyo/Hydro-Québec pour l'exploitation de Sénélec. Mais quelques anomalies sont venues perturber la concession dès l'année 1999. D'abord, à l'approche des élections de 2000, le gouvernement du Sénégal avait bloqué les tarifs alors qu'ils devaient augmenter suite à la hausse des cours du pétrole et tel que prévu dans la convention de concession. Le consortium a finalement déclaré que l'État a outrepassé ses prérogatives. L'État du Sénégal a, lui aussi, accusé le Consortium de n'avoir pas effectué tous les investissements requis. C'est pourquoi le problème de la sous-capacité de production et de l'état de vétusté des installations n'ont pas été résolus. Enfin, il faut noter que la Commission de régulation du secteur de l'électricité a été créée en même temps que la réforme dudit secteur en 1998. Elle n'avait donc pas l'assise, l'expérience et la compétence suffisantes pour accomplir la mission, à elle, assignée.

Cette concession qui devait durer 25 ans a ainsi été résiliée en juillet 2000, soit 18 mois seulement après sa conclusion. Cet échec a beaucoup sapé la dynamique de Sénélec. Il a fortement décrédibilisé les institutions d'encadrement du secteur vis-à-vis des repreneurs potentiels rendant ainsi difficile la reprivatisation programmée depuis 2002. De même que dans le contrat Build Operate and Transfer (BOT) signé pour 15 ans avec l'américain GTI en 1999 pour la fourniture de 53 MW, le Sénégal a mal négocié le partage des risques. Les risques de change et de fluctuations des hydrocarbures ont été totalement endossés par Sénélec, en plus d'une clause de *Take Or Pay* qui impose un paiement continu quelles que soient les contingences productives. Par exemple en 2009, GTI était en panne, les délestages s'étaient accentués et Sénélec continuait à payer la facture de ses 53 MWh de capacité.

Sur l'eau, le Sénégal a signé depuis 1995 un contrat d'affermage avec la Saur (une filiale du groupe français Bouygues)[42] qui gère plusieurs concessions en France. Cet opérateur qui détient 51 % de la Sénégalaise Des Eaux (SDE) a obtenu une prolongation jusqu'en 2011 de son contrat qui devait prendre fin en 2006. Un avenant a été par la suite élaboré pour que le contrat aille jusqu'en fin 2012, avant que le nouveau régime arrivé en 2012 ne vienne conclure le 1er janvier 2014 un autre contrat d'affermage de 5 ans avec le même opérateur. Les

42 Une information révélée par Jeune Afrique en septembre 2015 a fait mention de la vente des actions du groupe Bouygues dans la Sénégalaise Des Eaux à trois filiales d'Axa Assurance (France, Suisse et Italie).

responsabilités de la Saur ont été accrues dans ce nouveau contrat, puisqu'il est tenu par l'obligation de renouveler 60 km de réseau par année (17 km dans l'ancien contrat). Mais il demeure que le gouvernement sénégalais devait concrétiser son ambition de passer par la suite à une concession globale qui rendrait l'opérateur entièrement responsable de l'exploitation et des investissements. La pénurie d'eau de trois semaines constatée à Dakar entre août et septembre 2013 est injustifiable dans un pays qui est balayé par plusieurs cours d'eau et dont la société d'exploitation est majoritairement détenue par une entreprise étrangère qui est le 4ème opérateur mondial dans le domaine de l'eau. Un contrat de concession globale aurait alors été un cadre plus approprié pour mieux tirer les leçons de cet incident de l'été 2013 en contractualisant avec des termes clairs les normes de qualité ainsi que les principes de continuité, de garantie d'accès et d'universalité du service public de l'eau.

Litiges avec Arcelor Mittal, Kumba Resources, Aéroport Blaise Diagne : quels enseignements

Dans la plupart des litiges contractuels, le gouvernement du Sénégal a souvent fait payer aux Sénégalais les légèretés commises dans ses négociations. L'on se rappelle encore de l'affaire de la Société ouest-africaine des Bétons Industriels (SOABI), qui voulait la réparation du préjudice qu'elle prétendait avoir subi du fait de la rupture par l'État sénégalais d'un contrat de construction de 15 000 logements sociaux en 1982. Depuis lors, des litiges de ce genre ont foisonné mais il est ici question des principaux litiges en cours. L'État du Sénégal trimbale actuellement trois litiges importants. L'affaire Arcelor Mittal amorcée en 2007, l'issue malheureuse des démêlés avec l'entreprise française Kumba Resources et la livraison de l'Aéroport international Blaise Diagne attendue depuis août 2010. Dans la première affaire, il est question de dédommagement en faveur du Sénégal pour le préjudice subi dans l'avortement du partenariat avec Arcelor Mittal. Dans la deuxième, le Sénégal est redevable d'un dédommagement jugé trop abusif par plusieurs observateurs. Dans l'un comme dans l'autre de ces deux premiers cas, les montants des réparations annoncées ont suscité moult interrogations notamment sur leur mode de détermination. Les juridictions internationales condamnent l'État du Sénégal à verser 75 millions d'euros à Kumba Resources et le gouvernement sénégalais semble se satisfaire des 150 millions de dollars qu'Arcelor Mittal est condamné à lui payer. Toutefois, ces contentieux n'ont ni les mêmes teneurs, ni les mêmes enjeux économiques, et ne peuvent pas être traités de manière similaire.

Mais de quoi s'agit-il ?

L'État du Sénégal avait conclu en juillet 2004 un partenariat avec la société minière Kumba Resources pour une exploitation minière dans la Falémé (Est). Mais le contrat a été rompu par le gouvernement, qui a finalement contracté en 2007 avec Arcelor Mittal pour l'exploitation du minerai de fer de la Falémé. Kumba Resources avait ainsi saisi les juridictions internationales qui ont condamné le Sénégal à lui payer 75 millions d'euros (50 milliards de FCFA)[43]. Mais si Kumba Resources a pu obtenir 75 millions d'euros de dédommagement, le Sénégal aurait pu tabler sur beaucoup plus que les 150 millions de dollars obtenus de son litige avec Arcelor Mittal. Le préjudice subi par l'État du Sénégal sur le contrat avorté avec Arcelor Mittal est, en effet, immensément important. Arcelor Mittal a outrepassé ses obligations qui portaient sur des objectifs économiques d'enjeux très stratégiques, à savoir la construction d'un port minéralier, la rénovation de la ligne de chemin de fer Tambacounda/Dakar et la construction d'une ligne de chemin de fer d'environ 300 km à partir de la mine de la Falémé. Le coût d'opportunité de ce litige semble être exorbitant, en termes de temps perdu, d'activités en suspens, de pertes de recettes, hormis le fait que les cours mondiaux du fer ont maintenant drastiquement chuté, réduisant donc les marges incitatives d'une telle exploitation. Le préjudice estimé par le cabinet américain Gustavson se chiffre pourtant en milliards de dollars, ce qui laissait au gouvernement sénégalais une marge importante de négociation pour une indemnisation largement plus conséquente que les 150 millions de dollars retenus. L'État du Sénégal ne devait pas transiger sur le montant, comme il semble en avoir été le cas selon les déclarations des ministères de l'Économie et des mines en décembre 2014. La demande de renégociation des accords initiaux de 2007 introduite par Arcelor Mittal a d'ailleurs été rejetée jusqu'à la sentence du Tribunal arbitral de Paris (CCI) prononcée en septembre 2013. Celle-ci réserve à l'État du Sénégal un dédommagement qui tient compte de

[43] Les rebondissements ayant fait suite aux accusations de l'ancien président Abdoulaye Wade en novembre 2014, montrent que Lithos Corporation Pty, une société sud-africaine, était la première société partenaire de Miferso (Société des mines de fer du Sénégal oriental) avant l'année 2000. La mise au point faite par les diri-geants de Lithos le 20 décembre 2014 révèle une nébuleuse or-chestrée par l'ancien régime et qui a abouti à la situation actuelle où l'Etat du Sénégal a été condamné frauduleusement à payer 75 millions d'euros.

l'ensemble des préjudices enregistrés, à compter de la constatation de violation des accords et suivant l'article 105 du code sénégalais des obligations civiles et commerciales.

Le troisième litige concerne la construction de l'Aéroport International Blaise Diagne (AIBD) qui a commencé en 2008. Il s'agit d'un nouvel aéroport international implanté à Diass, une commune située à 45 km de Dakar. C'est un projet opportun et pertinent, destiné à exploiter pleinement le potentiel aéroportuaire de Dakar au moment où l'aéroport de Yoff étouffe par son incapacité récurrente à faire face aux besoins internationaux de trafic. Sur le plan opérationnel, l'AIBD s'appuie sur le prolongement de l'autoroute à péage Dakar/Diamniadio, dont la maîtrise d'ouvrage est confiée à l'Agence de promotion des investissements et des grands travaux (APIX). Ce prolongement est un marché complémentaire attribué à Eiffage Sénégal en 2012 et il est entré en phase de finalisation en 2015.

La société concessionnaire dénommée Aéroport International Blaise Diagne (AIBD SA), détenue à 100 % par l'État sénégalais, a été créée en 2006. AIBD SA est maître d'ouvrage pour la réalisation de l'aéroport et il est censé devenir une société de patrimoine durant la phase d'exploitation (donc une formule d'affermage est prévue). La conception-construction de l'aéroport a été confiée en 2007 à l'entreprise Saudi Binladin Group pour un coût arrêté à 229 milliards de FCFA, dont le montage financier implique l'État du Sénégal au premier chef et ses partenaires financiers. C'est ainsi qu'en décembre 2010, l'Agence Française de Développement (AFD) a accordé un prêt non concessionnel de 70 millions d'euros à AIBD SA, accompagné d'une subvention de 700 000 euros pour l'assistance à la Maîtrise d'Ouvrage. Le contrat avec Saudi Binladin Group a été signé le 3 avril 2007 pour un démarrage des travaux le 4 décembre de la même année en vue d'une livraison au bout de 33 mois, soit en août 2010. Cependant, le contrat va connaître par la suite quelques crispations qui mettent en évidence des carences dans l'évaluation des financements et des légèretés notoires dans les négociations. Les documents officiels montrent que le contrat a connu 4 avenants à partir de décembre 2008, avec des décalages temporels importants sur le projet.

1. Le premier avenant a été introduit le 15 décembre 2008 pour un montant de 1,8 milliard de FCFA destinés à la viabilisation du site de recasement des populations déguerpies, soit 5 mois de travaux considérés comme étant sans incidences sur le délai de livraison.

2. Le deuxième avenant, signé le 7 juillet 2010 pour un montant de 46 milliards de FCFA, était destiné à combler un gap financier pour un problème de traitement de cavité nécessitant davantage de bitume dont le prix avait entre-temps grimpé. C'est pourquoi la date de livraison de l'ouvrage a été repoussée à novembre 2011.

3. Le 17 juin 2011, l'État s'incline une nouvelle fois devant les nouveaux caprices de Saudi Binladin Group, qui a évoqué des imprévus sur le long terme. L'État débloque 27 milliards de FCFA dans un troisième avenant, en accordant un délai supplémentaire de 12 mois.

4. En 2013, le nouveau régime impose un quatrième avenant sous forme de pénalités. Saudi Binladin Group doit débourser 4,5 milliards de FCFA pour défaut de livraison à la date échue. La date de livraison a encore été repoussée à novembre 2014 (soit 24 mois supplémentaires).

La construction de l'aéroport a été bloquée en 2015 à cause de la nécessité d'un cinquième avenant pour le compte duquel Saudi Binladin Group a réclamé 63,62 milliards de FCFA. La souscription de l'État du Sénégal à ce vœu du concessionnaire va marquer un record de légèretés et un précédent dangereux en ce sens qu'elle met à nu la facilité légendaire avec laquelle le gouvernement sénégalais peut se plier aux caprices de certains partenaires privés. Même si finalement, ce cinquième avenant a été signé en décembre 2015 suivant les conditions fixées par l'État du Sénégal, cette multiplicité d'avenants contractuels appelle deux enseignements. Premièrement, cela témoigne des carences notoires d'analyse, d'évaluation et de montage financiers, ainsi que dans l'intégration de mesures anticipatives dans l'élaboration des PPP. Deuxièmement, il faut noter le caractère terriblement incomplet des contrats souvent conclus par l'État du Sénégal et qui ne tiennent compte d'aucune anticipation de prérésolution des conflits. L'expérience a montré que des formulations contractuelles ambiguës peuvent entraîner des interprétations abusives de la part des opérateurs privés. La flexibilité du contrat et son adaptabilité sous forme d'avenant sont nécessaires puisque le partenariat public/privé est souvent un contrat de longue durée. Il est donc concevable de réactualiser les clauses d'indexation selon une période précise et de renégocier le contrat en cas de déséquilibre financier non susceptible d'être compensé par les prévisions. Le modèle de Hart-Moore (1988) montre que des investissements efficaces et un partage optimal des risques peuvent être obtenus à condition que le contrat initial soit capable de diriger la renégociation *ex post* en cas de litige. Le contrat gagne donc son efficacité dans sa capacité à prévoir un mécanisme d'auto-stabilisation (auto-exécutoire ou *Self Enforcing contract*) dans l'élaboration de ses termes (Williamson, 1979, 1985 ; Klein, 2000).

D'autres tensions ont été constatées sur les PPP ficelés au port de Dakar, avec notamment la cacophonie qui caractérise la concession qui a abouti à la création de Dakar-nave (réparation navale). De même qu'en 2013, Dubaï Port World Sénégal (qui gère un terminal à conteneur depuis 2007) a traîné l'État du Sénégal devant les juridictions internationales pour réclamer le paiement des 10 % d'actions que l'État estime avoir déjà acquis lors de la création de la société. De même que le partenariat public/privé entamé depuis 2004 pour la gestion de la Sunéor (ancienne Sonacos) s'est soldé par une rupture en octobre 2015. En tout état de cause, ces anomalies contractuelles doivent servir de leçons afin de permettre à l'État du Sénégal de mieux aborder les renouvellements contractuels et les autres partenariats en vue.

Sur le pétrole, le président Sall a évoqué par mimétisme son choix pour les contrats de partage de production qui peuvent effectivement être ficelés suivant une approche favorable au Sénégal. Mais la configuration contractuelle à adopter dépend de multiples autres paramètres qui sont encore loin d'être tranchés. Un questionnement supplémentaire et prépondérant doit être adossé à la définition des relations partenariales à définir. Ce questionnement répond à la nécessité d'évaluer le coût d'opportunité global de l'exploitation pétrolière, afin de jauger les avantages minimaux que le Sénégal doit en tirer, et à défaut desquels ce jeu du pétrole n'en vaudra vraiment pas la chandelle. Des enquêtes et des études ont été bouclées et d'autres sont en cours. Mais le gouvernement sénégalais est tenu d'insister sur deux points :

- une enquête exclusivement sénégalaise (ou contre-enquête) qui doit déterminer avec une méthode d'évaluation contingente l'impact que cette exploitation aura sur l'environnement.

- une évaluation doit être faite de l'impact de cette exploitation sur les recettes de la pêche, sur les emplois des pêcheurs Sénégalais, les externalités d'offre de pétrole ainsi que les droits de propriété de l'État sénégalais sur les entreprises satellites émanant de ces externalités.

Ces deux enquêtes sont des préalables en vue d'une meilleure détermination des parts minimales que le Sénégal doit accaparer afin d'éviter les scénarios vécus dans la plupart des pays africains où les populations n'ont pas vu d'avantages perceptibles des exploitations pétrolières. L'exploitation doit en outre se faire sous l'hypothèse que d'autres gisements peuvent être découverts dans le futur. Un mécanisme de transfert de technologies, durant le déroulement des contrats, doit alors être indispensablement négocié afin de laisser au Sénégal une marge d'arbitrage entre *faire faire* et *faire soi-même* sur les découvertes futures. À défaut d'un tel scénario contractuel, le Sénégal va inéluctablement être victime de ce que les économistes des contrats appellent *effet lock in*, qui va le piéger, comme c'est le cas ailleurs en Afrique, au Proche et au Moyen Orient, dans une perpétuelle dépendance des multinationales étrangères pour des exploitations de ce genre. Les récents travaux de Casadella, Liu et Uzunidis (2015) ont mis en évidence ce « cercle vicieux de la dépendance technologique » des pays en développement pour expliquer leurs défaillances structurelles et insister sur la nécessité d'une politique publique de management des ressources et des capacités locales, pilotée par un véritable leadership politique.

Le cas spécifique de la tarification de l'autoroute à péage Dakar/Diamniadio

Au regard de ce qui précède, on peut dire que les défaillances de négociations et de régulation font légion dans les partenariats public/privé au Sénégal. Le recours à des formules optimales et incitatives de tarification n'est pas une préoccupation chez les rares régulateurs existants. Le secteur du transport ne dispose pas de régulateur indépendant, mais plutôt d'une régulation de type ministériel, et cette carence est un élément d'explication des distorsions notées dans la tarification de l'autoroute à péage Dakar/ Diamniadio. Le projet d'autoroute pour l'entrée et la sortie de Dakar est une vieille préoccupation publique depuis 1980. L'autoroute à péage Dakar/Diamniadio est le premier jet d'un important réseau autoroutier censé couvrir le territoire national à long terme. Pour ce premier projet, l'État du Sénégal a fourni 259 milliards sur les 320 milliards de FCFA injectés. La contribution d'Eiffage Sénégal se chiffre à 61 milliards de FCFA, en plus des travaux de construction qu'il a réalisés, dans le cadre d'un contrat dit de type *BOT* de 30 ans conclu le 2 juillet 2009. L'État du Sénégal et ses partenaires financiers (dette publique) ont fourni 84 % des financements et cette plus forte contribution financière de l'État sénégalais jette un discrédit sur l'appellation BOT (Build Operate and Transfer). La tâche d'Eiffage Sénégal a plus concerné la conception et la réalisation de l'infrastructure. Il s'agit donc d'un contrat de type Design Build and Operate (DBO) où la durée du contrat et les tarifs sont normalement moins élevés dès l'instant où c'est l'argent public qui sert quasi-intégralement à la réalisation de l'ouvrage.

Mais, même si on accepte l'appellation BOT, la tarification semble être exagérée pour la durée retenue.

Si on considère un taux d'actualisation de 7 % sur 30 ans, les 61 milliards de FCFA injectés par Eiffage Sénégal représentent une valeur actuelle de 464 milliards de FCFA. On peut comparer cette somme avec la moyenne actualisée des recettes potentielles sur les 30 années d'exploitation. Pour se faire, il est important de déterminer une moyenne d'évolution des tarifs sur 30 ans, corrélable avec l'inflation et une moyenne d'évolution du parc automobile en tant qu'indicateur sur l'évolution du trafic (et des transactions) dans l'autoroute. La prévision de l'inflation peut s'appuyer sur des modèles simples qui régressent l'accroissement de l'Indice des Prix à la Consommation (IPC) par rapport à ses valeurs passées. Mais ces modèles doivent incorporer d'autres indicateurs (IND) qui peuvent être le cours des matières premières, les indicateurs financiers (taux de change, agrégats monétaires, etc.) et les indicateurs de l'économie réelle tels que le taux d'utilisation des capacités productives, le chômage et le salaire horaire moyen (Cecchetti, Chu, Steindel, 2000).

$$\Delta IPC_i = \alpha + \sum {}_{t-i}^{4} \beta \Delta IPC_{t-i} + \delta IND_{t-i} + \varepsilon$$

L'utilisation rigoureuse de ce modèle nécessite des données trimestrielles. Cecchetti, Chu, Steindel, (2000) l'ont utilisé dans le cas des États-Unis avec des données allant du premier trimestre 1975 à la fin de l'année 1984, afin d'obtenir des prévisions de l'inflation pour les huit trimestres de la période 1985-1986. La prévision pour la période 1986-1987 utilise les données allant jusqu'à fin 1986, et les données allant jusqu'en fin 1987 leur ont permis de prévoir l'inflation pour la période 1987-1988, et ainsi de suite. Il s'agit d'un mécanisme contraignant en termes de données et de prévision à long terme qu'il est difficile de mettre en œuvre pour prévoir l'évolution des prix au Sénégal pendant 30 ans. Nous allons nous contenter d'une corrélation retardée simple pour avoir une évolution moyenne globale.

Encadré 1 : Détermination d'un taux moyen d'inflation et d'un taux d'évolution moyen du parc automobile

Pour avoir une moyenne d'inflation et d'évolution du parc automobile sur les 30 prochaines années, nous avons juste effectué une corrélation retardée. Notre préoccupation est juste de disposer d'une moyenne générale d'évolution des variables concernées sur 30 ans.

L'inflation

Pour l'inflation, nous avons ainsi retenu la corrélation linéaire simple à variable retardée suivante :

$$Inf_t = \alpha_0 + \alpha_1 Inf_{t-1} + \varepsilon$$

Nous avons utilisé des données sur l'inflation de 1980 à 2013. Cette corrélation, significative à 90 %, montre une tendance générale à la hausse de l'inflation au Sénégal. Sa principale limite est qu'il ne traite pas des moments de forte hausse (32 % en 1994) ou de baisse (-4,1 % en 1987). L'inflation étant trop instable durant la période observée, nous allons finalement nous contenter de la moyenne générale sur les 34 dernières années, soit environ 4 % d'inflation en moyenne.

Le parc automobile

Sur le parc automobile, les statistiques sont insuffisantes en termes d'années d'observation. Mais du fait de sa hausse permanente depuis 1996, il a été possible de se baser sur les chiffres de la période 1996-2012, pour faire une prévision simple jusqu'en 2037. Nous avons retenu l'équation de corrélation retardée suivante du parc automobile sénégalais (Pa).

$$Pa_t = \beta_0 + \beta_1 Pa_{t-1} + \varepsilon'$$

Les données utilisées concernent les 17 années d'observation (de 1996 à 2012) et leur analyse avec le logiciel stata a permis de recueillir des résultats de régression ayant permis de prévoir les valeurs du parc automobile jusqu'en 2037. Les résultats de la régression et le tableau des chiffres prévus sont en annexe. Ils ont permis de prévoir un taux moyen d'évolution du parc automobile de 3,15 % de 2012 à 2037.

Les tarifs appliqués sur l'autoroute Dakar/Diamniadio sont de 800 FCFA pour les véhicules en deux roues, 1400 FCFA pour les véhicules particuliers, 2 000 FCFA pour les minibus et les transports en commun et 2 700 FCFA pour les camions et autres poids lourds. Les chiffres du gestionnaire (SENAC) ont révélé que 16 % du trafic sur l'autoroute concernent les transports en commun. On peut supposer, à quelques variantes près, que les véhicules particuliers occupent 60 % du trafic, les motocycles concernent 6 % et les poids lourds représentent 18 % du trafic. Ceci nous permet de fixer un tarif moyen (Tm).

Tm=0,6 x1400 + 0,16 x2000 + 0,06 x800 + 0,18 x2700, ce qui donne Tm = 1 694 FCFA.

Si on retranche la moyenne de TVA maximale de 18 % environ, le concessionnaire va encaisser une somme moyenne de 1 390 FCFA par transaction. Les récentes tendances font état d'un trafic de 40 000 véhicules journaliers, soit plus de 50 000 transactions quotidiennes.

Tableau 23 : Tableau de calcul des flux actualisés

	Prix du péage	Nombre total de transactions
Valeur totale	$1390\dfrac{1-(1{,}04)^{30}}{1-1{,}04}=779521$	$50000\times 365\dfrac{1-(1{,}03)^{30}}{1-0{,}03}=868335000$
Moyenne annuelle	2 598 F CFA	28 944 500 transactions
Recettes totales moyennes prévues sur 30 ans = 28 944 500 x 2 598 x 30 = 2256 milliards F CFA		
Valeur actuelle de 61 milliards (7% sur 30 ans) = 61 milliards x 7,6123= 464 milliards F CFA		

En valeur actualisée, l'autoroute Dakar/Diamniadio peut rapporter au moins 2 256 milliards de FCFA de recettes en 30 ans, soit moins de 5 ans de délai de récupération du capital total investi à compter de 2012. Au taux de 7%, la valeur actualisée des 61 milliards de FCFA injectés par Eiffage est 464 milliards de FCFA, soit moins d'année pour les 61 milliards F CFA injectés par Eiffage/Sénégal. Le concessionnaire dispose aussi d'autres sources de recettes puisque l'article 21 de la convention de BOT lui concède le marché des stations services sur l'autoroute.

Mais il s'agit globalement d'une évaluation en avenir certain qui ne tient donc pas compte des aléas potentiels, notamment le risque-pays et le risque de trafic qui sont tout de même non négligeables au Sénégal. Elle ne tient également pas compte des effets d'encombrement sur l'autoroute à long terme, qu'un tarif maintenu élevé pourrait permettre de juguler. La marge d'erreur retenue, relativement à la corrélation sur l'inflation et le parc automobile, est de 10 %. Mais, suivant les indications de notre calcul, cette évaluation utilise un faible taux d'évolution du parc automobile, qui a été quand même de près de 11 % entre 2009 et 2010 selon les chiffres de l'ANSD. Le faible taux de 3,15 % d'évolution moyenne du parc automobile retenu dans ce calcul permet de prendre en charge l'hypothèse de la réduction du transport particulier que vont éventuellement susciter les stratégies d'amélioration du transport en commun dans les prochaines années. Et, quel que soit le niveau de l'impôt sur les sociétés (25 ou 30 %) et des charges d'exploitation et de maintenance, les tarifs s'avèrent trop élevés pour une autoroute financée à 84 % avec des fonds et emprunts publics. L'État dispose d'importantes marges de négociation qui, au-delà des questions de tarif et de durée, auraient pu déboucher sur une joint-venture à la place de l'opérateur SENAC comme unique gestionnaire.

CONCLUSION DU CHAPITRE 3 : OPTIONS ET CHOIX PUBLICS À RÉVISER DANS LE FONDS

On peut admettre que le PSE est une source d'inspiration dont la stricte application peut aboutir à des résultats conséquents à l'issue du PAP 2014-2018, notamment dans sa composante agricole véhiculée dans le Programme d'accélération de la cadence de l'agriculture sénégalaise (PRACAS). L'autosuffisance en riz et en oignon, même à l'horizon 2020, soit trois ans de plus que le rendez-vous de 2017, est un objectif dont il faut se féliciter de l'attention que lui accorde le nouveau régime. La situation économique du Sénégal est globalement en voie d'amélioration aussi bien sur les plans de la promotion de l'emploi, du climat social, que sur celui des finances publiques. Il existe cependant plusieurs facteurs bloquants sans la résolution desquelles le PSE, qui est essentiellement ciblé sur le redressement de la production locale, restera un vain slogan. D'abord, pour une croissance soutenue, les nouvelles options stratégiques semblent ignorer la relance de la consommation par un meilleur ciblage de la politique de revenus en lieu et place de la compression actuelle des charges de personnel de l'État. Ensuite, il faut fortifier le secteur privé national et adopter un nouveau paradigme de négociation des contrats de partenariat de l'État, en tirant les leçons des crispations contractuelles notées sur la plupart des participations privées depuis 1980. Puis, le jeu dangereux de la concurrence internationale amorcé avec le Programme de Redressement économique et financier des années 80 a été dévastateur avec la mise à terre du textile sénégalais et l'affaiblissement profond de la filière cotonnière. Comme tous les pays pauvres, le Sénégal continue de souffrir de la mondialisation là où des pays comme la Chine ont joué la prudence pour n'adhérer à l'OMC qu'en 2001. En somme, on peut dire que le Sénégal est un apprenti en matière de libéralisme et ses relations partenariales avec les multinationales ont été caractérisées par des désavantages contractuels qui continuent de compresser les retombées escomptées de la libéralisation. Enfin, avec une production faible et peu compétitive, le pays est assailli par des marchandises importées en masse qui l'exposent aux chocs asymétriques sur l'offre et à la fragilisation des rares produits locaux. L'artisanat de Ngaay Mékhé (région de Thiès), avec ses emblématiques chaussures et sacs en cuir, paie actuellement le prix de l'arrivée en masse des produits chinois à partir des années 2000.

CHAPITRE 4

ANCIENNES ET NOUVELLES DYNAMIQUES DE LA COOPÉRATION INTERNATIONALE

Il ne peut y avoir de partenariat ou de coopération entre pays sans des concessions sur leur souveraineté, surtout avec les dynamiques actuelles d'intégration régionale et sous-régionale. De même que tout partenariat (ou coopération) repose sur la volonté mutuelle de tirer un avantage net. Un partenariat suscite, en effet, un coût d'opportunité que ses avantages doivent plus que combler, c'est pourquoi, il convient de parler d'avantages nets. Somme toute, il est impossible pour un État ou un groupe d'États de conclure un partenariat sans risque. Quelle que soit la bonne volonté qui sous-tend un accord de partenariat entre États, les réalités du Commerce international sont telles qu'une des parties peut se retrouver sans avantages significatifs. Le Sénégal s'est bien inséré dans le jeu du Commerce international en souscrivant aux règles de l'essentiel des organismes supranationaux habilités. Il est alors crucial de jauger les chances du Sénégal de réussir son émergence économique dans un climat économique mondial empreint de contraintes liées à la taille économique du pays, la faiblesse de ses structures institutionnelles et organisationnelles ainsi que l'inexistence d'une véritable assiette industrielle. Ce chapitre va s'intéresser à trois aspects fondamentaux : les enjeux et problématiques de la coopération internationale, la percée de la Chine en Afrique face à la coopération historique avec l'Occident et le sort à réserver aux accords de partenariat économique avec l'Union européenne (quasiment validés en 2014 dans la CEDEAO).

I. SITUATION DE LA COOPÉRATION INTERNATIONALE ET ENJEUX POUR LES PAYS AFRIQUE CARAÏBE PACIFIQUE (ACP)

L'asymétrie et l'hétérogénéité des situations économiques d'un pays à l'autre sont porteuses de disparités commerciales qui peuvent anéantir toute chance pour un pays pauvre de tirer avantage d'une ouverture délibérée de son marché aux produits d'un pays mieux loti économiquement. Ce débat a toujours caractérisé les rapports économiques entre l'Occident et les pays sous-développés qui, eux, souffrent d'un degré de compétitivité largement plus faible. Si les pays africains restaient confinés dans la commercialisation de matières premières comme c'est le cas depuis le lendemain des indépendances, le problème ne se serait pas posé avec la même acuité. Dans ce cas, seule une amélioration de la configuration des négociations tarifaires sur les matières premières serait nécessaire afin de venir à bout de ce que le président Léopold Sédar Senghor a désigné par « détérioration des termes de l'échange ». Depuis les indépendances, la théorie d'une Afrique pouvant compter à moindre coût sur les produits finals occidentaux a été invalidée par une coopération avec l'Occident inféconde jusque-là (Kassé, 2013). Les visées actuelles d'émergence économique ont poussé les pays pauvres à se lancer dans une stratégie d'industrialisation et de croissance tirée par les exportations.

Combats de géants

L'industrialisation et la promotion des exportations représentent un objectif important qui conditionne la capacité des pays pauvres à stabiliser leur position de change, à trouver les financements internationaux additionnels de leur décollage et à renforcer leur capacité à importer. Il s'agit d'un effet de mimétisme international provenant du constat que les nouveaux pays industrialisés (BRICS, BENIVM) ont gagné leur ticket d'émergence par l'instauration d'une économie extravertie tournée vers l'agriculture, l'agro-industrie et les exportations. Pour les pays pauvres, le problème se trouve dans la nonmaîtrise des coûts, l'absence d'innovation de procédés ainsi que le manque de contrôle et de transparence de leurs marchés. À ce niveau, les économies d'Afrique subsaharienne restent plombées par l'absence d'un système éducatif et d'une formation adaptés[44], ainsi que d'un modèle de gouvernance juste et transparent. Parallèlement, l'Occident dispose d'une excellente logistique industrielle, de bien meilleures conditions d'accès aux intrants et de supports administratif, institutionnel et humain appropriés, les plaçant dans des conditions de négociation beaucoup plus confortables. Les atouts des pays riches sont ainsi incommensurables et commercer avec eux sans stratégies claires et sans négociations maîtrisées risque de noyer les intérêts des pays pauvres.

---

[44] La prééminence des filières littéraires dans la formation supérieure fait que pour l'installation d'entreprises technologiques, on a souvent besoin d'engager onéreusement des techniciens étrangers.

Face à la crise énergétique, la crise des matières premières agricoles et minières et la cherté de la main-d'œuvre, les pays riches se sont tissé de larges marges de subventions à leur agriculture sous l'observation désemparée d'une OMC (Organisation mondiale du Commerce) censée gérer l'équité des relations commerciales internationales[45]. Toutefois, il importe de signaler que le comportement commercial des pays riches ne cible pas réellement les pays pauvres, qui représentent un pourcentage insignifiant du commerce mondial (à peine 2 % pour l'Afrique). Il s'agit plutôt d'une guerre économique entre pays nantis qui risque d'éclabousser collatéralement les pays pauvres. Le domaine environnemental est particulièrement illustratif. Des échecs cuisants ont été enregistrés, négociations à après négociations, depuis le Protocole de Kyoto en 1997. Le Sommet sur l'environnement, qui s'est tenu à Copenhague en décembre 2009, a aussi abordé les deux sujets majeurs que sont le réchauffement climatique et le développement durable. Même si ces deux sujets sont connectés à long terme, chacun d'eux pose une problématique différente à court terme. On sait que le réchauffement climatique menace avec imminence la sécurité, la tranquillité, les productions agricoles et la santé de l'humanité. C'est d'abord une question de survie, que la communauté internationale entend résoudre avec des velléités de réduction des gaz à effets de serre. Il s'agit de limiter la hausse des températures à moins de 2°C par rapport au niveau de l'ère préindustrielle, afin de contrer et de juguler les dérèglements climatiques, l'avancée de la mer et la dilapidation des ressources naturelles qui se fait au détriment des générations futures. La Chine et les États-Unis, qui sont interpellés au premier chef, ont formulé des engagements standards et stagnants. L'analyse des discours des leaders de ces deux États pollueurs lors des derniers sommets sur l'environnement (Copenhague 2009 par exemple), permet de constater une prudence, ainsi qu'un ton de préférence pour la croissance économique. En effet, la réduction des émissions de gaz à effets de serre rime effectivement avec un coup de fouet sur la croissance. L'insouciance et l'incurie vis-à-vis des injonctions de ces sommets répétitifs proviennent alors de la difficulté d'agréger les rationalités économiques des États-Unis, de l'Europe et de la Chine, nonobstant le triomphalisme ayant fait suite au récent sommet de la COP21.

---

[45] Lors de la dernière conférence ministérielle de l'OMC en décembre 2015 à Nairobi, les pays riches ont promis de cesser leurs subventions d'ici 2020.

Dans ce climat de guerre froide économique et de quête d'hégémonie économique, ni les États-Unis, ni la Chine n'accepteront facilement de concessions sur leur quête de croissance et de puissance. Les États-Unis jouent le maintien, surveillent les faits et gestes de la Chine et adaptent leur jeu par rapport aux choix économiques opérés par ce géant. À défaut d'obtenir de la Chine qu'elle réévalue sa monnaie par rapport au dollar, les États-Unis gardent l'atout d'un dollar dominant, qu'un leadership économique chinois peut remettre en cause. Point donc de cadeaux de la part des États-Unis : la course à la croissance économique et au creusement de l'écart économique vis-à-vis des autres puissances est un objectif qui ne saurait souffrir d'aucune restriction. En même temps, la Chine cultive et alimente son objectif de dominer économiquement le monde et de résoudre la pauvreté lancinante d'une bonne partie de son milliard et demi d'habitants. Elle n'est donc pas prête à décélérer économiquement. Le même combat est rationnellement mené par les autres puissances de la planète, quelles que soient leurs préoccupations environnementales. Dès lors, la croissance économique (et l'abondance) décriée en Occident, et qui serait à l'origine de la dégradation et de la dilapidation de l'environnement, ne peut pas être découragée vu la configuration actuelle des relations internationales. Dans une telle perspective, le développement durable reste toujours un vain mot. Les ressources de la planète continuent à être dilapidées au nom d'une quête d'hégémonie collectivement dangereuse : les générations actuelles satisfont abondamment leurs besoins et les générations futures risquent d'avoir des difficultés à satisfaire les leurs. C'est à ces réalités bien comprises qu'est censée répondre la 21ème Conférence des Nations unies sur le changement climatique (COP21) qui s'est déroulée à Paris à partir du 30 novembre 2015. Cette conférence s'est exercée à l'adoption d'un premier accord universel et contraignant sur le climat et dont les premiers échos font état d'un pas significatif.

À bon chat, bon rat. Et, si le combat peut être équitable entre ces géants, il ne peut l'être entre eux et les pays ACP. Dans ce climat tendu et empreint de rivalités géopolitiques, l'Afrique, de par ses matières premières, risque d'être la consommation intermédiaire qui va être broyée dans la cuisine industrielle de ces géants économiques. L'Afrique est tout de même d'une utilité avérée pour la cuisine économique mondiale, ce qui lui confère un pouvoir de négociation encore sous-utilisé et sans retombées perceptibles. Car si les produits de l'Afrique sont aussi indispensables pour l'économie mondiale, il subsiste une marge inépuisable de négociations pour non seulement obtenir des tarifs plus intéressants pour les matières premières, mais également des parts de marché encore plus conséquentes sur le plan international concomitamment à l'amorce d'un véritable processus d'industrialisation.

Chronologie de la coopération ACP/Europe et nouveaux enjeux de commerce équitable

La coopération économique entre l'Afrique et les pays développés a suivi l'évolution des situations des pays et de leurs zones d'intégration. À l'époque coloniale, les métropoles recevaient aisément les matières premières des colonies sans droits de douanes et sans autres formalités. À l'inverse, les marchés des colonies étaient protégés et réservés aux produits finis des industries occidentales. La décolonisation et les indépendances sont venues bouleverser ce type de rapport, même si, comme cela va être analysé dans ce qui suit, la détérioration des termes de l'échange n'a pas encore fini d'obstruer la mise en valeur véritable des matières premières en Afrique. Mais, même si les dirigeants africains sont souvent aux ordres des anciens colons depuis les indépendances, la force de réaction des bonnes volontés africaines a abouti à des cycles de négociations qui ont permis un semblant de coopération jusque-là défavorable. Les accords de Yaoundé I et II, qui ont couvert la période 1964-1974, regroupaient 18 États africains et Madagascar associés (EAMA) ayant pu bénéficier de plusieurs prêts spéciaux[46]. L'adhésion de l'Angleterre à la Communauté européenne en 1973 est venue par la suite élargir le champ de coopération en Afrique (adhésion des colonies britanniques) avec la création du groupe ACP que l'accord de Georgetown est venu instituer et organiser en 1975. Les conventions de Lomé amorcées en 1975 regorgent de plus d'ambitions et d'appuis financiers, véhiculés à travers le Fonds européen de Développement (FED) et la Banque européenne d'Investissement (BEI). Elles ont également consacré des arrangements juridiquement contraignants, librement négociés et une coopération globale combinant les aspects de l'aide au développement et du commerce. L'objectif fondamental était d'instaurer une coopération industrielle et agricole ainsi qu'un régime commercial favorable aux ACP suivant le principe de préférence non réciproque[47].

---

[46] Les prêts spéciaux sont assortis d'un faible taux d'intérêt, remboursables sur 40 ans et avec un différé d'amortissement de 10 ans.

[47] Les produits industriels et transformés en provenance des États ACP bénéficiaient d'une exonération des droits de douane et etaient exempts de certaines restrictions (ou barrières non tarifaires) à leur entrée sur le marché européen. Les préférences pour les produits agricoles étaient moins généreuses

Ainsi, dans le cadre des quatre conventions successives de Lomé (1975, 1980, 1985, 1990), les relations commerciales Europe/ACP étaient censées être régies par le principe de réciprocité asymétrique alors que les accords antérieurs prônaient un libre échange pur avec un démantèlement progressif des barrières douanières (réciprocité). Cette nouvelle configuration partenariale avec l'Europe octroyait deux avantages majeurs aux pays ACP :

1. La garantie de stabilité des prix : le Stabex, émanant de Lomé I, était destiné à stabiliser les recettes d'exportations de produits agricoles et le Sysmin de Lomé II était destiné à la sauvegarde des recettes d'exportations de produits miniers. Un pays bénéficie du Sysmin si la production d'un minerai non précieux baisse de plus de 10 % et que cette baisse engendre une baisse de plus de 15 % du volume des exportations minérales.

2. Les pays ACP ont également bénéficié de protocoles sur plusieurs produits, ce qui leur permettait de diversifier leur économie et leur assiette commerciale. Ces protocoles institués par la convention de Lomé II ont été introduits progressivement à commencer par le sucre, la viande, les bananes et le rhum. Ils devaient permettre aux pays ACP de vendre un quota de production à un prix supérieur au prix international en vue de stabiliser leurs exportations.

Les accords de Cotonou, amorcés à l'orée de l'an 2000, ont prolongé les négociations sur les protocoles mais n'ont pas reconduit Stabex et Sysmin[48] qui ont été sapés par des anomalies financières dues à la faiblesse des cours de certaines matières premières telles que le cacao et le café. Mais avec l'avènement de l'Organisation mondiale du Commerce (OMC) en 1995, à la suite du GATT (General Agreement on Trade and Trafic), le cadre de négociation a été élargi aux préoccupations d'États tiers qui imposaient des inflexions importantes aux options de partenariat Europe/ ACP. Certains protocoles ont en effet été jugés, et à juste titre, discriminatoires par des pays non ACP et membres de l'OMC. Les protocoles ont ainsi été remis en cause progressivement, à l'exception du protocole sur le sucre pour lequel les accords de Cotonou stipulent dans leur article 36 : « les parties conviennent de réexaminer les protocoles relatifs aux produits de base dans le contexte des nou-

---

puisqu'ils étaient soumis à des contingents, des restrictions saisonnières pour les produits horticoles, ou n'englobaient pas certains produits.

[48] Ces deux instruments ont été par la suite fondus dans les financements du Fonds européen de développement.

veaux accords commerciaux, en particulier en ce qui concerne leur compatibilité avec les règles de l'OMC, en vue de sauvegarder les avantages qui en découlent, compte tenu du statut particulier du protocole sur le sucre ». C'est dans un tel contexte que les négociations sur les Accords de Partenariat Économique (APE) ont été amorcées dans les années 2000. Ces négociations devaient prendre fin le 31 décembre 2007, c'est-à-dire à la date d'expiration de la dérogation accordée auparavant par l'OMC pour le maintien des préférences tarifaires.

Somme toute, la jeune histoire économique des pays ACP est jalonnée d'expériences et de cycles de négociations qui peuvent être le socle d'une meilleure amorce du futur. Les APE, qui devaient entrer en vigueur le 1er janvier 2008, ont été obstrués par des blocages qui perdurent jus-qu'à présent comme nous allons l'exposer dans la section III de ce chapitre. Ces blocages expliquent certainement la grande propension des pays ACP et surtout des États africains à s'ouvrir de plus en plus à la Chine.

II. La percée de la Chine face aux ambitions de l'Occident

La Chine n'a pas raté la vague de l'émergence économique dont la première phase a concerné ses voisins (Singapour, Corée du Sud, Taïwan, Malaisie, etc.) qui ont suivi le Japon comme dans un « vol d'oies sauvages »[49] dans les années 60 et 70. Dès la fin des années 90, la Chine commence à enregistrer les retombées d'une stratégie économique payante et instaurée suivant l'adoption des principes d'économie de marché opérée par Deng Xiao Ping à partir de 1979. Malgré une tentative de diabolisation par l'Occident, l'oie géante a continué son envol dans les années 2000 avec des taux de croissance économique à deux chiffres qui lui ont permis de dégager des excédents financiers sources d'endettement à court terme même pour les États-Unis. Ces mêmes excédents, combinés à une expertise locale impeccable dans le domaine technologique et du génie civil, constituent le lit à partir duquel la Chine dévoile son ambition de coopérer avec le plus d'États africains ; cela, après plus d'un demi-siècle de coopération inconséquente Afrique/Occident et surtout avec les anciens bourreaux coloniaux.

---

[49] Métaphore utilisée par Erik Izraelewicz dans son essai *Quand la Chine change le monde*, paru en 2005 aux éditions Grasset.

Les États africains et les pièges du post-colonialisme

Au lendemain des indépendances, la construction et le développement des jeunes économies africaines ont été sacrifiés sur l'autel des ambitions des pays riches. Les faits ne prouvent pas le contraire. Les recommandations du FMI n'ont jamais été suivies d'effets perceptibles, ni les masses colossales de dettes mobilisées depuis lors et dont le remboursement a été cité comme un facteur essentiel d'étranglement des économies africaines à partir des années 80. La réaction n'est tout de même pas de jeter l'Occident en pâture, mais de considérer que les intérêts économiques transcendent les liens historiques ou les amitiés comme l'a souvent rappelé le Général de Gaulle. À l'époque des capitalismes marchand et industriel qui ont caractérisé le Moyen Âge jusqu'au début du 20ème siècle, les matières premières tirées quasigratuitement des colonies africaines et le travail peu onéreux obtenus des mécanismes d'asservissement des peuples colonisés permettaient une compétitivité inégalable aux industries occidentales. C'était l'ère du mercantilisme espagnol qui reposait sur l'exploitation des colonies, celui du mercantilisme anglais qui reposait sur le commerce maritime et celui du mercantilisme français qui reposait sur les mécanismes financiers et l'industrialisation. Le tableau suivant montre l'évolution de la répartition du produit mondial brut depuis l'an 1000.

Tableau 24 : Part du PIB mondial par zone

% du PIB mondial	Europe	Russie	Amérique du nord et Australie	Amériqu e latine et centrale	Asie	Afrique
An 1000	10,9	2,4	0,7	3,9	70,3	11,8
An 1700	25,4	4,4	0,2	1,7	61,7	6,6
An 2000	22,6	3,4	25,1	8,7	37,2	3,1
2012	20,6	4,3	22	8,8	42,1	4

Sources : à partir de piketty.pse.ens.fr/capital21c, cours Callens HFPE Université Lille et calculs de l'auteur.

À partir du 15ème siècle, l'exploitation de l'Afrique a duré le long moment d'un tarissement conséquent de sa part du Produit mondial brut. Celle-ci est passée de 11,8 % en l'an 1000 à 3,1 % en l'an 2000. La bonne nouvelle est cette nouvelle dynamique de croissance économique qui confère maintenant à l'Afrique plus de 4 % des richesses mondiales en 2012. Mais comment expliquer la chute de l'Occident ? Que s'est-il passé à la suite des trente glorieuses années (1945-1975) ? Il est vrai que la crise économique amorcée à partir de la fin des années 1990 a été impitoyable en termes de revirement de croissance économique et d'aggravation du chômage en occident. Jusqu'aux années 90, les explications à la décélération économique en occident tiennent à l'essoufflement des « grappes d'innovations », du fait que le rythme de progrès technique est devenu plus modéré dans les années 70 et 80 par rapport au début du processus d'accélération des inventions technologiques enclenché après la Seconde Guerre mondiale. Cette théorie a été initiée par Schumpeter (1939), illustre des cycles technologiques avec une dynamique d'émergence des nouvelles découvertes sur la base des technologies obsolètes ou dépassées (destruction créatrice). Son analyse montre que le progrès technique apparaît sous forme de grappes d'innovations. L'introduction d'une innovation majeure (généralement causée par la prise de risque d'entrepreneurs (innovateurs) permet l'apparition et le développement de toute une série d'innovations dérivées. Déjà en 1929, Kondratiev avait établi l'existence de cycles économiques longs alternant des phases d'ascendance et de descendance économiques d'une durée d'environ 50 à 60 ans. En complément, Schumpeter va lier ces phases à l'évolution des innovations : la phase ascendante d'un cycle est liée à une innovation majeure qui va entraîner des grappes d'innovations. Sous cet angle, les néo-schumpétériens considèrent que la croissance économique des Trente Glorieuses s'explique par l'émergence de l'énergie pétrolière, de la chimie et de l'aéronautique. Dans les années 90, une nouvelle phase ascendante a été amorcée avec le développement de l'informatique alors que l'amorce de la révolution numérique au début des années 2000 n'a pas encore estompé la crise économique qui s'est approfondie jusqu'à maintenant. Il ne faut pas négliger les incidences négatives des limites atteintes actuellement par le néo-capitalisme. Le modèle de Domar (1947) établit, en effet, que le grand problème du capitalisme est celui de la crise de croissance économique et du chômage.

Cependant, ce qui est souvent ignoré est que le dynamisme industriel de l'Occident, en Europe notamment, repose depuis l'époque coloniale sur un accès facile aux matières premières. Après les indépendances, la compétitivité des industries occidentales a été sapée par le caractère un peu plus onéreux des matières premières et de la main-d'œuvre au niveau des anciennes colonies. On peut comprendre alors pourquoi la résistance des économies africaines est restée molle par rapport à la détérioration des termes de l'échange. L'instauration de ce système a ôté aux Africains toute emprise sur leurs matières premières et elle a été opérée de connivence avec les dirigeants complices des États africains nouvellement indépendants. À partir de 1960, tous les leaders Africains qui ont essayé de se départir ce système impérialiste ont été liquidés ou écartés du pouvoir, de Patrice Lumumba à Thomas Sankara en passant par Kwamé Nkurumah, Amilcar Cabral et Mamadou Dia. À partir ce moment, un nouveau plan machiavélique de pompage des ressources africaines a été mis en branle. Le phénomène a été particulièrement dévastateur sur le plan pétrolier. Les puissances européennes – la France avec Elf (devenu Total) et la Grande-Bretagne et les Pays-Bas avec British Petroleum et Shell – ont ainsi obtenu un contrôle sans partage sur les ressources pétrolières de leurs anciennes colonies. La France a savamment entretenu ses rapports très profitables entre ce que certains auteurs désignent par les « trois E » (Elysée, Elf, État-major militaire), avec le support de ce que François-Xavier Verschave[50] a désigné par « Françafrique ». Une telle machine est pointée du doigt dans la plupart des coups d'État militaires intervenus en Afrique francophone depuis 1960.

Donc si les Africains ont pris tout ce retard, c'est en grande partie à cause de ce statut de réservoir de matières premières quasi-gratuites, promu par un impérialisme et une noyade dans un libre-échangisme mondial où ils combattent sans armes. La réalité est que le déclin du PIB en Occident (voir tableau ci-dessus), coïncidant avec l'envolée des PIB en Asie, en Amérique latine et en Afrique, suscite chez certains observateurs occidentaux le sentiment que la coopération avec le Sud est un jeu à somme nulle. Du coup, les pays riches pèsent de leur intenable poids économique pour imposer un ordre économique mondial qui sert d'abord leurs intérêts voraces. Il s'agit là d'une des explications phares de l'infécondité persistante de la coopération et des partenariats économiques Nord/Sud depuis 1960.

[50] Feu François-Xavier Verschave est membre fondateur de l'Association SURVIE qui a beaucoup œuvré à combattre la Françafrique, notamment dans les années 90. Il est décédé en 2005.

Encadré 2

Sénégal : encore des accords de pêche discutables en 2014

Le nouvel accord de pêches conclu en 2014 entre l'État du Sénégal et l'Union européenne montre que la situation n'est pas prête de s'améliorer. D'après les informations recueillies, le nouveau protocole fixe les possibilités de pêche pour 38 navires de l'Union avec une compensation financière sur 5 ans et d'une valeur totale estimée à 9 milliards de FCFA. Cette contrepartie financière est répartie entre la compensation pour l'accès aux ressources (avec 14 000 tonnes par an pour les espèces hautement migratoires) et l'appui à la mise en œuvre de la politique sectorielle de la pêche correspondant aux redevances dues par les armateurs sur les autorisations de pêche. Le coût d'une licence par navire s'élève à 327 000 FCFA et la tonne de poisson pêchée est facturée à ces navires à 58 950 FCFA.

La répartition des possibilités de pêche entre les États membres de l'Union européenne permet, par exemple, à 2 chalutiers espagnols de pêcher au total 2 000 tonnes de merlu noir avec un quota de 1 000 tonnes par bateau pendant 2 ans. En plus, le protocole autorise sans contrepartie financière à chacun de ces deux chalutiers des prises accessoires de 7 % de céphalopodes (70 tonnes), 7 % de crustacés (70 tonnes) et 15 % d'autres espèces démersales (150 tonnes). Pourtant, dans la dernière évaluation scientifique menée par le groupe Fao/Copace, il a été mis en évidence une surexploitation du merlu et le dernier Conseil interministériel du Sénégal sur la pêche tenu en juin 2013 avait recommandé un gel de la pêche à ce niveau.

Alors que les négociations avec l'UE butent sur des soucis d'équité et de transparence chez les autorités mauritaniennes, le gouvernement sénégalais s'est empressé de signer un accord alors que le processus de révision du Code de la pêche n'est pas achevé. Cette révision vise à combler le vide réglementaire sur des aspects importants tels que la transparence, la préservation des ressources halieutiques et la dimension sociale.

Sénégal : plus d'un demi-siècle de coopération internationale sans effets salvateurs

Le Sénégal est un pays très ouvert à la coopération internationale et il a ratifié la quasi-totalité des traités avec les organismes multilatéraux. Il dispose également d'une diplomatie réputée qui a su placer une multitude de cadres sénégalais dans d'importantes organisations internationales. Toutefois, il est victime tout autant que les autres pays africains de cette coopération déséquilibrée et quasi-stérile depuis son indépendance. La France, ancienne métropole, est encore restée le partenaire privilégié du Sénégal : garantie monétaire et financements concessionnels accessibles à travers l'Agence française de Développement (AFD). Les tableaux 22 et 23 suivants récapitulent et renseignent sur les liens les plus importants de coopération internationale du Sénégal.

Tableau 25 : Récapitulatif des principaux liens de coopération du Sénégal

Pays ou Organismes	**Supports de coopération**	**Observations**
France	Monnaie, AFD, Investissements Directs Étrangers (IDE)	- Résultats mitigés de l'Aide Publique au Développement (APD), - première source d'IDE avec 40% des rentrées (Stock de 727 millions d'euros en 2012). - problèmes dans l'arrimage F CFA/Euro.
Union européenne à part la France	Monnaie, Fonds Européen de Développement (FED), Investissements Directs Étrangers (IDE), (APE°?)	- Résultats mitigés de l'APD, - IDE importants : la France et l'Italie sont les deux premiers investisseurs étrangers du Sénégal. L'Allemagne et l'Espagne renforcent de plus en plus leur position. - Problèmes de l'arrimage FCFA/Euro.
États Unis	Millénium Challenge Acount (MCA), African Growth and Opportunity Act (AGOA), Unite States Agency for International Development (USAID)	- Avantages de l'AGOA encore insignifiants. - Deux Programmes prometteurs de l'USAID : Éducation et Recherche en Agriculture (ERA), Projets Croissance Économique (PCE) et Naatal Mbay*.
Koweit, Arabie, Émirats.	Financements concessionnels, Investissements Directs Étrangers (IDE)	- Source alternative d'endettement souverain, - Accords de partenariats sur l'investissement et les infrastructures très prometteurs.
Pays émergents : Chine, Japon, Inde, Corée du Sud et Brésil.	Financements concessionnels, Investissements Directs Étrangers (IDE).	- Source alternative d'endettement souverain, - Partenariats prometteurs sur l'énergie et les infrastructures. - échanges commerciaux encore globalement défavorables avec la Chine.
Fmi	Financements concessionnels, Instrument de Soutien à la Politique Économique (ISPE)	- Coopération depuis plus de 35 ans sans atteinte des résultats escomptés sur la croissance et l'emploi. - Crédits fortement conditionnés et source d'inflexions sur la politique économique.
Banque mondiale	Financements concessionnels, Objectifs du Millénaire pour le Développement (OMD), International Développement Association (IDA)	- Coopération depuis 35 ans sans atteinte des résultats escomptés sur la pauvreté. - crédits conditionnés et encombrants, tels que les Contrats de performance (CDP) en vigueur dans les universités sénégalaises depuis 2011.

**Naatal Mbay, mot wolof qui signifie « promouvoir l'agriculture ».*

Tableau 26 : Encours de la dette extérieure par bailleur à fin 2012

Répartition encours de la dette extérieure par bailleurs à fin 2012

IDA	660,3	29,0%
Eurobond	248,6	10,9%
FAD	214,8	9,4%
FMI	189,0	8,3%
France	164,7	7,2%
Chine	150,7	6,6%
BID	138,6	6,1%
Koweït	114,0	5,0%
Fonds saoudien pour le développement	58,9	2,6%
FIDA	56,4	2,5%
BOAD	53,5	2,4%
Inde	45,5	2,0%
Espagne	41,9	1,8%
BADEA	38,9	1,7%
Fonds nordique pour le développement	31,6	1,4%
BEI	16,7	0,7%
Fonds de l'OPEP	15,2	0,7%
Fonds Abu Dhabi	10,3	0,5%
Allemagne	9,5	0,4%
Italie	6,6	0,3%
Corée	3,5	0,2%
Japon	3,0	0,13%
Belgique	2,8	0,13%
Autriche	1,0	0,04%
CEDEAO	0,8	0,03%
FED	0,5	0,02%
Fonds irakien	0,2	0,01%
TOTAL	**2277,5**	**100%**

Source : MEF/DGCPT/DDP

Avec un stock d'IDE de 727 millions d'euros en 2012, la France demeure le premier investisseur au Sénégal, avec 40 % des investissements étrangers et 15 000 personnes employées. En somme, les actifs détenus par des ressortissants français représentent près du quart de la croissance du PIB et des recettes fiscales au Sénégal selon les chiffres du service économique régional de l'ambassade de France (2014). Toutes choses étant égales par ailleurs, cette prédominance française devrait se renforcer dans les prochaines années avec l'exploitation de la mine de zircon, détenue à 50 % par le groupe français Eramet. Globalement, les chiffres de la Conférence des Nations Unies pour le Commerce et le Développement (CNUCED) révèlent que le stock d'IDE au Sénégal est passé de 242 millions de dollars en 2002 à 2 346 millions de dollars en 2012. La morosité économique, faisant état d'un taux de croissance moyenne de 3 % à partir de 2006, n'a pas freiné l'arrivée des IDE qui ont tiré 20 % de la croissance du PIB en 2012. De 94 millions de dollars par an en moyenne sur la période 2002-2006, les flux d'IDE entrants sont passés à 326 millions de dollars sur la période 2007-2012 (338 millions de dollars en 2013). L'Italie est le deuxième investisseur au Sénégal suivie de l'Allemagne et de l'Espagne. Des économies émergentes telles que la Chine, la Malaisie, le Maroc et l'Inde sont en pleins mouvements de renforcement de leurs positions. Dans la sous-région ouest-africaine, le Mali et la Côte d'Ivoire sont les principaux investisseurs au Sénégal.

Quant à l'African Growth and Opportunity Act (AG-OA), il apparaît comme un programme ficelé par le gouvernement américain pour aspirer davantage le pétrole africain et juguler sa dépendance vis-à-vis des pays du Moyen-Orient. L'AGOA n'a augmenté, en effet, que les exportations de pétrole africain vers les États-Unis, tel que le montre le tableau 27 suivant.

Tableau 27 : Les importations moyennes américaines (en pourcentage et par produit)

Véhicules et pièces détachées	**Textiles et vêtements**	**Cacao**	**Minerais et métaux**	**Pétrole**	**Autres**
2,2	1,2	1	7,6	79,5	8,5

Source : Perdrix et Ballong (2009)[51]

[51] Perdrix et Ballong, « Afrique/États-Unis : L'Agoa montre ses limites », *Jeune Afrique*, 2009.

Les autres exportations africaines vers les États-Unis sont toujours restées à un niveau négligeable. Comme pour le pétrole, les produits importés par les États-Unis sont soit des produits proposés par un petit nombre de pays africains (pétrole, cacao, minerais et métaux), soit des produits que les Africains ne produisent pratiquement pas (véhicules et pièces détachées) ou des produits sur lesquels les Africains ne sont pas assez compétitifs (textiles et vêtements). Cette situation limite les avantages de la coopération États-Unis/ Afrique et se traduit par un réseau de partenariat USA/ Afrique assez réduit tel que l'illustre le tableau 28.

Tableau 28 : Les partenaires américains en Afrique en 2008 (en pourcentage)

Gabon	Tchad	Guinée Eq	Congo	Af. du Sud	Angola	Nigéria	Autres
2,6	3,9	3,9	5,9	11,6	22	44,2	5,9

Source : Perdrix et Ballong (2009)

Anthony Carroll[52], spécialiste des questions commerciales, relatait en 2009 que « l'AGOA n'accorde pas de traitement préférentiel à certains produits pour lesquels l'Afrique pourrait être plus compétitive, notamment le sucre, le tabac et l'arachide. Deuxièmement, les produits alimentaires dépendent des infrastructures pour leur transport ». Le Sénégal ne réussit toujours pas à jongler avec les exigences et standards américains comme en témoigne la faiblesse des commandes dans la maroquinerie qui est l'un des produits éligibles du Sénégal.

Le Sénégal entend cependant bien tirer profit de la Coopération internationale en signant des accords d'investissements avec la majeure partie de ses partenaires bilatéraux et multilatéraux. Mais la conclusion de ces accords n'a pas amélioré pour autant les Investissements Directs Étrangers (IDE) dans le pays, ce qui en fait un instrument et non une fin en soi. En plus, la configuration actuelle de ces accords est torpillée par des normes floues qui protègent trop les intérêts des investisseurs étrangers vis-à-vis des investisseurs nationaux.

[52] Cité par Perdrix et Ballong (2009).

Tableau 29 : Normes sur l'investissement international

NORMES	DESCRIPTION
Traitement juste et équitable	Équité et respect du standard minimum de protection requis.
Traitement de la Nation la plus favorisée	Traitement non moins favorable que celui accordé par l'État concédant à tout investisseur d'un État tiers.
Traitement national	Mêmes avantages que ceux accordés aux nationaux.
Expropriation et Nationalisation	Conditions retenues : cause d'utilité publique, non-discrimination, procédure légale et indemnisation immédiate et effective.
Prescription de résultat	Bénéfice d'une autonomie de gestion.
Transfert des capitaux	Possibilité de rapatriement des gains ou du capital en cas de liquidation de l'investissement.

Source :http://investmentpolicyhub.unctad.org/IIA/CountryBits/186#iiaInnerMenu

Le concept de traitement juste et équitable pose la même problématique que dans les Accords de Partenariat Économique (APE) qui vont sonner la fin des facilités compensatrices sur lesquelles les ACP comptaient pour commercer équitablement avec l'Europe dans le cadre des accords de Lomé (cf. chapitre 4). Le concept est donc vague et doit être clairement révisé dans le but d'accorder plus de marges de manœuvre et de protection aux économies africaines vis-à-vis des multinationales. Une telle préoccupation consistant à instaurer plus de contrôle et de maîtrise sur les mouvements internationaux des multinationales avait causé l'abandon en 1999 des Accords Multilatéraux d'Investissement (AMI) de l'OMC conclus en 1995. La CNUCED milite en faveur d'un nouveau modèle d'accords bilatéraux susceptibles de permettre aux pays pauvres d'avoir plus de flexibilité dans leurs choix politiques.

En outre, la quasi-totalité des enquêtes d'efficacité sur l'Aide Publique au Développement (APD) n'ont pas été concluantes. Selon Pierre

Jacquet (2003), les études initiales, dans les années 1970, fondées sur des régressions transversales sur plusieurs pays entre l'aide reçue et le taux d'épargne ou de croissance nationale, concluaient généralement à l'inefficacité de l'aide. Il rapporte que l'enquête pionnière de Burnside et Dollar (1997) avait conclu à une efficacité de l'aide sous contrainte d'une bonne qualité des politiques publiques, jaugée à travers une inflation et un déficit public faibles ainsi que l'ouverture extérieure. Mais même si, comme le rappelle Jacquet, il ne faut pas négliger les chocs externes qui peuvent ternir la qualité des politiques publiques, il demeure clair que l'aggravation des déficits publics dans le cas du Sénégal est un élément central dans l'explication du défaut de traduction de l'APD en termes de croissance économique. Il est clair que les déficits publics ont souvent absorbé une grande partie de l'aide au détriment du financement des secteurs plus porteurs de croissance.

Finalement, après 56 ans d'indépendance et de coopération avec ses partenaires bilatéraux et multilatéraux, l'économie sénégalaise est toujours minée par une pauvreté endémique et une activité économique au ralenti. La coopération avec les puissances occidentales est plus ancienne et plus séculaire mais elle risque d'être supplantée par celle plus récente des pays arabes et asiatiques qui semblent donner plus de résultats à court et moyen termes.

La coopération avec l'Asie et surtout avec la Chine : une alternative ou un appoint positif ?

La percée de la Chine en Afrique n'est pas sans susciter des réactions hostiles de la part des puissances occidentales. Au départ, comme lors de l'envol du Japon dans les années 60, ceux que Paul Krugman appelle les « Théoriciens Pop » du Commerce international, ont considéré que le développement de la Chine peut sonner le déclin de l'Europe et des États-Unis. S'en est ensuivie une tentative de diabolisation d'une bonne partie des exportations de produits manufacturiers chinois à destination de l'Europe dès son adhésion à l'OMC en 2001. Mais l'on s'est également et finalement rendu compte, comme avec le Japon, que le développement de la Chine est un véritable atout et une opportunité qui peuvent être saisis aussi bien en Occident que dans les pays du Sud, rien que par la taille du marché que cette nouvelle puissance constitue. Cette opportunité est d'autant plus bienvenue pour l'Afrique qui coopère sans résultats satisfaisants avec l'Occident depuis plus d'un demi-siècle après les périodes sombres de l'esclavage et de la colonisation. Et, à l'argument consistant à justifier la percée de la Chine en

Afrique par sa négligence de la bonne gouvernance et la démocratie, il faut opposer l'argument que la coopération soixantenaire ACP/Europe n'est toujours pas venue à bout de certaines dictatures qui perdurent encore sur le sol africain.

La Chine a ainsi approfondi sa présence en Afrique durant les années 2000. Le tableau 29 ci-dessous relate le degré de pénétration de la Chine en Afrique en 2006.

Tableau 30 : Principales destinations des investissements publics (en milliards d'euros), des IDE (en milliards de dollars) et des ressortissants (en milliers) de la Chine en Afrique (chiffres indicatifs de 2006).

	Investissements publics	**Population**	**Stocks d'IDE**
Afrique du Sud	3,6	300	--
Nigéria	10,7	50	62
Algérie	0,6	40	171,2
Niger	0,33	1	--
Soudan	15	30	351,5
RD Congo	8,9	10	--
Éthiopie	15	6	--
Angola	4,5	30	--
Zimbabwe	--	--	41,6

Source : Hugon (2010).

La nouveauté dans la coopération Chine/Afrique est résumée dans le slogan *Win-Win* (ou gagnant-gagnant) qui, même s'il ne s'est pas encore réellement traduit sur le terrain, est un argument qui incite les Africains à tenter l'alternative. L'aide chinoise n'est pas accompagnée des conditionnalités serrées qui caractérisent l'aide des États occidentaux, du FMI et de la Banque mondiale. Le renouveau est déjà palpable sur la limpidité des objectifs des Chinois et les retombées en termes d'échanges. La Chine entend peaufiner ses voies commerciales et sécuriser son approvisionnement en pétrole qui provient à plus de 30 % des pays africains. Dans cette mouvance, il existe, selon Marchal (2008), une stratégie globale chinoise dépendante de la puissance publique mais également une multiplicité d'actions « du bas » qui dépendent des acteurs privés mais sont favorisées par l'État. Citant les travaux de Chaponnière (2008), Hugon (2010) considère qu'il faut différencier la présence due à une stratégie de l'État et celle provenant des migrations et des logiques de diasporas : les Chinois liés à l'aide publique et à la politique chinoise et travaillant dans les entreprises publiques doivent être distingués des Chinois ayant migré grâce aux réseaux de la diaspora et travaillant dans le secteur privé[53].

Lionel Zinsou, ancien Premier ministre du Bénin à partir de juin 2015 et fondateur de la fondation franco-africaine pour la croissance, a souligné dans Le Monde du 30 septembre 2007 que « les gens de Dubaï, les Indiens et les Chinois ne nous disent pas que nous ne sommes pas entrés dans l'histoire. Ils commercent avec nous ». Il s'agit d'une réaction au maladroit discours de Sarkozy en juillet 2007 à Dakar, où il s'est moqué des Africains sur leur histoire et leur retard économique. Parallèlement, les Émirats arabes, l'Inde et la Chine ont dévoilé de claires ambitions de coopération avec l'Afrique basées sur le respect et la liberté de choix. L'Inde est en coopération approfondie avec le Sénégal et la Tanzanie sur le phosphate. Elle a déjà lancé en 2004 l'initiative *Team 9* avec au départ le Burkina Faso, le Tchad, la Côte d'Ivoire, le Ghana, la Guinée-Bissau, la Guinée équatoriale, le Mali et le Sénégal, qui peuvent bénéficier à ce titre de prêts concessionnels sur l'Import/ Export. Aux Émirats arabes unis, la visite du chef de l'État Macky Sall à Dubaï en juillet 2014 a abouti à des accords concluants sur les infrastructures et sur l'énergie. La Chine, quant à elle, a élargi de 190 à 4 000 les produits africains exonérés de droits de douane et la part des exportations de l'Afrique vers la Chine est passée de 1,3 % en 1995 à plus de 15 % en 2009 (Hugon, 2010). Au moment où l'aide au développement de l'Occident décline depuis le début des années 2000, la Chine a créé en 2008 un fonds d'investissement pour l'Afrique alimenté à hauteur de 5 milliards de dollars[54].

Mais avec 2 milliards d'APD annuel en Afrique, le Japon est en train de surpasser la Chine en matière d'aide au développement. C'est ce que l'on peut conclure des résultats de la cinquième Conférence interna-

---

[53] Marchal (2008) et Chaponnière (2008), cités par Philippe Hugon (2010).

[54] Pour plus de détails, voir Hugon P. (2010), Les nouveaux acteurs de la coopération en Afrique, *Revue Internationale de Politique de Développement*, Dossier | Africa : 50 Years of Independence, p. 99-118.

tionale pour le développement de l'Afrique (TICAD), tenue à Yokohama le 1er juin 2013. Le Japon a, en effet, dévoilé une nouvelle stratégie de résorption de son retard en matière de partenariat avec l'Afrique avec une enveloppe de 10,6 milliards d'euros sur cinq ans qui devrait se traduire par l'injection de 2 milliards d'euros annuels dans la période 2013-2017. Toutefois, il importe de signaler que l'aide chinoise est en forte croissance et elle est accompagnée d'allègements de dettes de 1,3 milliard de dollars à partir de l'année 2006. Il s'agit d'une aide facile d'accès et conditionnée uniquement par la non-reconnaissance de Taïwan. C'est dans ce sillage que s'inscrit l'approfondissement de la coopération sino-sénégalaise à partir de 2005. L'État du Sénégal a ainsi sacrifié ses liens de coopération avec Taïwan afin de mieux bénéficier de cette nouvelle main tendue de la Chine et d'accéder aux financements concessionnels et aux aides sans contre parties de ce géant.

Cependant, il s'agit d'une coopération que les Africains doivent surveiller avec minutie afin d'éviter le syndrome des incidences mitigées à long terme connu avec les pays occidentaux. Selon l'historien et sociologue Laurent Delcourt (2011), une radioscopie plus précise des échanges de la Chine avec l'Afrique montre que 70 % des importations chinoises proviennent de quatre pays seulement (Angola, Afrique du Sud, Soudan et Congo Brazzaville). Citant les travaux de Chaponnière (2008) et Hellendorff (2010), Delcourt relate que les exportations africaines sont composées à 70 % de pétrole et à 15 % de minéraux, tandis que la Chine exporte vers l'Afrique pour 90 % de produits manufacturés : textiles, chaussures, appareils électroniques, bicyclettes et motocyclettes, équipements divers, etc. Dès lors, la structure des échanges, la destination des investissements chinois (dirigés essentiellement vers les secteurs minier et pétrolier) et la géographie de l'aide de la Chine à l'Afrique (concentrée dans quelques pays exportateurs de matières premières et de pétrole) confirment le dévolu que la Chine a jeté sur les ressources naturelles africaines. Ce constat contribue à accréditer l'idée que la Chine est venue en Afrique pour pomper ses ressources naturelles, au mépris des droits élémentaires des populations, comme le laisse également penser le soutien de Pékin au Soudan et au Zimbabwe, lequel s'est déjà traduit par des ventes d'armes au gouvernement soudanais en pleine crise du Darfour et la livraison d'avions de chasse à Mugabe[55].

[55] Laurent Delcourt s'inspire de Hellström (2009) et Hellendorf (2011), à consulter pour plus de détails.

D'un autre côté, plusieurs observateurs ont mis en exergue la négligence des Chinois vis-à-vis des droits humains et des normes sociales et environnementales. Hugon (2010) a mentionné que la Chine absorbe 60 % des grumes exportées par l'Afrique sans respect des normes environnementales. Cette coopération avec la Chine pose ainsi un sérieux problème de soutenabilité sociétale et environnementale, aggravé par la tendance au *dumping* de produits bas de gamme qui ont fini par aggraver le problème des ordures ménagères au Sénégal et ailleurs en Afrique. S'y ajoute le facteur destructeur du commerce et de l'artisanat locaux que constitue l'entrée massive et incontrôlée des produits chinois à partir des années 2000, qui plus est, a été concomitante de l'accentuation de l'émigration clandestine.

Le chemin est encore long pour que cette coopération chinoise prenne une configuration qui permette d'éviter que l'Afrique demeure un réservoir de matières premières, un déversoir de produits manufacturés et une destination d'aide et de crédits massifs et mal absorbés. Toutefois, la Chine et les autres pays émergents ouvrent de nouvelles vannes commerciales que les pays africains sont tenus de valoriser pour panser les plaies béantes que risquent de causer les Accords de Partenariat Économique (APE).

III. Accords de Partenariat Économique (APE) et risques

Sur injonction de l'OMC, les Accords de Partenariat Économique (APE) sont venus casser la bonne dynamique de négociations ACP/Europe amorcée de Lomé à Cotonou en passant par Georgetown à partir des années 70. Les pays ACP sont aujourd'hui systématiquement invités à revenir à un régime commercial de type classique et de large portée où, les marchandises vont normativement s'échanger sans restrictions quantitatives et sans droits de douane.

De quoi s'agit-il ici ?

L'OMC est censée être régie fondamentalement par la règle du consensus. Mais celle-ci a été permanemment violée par l'association des États-Unis et de l'Europe qui ont ostensiblement continué à subventionner leur agriculture (élevage y compris) depuis 1995. L'OMC n'a donc pas pu être prise au sérieux sur l'autre règle fondamentale qu'est la clause de la nation la plus favorisée. Celle-ci voudrait que tout membre de l'OMC puisse bénéficier du meilleur traitement obtenu ailleurs par un autre membre. La clause de la nation la plus favorisée a ainsi été marginalisée par la mise sur pied des accords préférentiels qui constituent le minimum d'avantages que les puissances coloniales se doivent de concéder aux anciennes colonies du fait de leur vulnérabilité commerciale. Cela justifie alors la configuration des accords Europe/ACP au lendemain des indépendances et avant l'avènement des Accords de Partenariats Économiques (APE) dans les années 2000. La crédibilité de l'OMC a donc été écornée par des affronts de toutes origines mais également par les manipulations égoïstes américano-européennes au gré de leurs intérêts commerciaux. L'origine des APE peut être datée d'ailleurs à partir 1995, lorsque, coachés par les États-Unis, les bananiers Latino-Américains se sont plaints des préférences accordées par l'Europe à leurs concurrents africains (absence de droits de douanes). C'est ainsi que l'organe de règlement des différends de l'OMC a fini par épingler l'Union européenne (UE) et préconiser le remplacement des « préférences » par des avantages dits « réciproques » au plus tard en fin 2007.

Les négociations sur les APE ont été amorcées lors des accords de Cotonou ficelés le 23 juin 2000, révisés le 25 juin 2005 à Luxembourg et le 22 juin 2010 à Ouagadougou. Les APE s'articulent autour du principe fondamental de réciprocité. Ils proposent désormais la suppression des droits de douane sur l'essentiel des produits échangés. Toutefois, ayant imaginé les dégâts potentiels sur les économies africaines, certains États européens ont tenté un coup d'adoucissement, après avoir reconnu que l'UE devrait négocier à l'OMC une réduction des exigences de réciprocité. Toutefois, les accords sont restés contestés et quasi-unanimement boycottés par les populations des ACP, avec les luttes acharnées menées depuis janvier 2008 par les réseaux sociaux tels que le Third World Network Africa, basé à Accra (Ghana), la Plateforme des Organisations de la Société Civile de l'Afrique de l'Ouest sur l'accord de Cotonou (POSCAO) basée à Dakar (Sénégal) et le Réseau des Organisations Paysannes et de Producteurs de l'Afrique de l'Ouest (ROPPA) basé à Ouagadougou (Burkina Faso). En 2013, la pression des ministres du Commerce et de la Coopération du Danemark, des Pays-Bas, de la France, du Royaume-Uni et de l'Irlande n'a fait que légèrement fléchir les autorités de l'UE : la Commission a abaissé de 80 à 75 % la part des exportations de l'UE qui va entrer en franchise de droits sur le marché de l'Afrique de l'Ouest (Berthelot, 2014).

En 2014, le rapport de force entame sa bascule et sa pente vers les volontés européennes. L'Union européenne sert un ultimatum aux dirigeants africains : à défaut de ratification des APE régionaux avant le 1er octobre 2014, les exportations des pays hors PMA (Côte d'Ivoire, le Ghana, le Cap-Vert et le Nigéria) seront taxées à leur entrée sur le Marché commun européen. Espérant tirer parti avec ses rares produits que sont le thon, les bananes et le cacao, le président Ivoirien, arrivé au pouvoir en 2011, cède le premier au chantage avec un effet d'entraînement couvrant toute la Communauté Économique des États de l'Afrique de l'Ouest (CEDEAO). Le Sénégal a finalement émis un avis favorable et le Nigéria n'aura d'autre choix que de s'aligner espérant, par ricochet, un soutien occidental ferme contre Boko Haram.

Risques potentiels encourus par les pays ACP

Les Accords de Partenariat Économique (APE) seront économiquement dévastateurs si les pays africains ne corrigent pas la faiblesse de leur offre de biens et de leur compétitivité sur les marchés internationaux. Les pays de la Zone franc doivent surtout éviter le scénario de la dévaluation du franc CFA en 1994, qui s'est produite dans un contexte de production et d'exportations quasi-insignifiantes dans la zone. Finalement, en plus du doublement automatique de l'endettement public des États de la zone franc, cette dévaluation s'est ensuite traduite par un renchérissement des importations (qui sont largement incompressibles) avec une incidence très négative en termes d'inflation. Les pays concernés ne disposaient pas d'une offre internationale significative susceptible de leur permettre de tirer profit d'un quelconque rétrécissement des prix en monnaie locale. Face aux APE, l'urgence est alors, encore une fois, de renforcer les industries africaines afin de constituer une assiette de production locale suffisante pour espérer en tirer des avantages commerciaux significatifs. Mais dans ce présent cas, la faiblesse de la production n'est pas la seule tare qui risque d'anéantir les chances des pays africains en cas d'entrée en vigueur des APE : il est bon de produire mais encore faudrait-il en assurer les débouchés par un niveau de compétitivité conséquent.

Ce même bémol mérite d'être posé sur l'objectif fondamental du Plan Sénégal Émergent (PSE) d'augmenter l'offre de produits au Sénégal. L'équation à multiples inconnues qu'il faut ensuite résoudre porte sur la concurrence avec des producteurs occidentaux jouant sur de larges échelles de productions et donc sur des rendements d'échelle inégalables. Par exemple, un paysan sénégalais qui produit de manière rudimentaire 100 tonnes de riz de basse qualité en trois mois peut-il rivaliser avec un Européen qui peut produire mécaniquement 10 000 tonnes de riz haut de gamme en un temps réduit ? Pour réaliser une marge de 10 000 dollars, le Sénégalais doit, en effet, ajouter une marge de 100 dollars par tonne alors que l'Européen n'ajoute qu'un dollar maximum de marge par tonne en plus de pouvoir dérouler plusieurs cycles de production par an. Du coup, l'Européen dispose d'un avantage concurrentiel incommensurable qui ne laissera aucune chance au Sénégalais sur le plan international. Si on ajoute à cela les subventions agricoles en Occident, on peut mieux saisir la pertinence d'un niet catégorique aux APE à défaut d'obtenir leur renégociation.

Les pays africains se sont prématurément engagés dans ce jeu de la mondialisation, là où la Chine, plus prudente, n'a adhéré à l'OMC qu'en 2001 après s'être barricadée et préparée pendant des siècles. Daziono (2014) souligne que de 7 % en 1999, les exportations de la Chine vers l'Europe représentent 19 % des importations européennes en 2010 (372 milliards d'euros). La Chine est maintenant le premier partenaire commercial de l'UE devant les États-Unis qui sont passés de 22 % à 11 % des importations européennes. La Chine est aujourd'hui dans une confortable posture commerciale et peut compter sur une autonomie monétaire qu'il peut mettre en œuvre pour atteindre ses objectifs de Commerce international. L'Afrique en revanche s'est engouffrée sans arme dans une jungle commerciale, traînant pour certains pays une dépendance monétaire et pour d'autres une précarité monétaire qui leur laisse peu de marges de manœuvre sur leurs politiques commerciales. L'arrimage de l'euro au franc CFA aurait été sans problèmes si l'essentiel du Commerce international de la zone franc se faisait entre pays de ladite zone et avec les pays de l'Union européenne. Les pays de la zone franc commercent plus avec les pays émergents et entendent aller plus loin avec les États-Unis dans le cadre de l'AGOA, et sur l'ensemble de ces liens commerciaux ils se retrouvent soumis aux aléas des fluctuations de l'euro vis-à-vis du dollar.

Cependant, le problème immédiat le plus délicat des APE concerne les pertes de recettes douanières que va susciter la suppression des taxes de part et d'autre. Il s'agit d'une saignée financière sur les budgets publics que les États africains vont subir de plein fouet, une saignée qui va culminer loin au-delà des velléités compensatrices du Fonds Européen de Développement (FED). Cette situation contraste nettement avec les nouveaux objectifs de finances publiques que se sont fixés les États africains, à savoir le renforcement des investissements structurants et la maîtrise de la dette publique. Telle est d'ailleurs la stratégie maîtresse que le Sénégal a retenue dans le PSE. Mais le rapport du Fonds Monétaire international (FMI) sur le Sénégal publié le 14 janvier 2014 a insisté sur les pertes de recettes qui pourraient empêcher de disposer de suffisamment de ressources pour mettre en œuvre le PSE. Le rapport a listé les sources potentielles de baisses des ressources budgétaires que sont l'incapacité à réduire la consommation publique improductive, la baisse des prix du pétrole et le ralentissement de la croissance dans les pays partenaires et émergents qui pourrait peser sur les exportations du Sénégal. Ce rapport a sûrement omis de mentionner les pertes de recettes douanières que va susciter l'entrée en vigueur des APE prévue en 2019, année d'amorce de la deuxième phase du PSE après le Plan d'Actions Prioritaires (PAP) 2014-2018.

Au Sénégal, les réactions anti-APE ne se sont pas encore estompées et le gouvernement n'a cessé de préciser en 2014 que les accords signés laissent le statuquo pendant 5 ans et sont renégociables au bout de 5 ans. Le Programme des APE pour le Développement (PAPED), initié dans le cadre du Fonds Européen de Développement (FED), compte mobiliser 6,5 milliards d'euros dans la période 2014-2019 autour de projets structurants pour faire des APE de véritables leviers de développement pour l'Afrique. En attendant, la commission de l'UEMOA s'est cantonnée à son dispositif de surveillance multilatérale dans l'optique d'accélérer la réalisation de son marché commun. Il s'agit tout de même d'un objectif qu'il faut maintenant planifier à l'échelle de la CEDEAO et dont le parachèvement sera un pas de géant pour l'assassinat dans l'œuf des écueils prévisibles dans la mise en vigueur des APE.

Conclusion du chapitre 4 : Une coopération internationale en mutation dans une configuration jusque-là défavorable

L'Afrique se débat toujours pour s'extirper de plusieurs décennies de coopération stérile avec l'Occident. Mais au dehors de cette gueule du loup, les pays africains doivent strictement éviter de s'engouffrer dans la gueule du lion qu'est la Chine, même si ce géant semble offrir un cadre de coopération plus égalitaire. La Chine a d'ailleurs payé de sa poche les 124 millions de dollars qui ont servi à la construction par ses architectes du quartier général de l'Union africaine à Addis Abeba, inauguré le 28 janvier 2012. N'est-ce pas là le signe patent d'une nouvelle forme d'impérialisme qui ne dit pas son nom ? Néanmoins, les rapports économiques de l'Afrique avec l'Occident, quant à eux, regorgent d'un potentiel d'avantages importants si les aspirations africaines de remodelage et de reformulation sont bien prises en compte. Il s'agit d'un scénario préférable qui permet aux Africains d'élargir leur champ de coopération en ajustant leurs liens avec l'Occident et en positionnant la coopération avec l'Asie comme un appoint positif. La coopération Sud/Sud est aussi un volet crucial qui doit être exploré et approfondi. Le Maroc s'est taillé une bonne vocation agricole et de services et a tissé un performant réseau économique et financier à travers l'Afrique[56]. Comme dans la métaphore du vol d'oies sauvages, le Maroc est également une oie dont l'imitation peut mener à une embellie économique. Le Sénégal est un partenaire historique et important du Maroc, chez qui il peut trouver un bon inspirateur en termes de promotion du secteur privé. De nouveaux pas de coopération ont été franchis, lorsqu'accompagné de son secteur privé, le roi du Maroc a effectué une visite au Sénégal dans le cadre de sa tournée africaine en mai 2015. Toutefois, avec les efforts de développement intégré amorcés dans le cadre de l'UEMOA et de la CEDEAO, le principal bémol est la persistance de cloisons commerciales en Afrique. D'ailleurs, le groupe d'impulsion Sénégal/Maroc entend concrétiser les effets économiques et commerciaux escomptés avec la signature d'un accord commercial et d'investissements entre le Maroc et l'UEMOA. En tout état de cause, l'intégration africaine est une tendance incontournable qui conditionne la capacité des Africains à faire valoir leurs intérêts sur le plan international et à constituer un espace économique viable d'où pourra s'exprimer une collaboration économique, commerciale et monétaire porteuse d'émergence.

[56] Le groupe CBAO/Attijari est une banque de capital marocain majoritaire et constitue un maillon très significatif du système bancaire sénégalais et même de l'UEMOA. De même que la Banque marocaine pour le Commerce Extérieur (BMCE) a réussi son implantation au Sénégal et s'élargit de plus en plus en Afrique.

CHAPITRE 5

L'INTÉGRATION ÉCONOMIQUE : ENTRE NÉGLIGENCES ET PRÉPONDÉRANCE

Ici, l'intégration économique englobe les dimensions monétaires et commerciales, étant donné que les politiques monétaires et commerciales servent globalement des objectifs économiques. Devant l'exacerbation des problèmes d'énergie, le renchérissement du coût des transports et la saturation des dispositifs économiques en Occident, l'Afrique est inéluctablement le continent où se fera l'essentiel de la production agricole de demain : en plus d'un potentiel énergétique, minier et minéralier resté important, l'Afrique est un continent dont la position géographique la relie aux autres continents par la plus faible distance, environ 5000 km de part et d'autre du globe. Mais malgré les velléités de développement endogène qui commencent à donner de plus en plus d'effets encourageants, l'Afrique reste tenaillée dans une mondialisation où son rôle de réservoir de matières premières demeure son principal avantage. Ces matières premières auraient pu être une source de flux commerciaux significatifs si les États africains avaient un minimum d'emprise sur leur tarification. Du lendemain des indépendances jusqu'aux années 2000, les États africains se sont toujours contentés des miettes qu'ils tirent des termes détériorés de l'échange des matières premières et ils ne sont pas visibles sur l'échiquier politique et économique international. Du coup, les enjeux géopolitiques et de la coopération internationale pointent à l'écart des maigres flux commerciaux des pays africains qui sont ainsi négligés dans tous les processus de prise de décision sur le plan international.

I. L'INTÉGRATION ÉCONOMIQUE AFRICAINE : UN PROCESSUS FONDAMENTAL MAIS NÉGLIGÉ

La balkanisation de l'Afrique a servi deux conséquences : chaque puissance coloniale a pu accaparer une part des ressources africaines et au moment des indépendances la majorité des pays africains n'avaient pas la masse critique de la viabilité économique. Kwamé Nkrumah l'a compris dès le départ en appelant à la mutualisation des moyens africains à la cause d'un développement harmonieux et intégré. Les démonstrations de Cheikh Anta Diop dans *Fondements économiques et culturels d'un futur État fédéral d'Afrique noire*, montrent que les Africains sont tenus de join-dre leurs forces éparpillées pour relever leurs défis socio-économiques et parler d'une voie pour leur représentativité internationale. Malheureusement, plus d'un demi-siècle après les indépendances, le processus de l'intégration économique africaine enclenchée en 1963 est boiteux et négligé. L'État sénégalais, qui a affirmé et assumé son *leadership* panafricain dans les années 2000, perd de plus en plus son dynamisme sur cette question et cela témoigne d'une léthargie générale.

L'intégration économique ou le socle incontournable de l'émergence économique en Afrique

L'émergence est entendue ici comme toute situation dans laquelle les flux commerciaux d'un pays avec l'étranger deviennent significatifs par rapport aux volumes mondiaux. Avec un peu plus de 4 % du Produit mondial brut et 2 % environ du Commerce international, l'Afri-que tout entière manque de visibilité économique et commerciale sur l'échiquier international. Ainsi, le peu de crédibilité économique qui reste aux Africains ne peut être valorisé que dans un cadre d'intégration. Intempestivement, des slogans sont créés et des pays africains sont souvent fondus dedans pour faire croire à une dynamique d'émergence. Tout comme le concept de *Dragons asiatiques* (Corée du Sud, Taïwan, Pakistan, Malaisie, etc.), l'acronyme BRICS a d'abord jailli vers les années 2000 avec l'Afrique du Sud en fin de peloton derrière le Brésil, la Russie, l'Inde et la Chine. En 2014, certains économistes et d'autres observateurs ont jugé que l'Afrique du Sud ne devait pas en faire partie du fait de l'instabilité de ses taux de croissance économique et de ses revers dus aux séquelles de sa crise socio-politique qui s'est récemment manifestée avec des actes de xénophobie à travers le pays. Le Ghana a été également cité ces dernières années dans la liste des pays sur la voie de l'émergence. Mais il est, depuis 2012, affecté par une nouvelle crise énergétique et des déconvenues monétaires qui laminent considérablement sa croissance économique. De même que la Tunisie, qui n'en a pas encore totalement fini avec sa récente crise socio-politique amorcée à partir de 2011. Toutefois, ces slogans, même s'ils sont indicatifs des tendances économiques mondiales, restent juste des concepts créés par les grandes banques occidentales (Goldman Sachs, HSBC, etc.) pour orienter les détenteurs de capitaux vers les marchés prometteurs.

La balkanisation de l'Afrique est une grande anomalie qui, après les indépendances, a laissé prospérer des micro-États sans viabilité économique. Kwamé Nkrumah s'est très tôt campé sur la conviction que les pays africains ne peuvent pas se développer sans la correction de ces cloisons géographiques. C'est pourquoi dès l'indépendance du Ghana le 6 mars 1957, il exprima le fait que le Ghana ne peut pas affronter seuls les défis politiques, économiques et sociaux qui l'attendent : « Our Independence is meaningless unless it is linked up with the total liberation of the African continent ». Nkrumah espérait ainsi qu'à la suite du Ghana en 1957, l'indépendance des autres pays africains allait déboucher sur la reconstitution d'une nation africaine égoïstement balkanisée au service des intérêts coloniaux. Cette vision, exprimée depuis près de 60 ans, est une source d'inspiration appropriée dont les Africains continuent à se dévier. Actuellement, la même situation de pauvreté chronique caractérise l'essentiel des pays africains, ayant été pris au piège d'une agriculture peu diversifiée, vendant des matières premières à bas prix et achetant des produits finis à prix élevés.

L'Afrique est plus que jamais un continent à fort potentiel économique : son sous-sol est encore riche et ses potentialités hydro-agricoles sont encore meilleures que partout ailleurs dans la planète. L'Afrique est désormais convoitée par les puissances émergentes mais également par les puissances industrielles pour ses ressources (biodiversité, forêts, hydrocarbures, mines, terres arables, etc.) et pour un marché qui, de 900 millions de personnes en 2010, va en atteindre 2 milliards en 2050 (Hugon, 2010). Ainsi, la montée en puissance de la Chine, l'émergence de plusieurs pays du Sud dont le Brésil et l'Inde, sont autant de mutations sur lesquelles les pays africains peuvent profiter pour mieux manager leurs potentialités et progresser. La nouvelle problématique pour les États africains est d'arriver à une inversion des termes de l'échange en faveur d'une forte dynamique d'industrialisation. L'Afrique doit inéluctablement éviter de demeurer ce réservoir de matières premières et ce dépotoir de produits finis tel qu'elle a été depuis l'époque coloniale. La détérioration des termes de l'échange repose sur un impérialisme post colonial qui, par ricochet, attise le manque d'emprise des Africains sur les décisions financières. Les fournisseurs des moyens d'exploitation des matières premières disposent forcément de droits de propriété résiduels sur la répartition des rentes liées à l'exploitation de celles-ci. Telle est jusqu'à présent la position des anciens colons. Cette situation peut néanmoins être corrigée par l'implication de nouveaux bailleurs de fonds tels que le Japon, la Chine, les partenaires arabes et les autres pays émergents, mais également du fait du dynamisme grandissant du secteur privé africain qui peut parfaitement prendre le relai dans un cadre africain intégré.

Le vœu de Nkrumah est plus que jamais à la portée des Africains : constituer une grande alliance et un grand espace économique intégré afin d'agréger les moyens au service du financement de grands projets communs sur l'énergie, les infrastructures, la production et surtout pour une meilleure valorisation des matières premières par une maîtrise de la tarification. On peut d'ailleurs observer qu'avec 59 % de la production mondiale de pétrole, l'Organisation des Pays Exportateurs de Pétrole (OPEP) est structurée sous la forme d'un cartel qui a une totale emprise sur le prix du baril. Mais, comment expliquer, par exemple, qu'avec plus de 70 % du cacao mondial (40 % en Côte d'Ivoire, 21 % au Ghana, 5 % au Nigéria et 5 % au Cameroun) les Africains n'arrivent-ils pas à asseoir leur emprise sur la tarification du cacao ? Dans son ouvrage *Un destin pour l'Afrique (*réédité en 2005), l'ancien président du Sénégal, Abdoulaye Wade a également fustigé le fait que les pays africains paient plus de 120 milliards de dollars de frais d'assurance sur leurs flux commerciaux internationaux alors qu'il n'existe quasiment aucune entreprise africaine d'assurance sur le plan international. Il s'agit là d'une anomalie de plus, observable dans tous les secteurs, que seule l'intégration économique et commerciale africaine peut permettre de corriger.

Le constat d'impuissance de l'Union africaine sur les récentes crises africaines où elle a été quasi-inutile a sonné un regain d'engouement ayant insufflé une nouvelle volonté de la part de la commission qui a élaboré en 2013 un agenda « Afrique 2063 ». Sur ce, Alioune Sall[57], président de l'Institut Futurs Africains, déclare dans une interview parue le 15 mai 2015 : « Je suis assez réservé sur cet agenda. À mon sens, il est timoré dans la mesure où il propose un scénario normatif sans avoir assez exploré les autres alternatives. Il repose sur une hypothèse des plus contestables, qui relève d'une forme de paresse, voire de couardise intellectuelle. Il part en effet du principe que la globalisation est bénéfique à l'Afrique et que l'avenir n'est garanti que si l'Afrique s'insère plus dans l'économie mondiale. Or, rien ne nous garantit que la globalisation dure cinquante ans encore, sous une seule forme qui serait tirée par la finance et la technologie. D'autres formes

---

[57]http://www.rfi.fr/hebdo/20150515-afrique-emergence-pas-horizons-temporels-precis-alioune-sall-afrique-sud.

de globalisation sont négociées aujourd'hui, entraînées par les peuples et des projets de société ». La foire aux idées est ainsi relancée pour un débat qui doit impérativement et urgemment déboucher sur un agenda consensuel sur l'avenir de l'intégration africaine.

Le Sénégal et son leadership panafricain en déliquescence : un signe de léthargie générale

À la suite du président Senghor, les autorités sénégalaises se sont employées à forger un *leadership* panafricain qui s'est approfondi durant le magistère d'Abdoulaye Wade (2000-2012). Un nouveau souffle de panafricanisme a été inoculé dans le continent à compter des années 2000, à la suite des efforts incessants et conjugués des présidents Kadhafi (Libye), Thabo Mbeki (Afrique du Sud), Obasanjo (Nigéria), Bouteflika (Algérie) et Abdoulaye Wade. Ce dernier a été l'initiateur du plan OMEGA pour l'Afrique, vulgarisé à partir de l'an 2000. En collaboration avec les présidents Bouteflika et Obasanjo, le président Thabo Mbeki avait également formulé le plan Partenariat Africain du Millénaire (MAP). Durant la même période, la Commission économique des Nations Unies pour l'Afrique (CEA) propose une initiative comparable intitulée Cadre africain de Référence (CAR). L'harmonisation de ces différentes visions a été faite lors du sommet extraordinaire de l'Organisation de l'Unité Africaine (OUA) tenu le 2 mars 2001 à Syrte afin de mettre sur pied une version unique et consensuelle. Une première fusion a donné naissance à la Nouvelle Initiative Africaine (NIA) qui a été proposée au sommet de Syrte de mars 2000, puis approuvée par le sommet des chefs d'État de l'OUA le 11 juillet 2001. La Nouvelle Initiative Africaine a été rebaptisée New Partnership for African Developement, ou Nouveau Partenariat pour le Développement de l'Afrique, (NEPAD) lors du sommet extraordinaire de l'OUA tenu à Abuja le 23 octobre 2001.

Le Sénégal venait ainsi de jouer sa partition sur le projet politique et économique de l'Afrique. Il s'est taillé une image panafricaine louée partout en Afrique et véhiculée à travers l'approfondissement d'une présence militaire dans tous les foyers de tensions mais également par une implication politique et diplomatique dans la résolution de plusieurs conflits dans les années 2000 (Madagascar, Côte d'Ivoire, Guinée-Bissau, Centrafrique, Darfour, RDC, etc.).

Cependant, dès l'année 2005, il a été constaté une stagnation dans les programmes du NEPAD. Interrogé en mai 2005 par le Journal *Gri-Gri International*, Abdoulaye Wade se plaignait déjà du fait que le *Sterring*

Comity du NEPAD, qui est l'instrument d'exécution, ait dépensé un peu plus de quinze millions de dollars, engloutis dans des forums et des colloques sur le NEPAD, sans qu'un seul kilomètre de route n'ait été construit. Cette léthargie est toujours une réalité et le NEPAD a maintenant perdu sa popularité et l'engouement qu'il suscitait au départ. À défaut d'un nouveau support panafricain ou d'une redynamisation du NEPAD, les États africains semblent maintenant se résoudre à poursuivre leur chemin en solitaire. L'on sait déjà que l'égoïsme gouvernemental a perdu le Plan d'Action de Lagos, initié en 1982 et dont les projets phares ont été sacrifiés sous l'autel d'un individualisme étatique qui s'est ainsi toujours avéré stérile. À partir de ce moment, l'État du Sénégal s'est focalisé sur sa nouvelle stratégie nationale de développement et sur ses multiples et propres projets d'infrastructures (autoroute à péage, nouvel aéroport international à Dias, etc.).

Mais où en est-on sur les projets à dimension panafricaine du NEPAD ? Qu'en est-il de l'autoroute Dakar-Rabah et du chemin de fer à grand écartement Dakar-Abuja ? Qu'en est-il des programmes agricoles communs et des stratégies harmonisées pour éradiquer la fracture numérique ? Le questionnement n'est pas exhaustif. Mais il trouve sa réponse dans la volonté en berne des leaders africains, devant la manne de financements requis que les secteurs public et privé africains ne peuvent lever que dans un cadre de coordination et d'intégration.

Dès son arrivée au pouvoir en 2012, le président Sénégalais Macky Sall s'est vu gratifié de la fonction de président du NEPAD, mais il peine apparemment à le relancer efficacement. Paradoxalement, le Plan Sénégal Émergent (PSE), qu'il a mis en place en 2014, brille par son ignorance et sa négligence avérées vis-à-vis de la dimension panafricaine du développement du Sénégal. Il s'agit d'un plan national assez individualiste, visant à développer le Sénégal dans un voisinage et un entourage qui n'autoriseront certainement aucune émergence solitaire. Le développement asymétrique d'un pays va attirer la misère des voisins plus pauvres à fortiori dans un contexte où des avancées importantes ont été accomplies sur la libre circulation des personnes et des biens avec un passeport communautaire (passeport CEDEAO). L'Union européenne a bien compris cela, en admettant en son sein des pays assez mal lotis économiquement tels que la Slovaquie, la Pologne, la Roumanie, la Grèce, etc.

C'est désolant de constater que les chefs d'État Africains consacrent plus d'importance aux sommets Eura-frique ou États-Unis/Afrique et foulent au pied la primauté de la collaboration interafricaine. La maladie à virus Ebola a montré le degré de profanation de l'ensemble des croyances et convictions adossées aux efforts d'intégration amorcées en 1963. Au lieu de faire bloc pour s'attaquer à une menace qui risque de coûter très cher économiquement, certains dirigeants de l'Afrique de l'Ouest ont poussé l'égoïsme étatique trop loin en surfant sur de fragiles vagues défensives censées sauver un tourisme négligeable et un climat des affaires où les crispations sont souvent bénignes. Déjà, la honte et le dépit rongent tous les esprits avertis, avec l'incapacité des Africains à sauver le Nord Mali en 2012, à faire face à Boko Haram ou à estomper la crise en Centrafrique sans compter sur l'aide de la France. En janvier 2015, le président Macky Sall, de surcroît président du NEPAD depuis 2012 et de la CEDEAO depuis 2015, a participé à une marche de soutien aux 12 victimes de terrorisme à Charlie Hebdo à Paris, et pourtant, il n'a pas fait le plus petit geste face aux milliers de pertes en vies humaines causées par Boko haram au Nigéria et au Cameroun.

Depuis son échec à prendre en charge la crise socio-politique en Libye en 2011, la commission de l'Union africaine est restée quasi aphone. Lors de la crise au Mali en 2012 et en Centrafrique en 2013, c'est probablement à cause de l'importance des moyens matériels d'une intervention que la commission de l'UA est restée atone. Mais la main qui donne, la main qui dirige disait Patrice Lumumba. Les opérations au Mali et en Centrafrique, de même que la lutte contre Boko Haram au Nigéria nécessitent des moyens dont les fournisseurs occidentaux se donnent aujourd'hui le droit de diriger les opérations et de reléguer la commission de l'Union africaine au rôle d'observateur. Invitée à un débat organisé par le cabinet d'audit KPMG à Johannesburg le vendredi 21 novembre 2014, Mme Garça Machel, veuve de Nelson Mandela, relate à juste titre que c'est probablement quand les Africains se prendront au sérieux que les autres le feront. Mme Machel a signalé que 12 pays sur les 54 États membres de l'UA sont à jour de leur contribution annuelle à l'Union africaine (UA). Sur Ebola, elle est d'avis que le délai de réaction de l'UA a été long et que son action est insuffisante alors que l'Afrique regorge des capacités nécessaires pour contenir le virus.

Effectivement, cette histoire de maladie à virus Ebola peut être la source d'une leçon jamais tirée d'un fléau auparavant en Afrique. Le paludisme tue plus de 2 millions d'Africains par année, la diarrhée tue 2 200 enfants par jour et le choléra a touché plus de 700 000 Haïtiens en 2010. Mais donc pourquoi tout le tollé suscité par Ebola qui n'a finalement fait que 9 700 morts pendant une année ? Il faut également s'interroger sur les 2,4 milliards de dollars qui ont été annoncés pour 22 900 cas déclarés, soit 105 000 dollars dépensés par malade au moment où sauver un enfant coûte un dollar pour la diarrhée et 20 dollars pour le paludisme selon les statistiques pharmaceutiques. De même qu'il faut s'offusquer de la prédiction par des experts américains que l'épidémie Ebola allait toucher 1,4 million de personnes au Libéria et en Sierra Léone en janvier 2015. La maladie a, en revanche, reculé en début 2015 après n'avoir atteint que 23 000 personnes. Il apparaît clairement, selon tous les observateurs, que l'appui occidental n'est pour rien dans le recul de l'épidémie en 2015. C'est vrai que des centres provisoires bien équipés avaient commencé à être montés surtout au Libéria mais non seulement ils ont été tardivement implantés, mais en plus le manque de personnel obstruait leur fonctionnement. En fin 2014, le New York Times relatait que « quelques rares cliniques gérées par des Libériens ou des associations caritatives ont ouvert, mais la forte baisse du nombre de malades s'est produite un bon mois avant que les centres construits par l'armée américaine n'aient accueilli leur premier patient ». Il s'est avéré que ces centres n'ont pas été opérationnels jusqu'en début 2015, et leur personnel occidental a progressivement vidé les lieux du fait du recul de l'épidémie[58].

Cependant, ce sont les habitants locaux qui, contre mauvaise fortune bon cœur et avec les moyens du bord, ont pris les mesures nécessaires et simples qui ont réellement permis d'enrayer l'épidémie. En face d'Occidentaux aux protections sophistiquées, les Libériens utilisaient des sacs plastiques qui ont été efficaces dans bien des cas. Ces procédés ont eu un grand succès et ils ont été labélisé PPE (Personal Protective Equipment) et médiatisés pour pousser les autres Libériens à l'adopter. On peut ainsi attester de la maigreur des moyens, qui, combinés à la détermination des citoyens, a permis de terrasser une épidémie sans l'aide effective de l'Occident. La Commission de l'Union africaine doit comprendre par-là que les moyens matériels et financiers sont secondaires par rapport à la volonté politique, la détermination et l'encadrement psychologique des populations sur tous les fronts. Déjà le NEPAD recèle d'un vieux projet d'harmonisation des efforts pour prévenir les

---

[58] Informations compilées avec vérifications, à travers la *Lettre de Santé Nature Innovation* du 15 mars 2015, intitulée *Ebola : enfin la vérité*. Il s'agit d'un service d'informations gratuites sur la santé, la nutrition et le bien-être., animé par Jean-Marc Dupuis (liens disponibles sur Internet).

maladies et mieux affronter les pandémies et les épidémies. D'un autre côté, les médias occidentaux ne ratent aucune occasion pour diaboliser l'Afrique et vendre à grand tirage la panique et l'anxiété à leurs citoyens. C'est l'une des raisons pour lesquelles le projet de résorption du retard de l'Afrique en matière de technologies de l'information et de la communication doit être exhumé, en corrélation avec une promotion volontariste des médias africains.

II. NOUVEAUX ENJEUX ET NOUVELLES PERSPECTIVES INTERNATIONAUX

L'économie mondiale est en mutation et un nouvel ordre économique se met de plus en plus en place. La crise économique a suffisamment affaibli les puissances occidentales à partir des années 2005. Ces déconvenues conjoncturelles en Occident ont fait le bonheur de la Chine, qui, avec ses forts taux de croissance des années 2000, a su saisir l'opportunité de diversifier ses débouchés commerciaux et de se constituer des réserves de change confortables qui lui donnent plus de marges de manœuvre sur le plan de la politique monétaire et de change. Le dollar perd de plus en plus de place dans la facturation sur le plan international et l'on parle de plus en plus du rapport dollar/yuan. Mais le terrorisme est venu s'ajouter à liste des défis nécessitant une collaboration internationale. L'Afrique, quant à elle, fait de plus en plus rêver ces puissances du fait de son potentiel encore intarissable. Elle partage maintenant la lutte contre l'insécurité et l'instabilité avec l'Occident. Le Sénégal, lui, est déjà interpellé sur son voisinage de plus en plus instable et pauvre, mais il sous-estime encore les avantages potentiels des connexions communautaires.

Une nouvelle configuration économique internationale

À partir du début des années 90, à la chute du mur de Berlin, on a assisté à une abolition de l'économie-monde et l'incrustation d'une économie mondiale conformément à la conception de Fernand Braudel (1979) chez qui l'économie-monde concerne une partie du monde et que l'économie mondiale concerne le monde entier. Les années 2000 ont été le moment d'un chamboulement géopolitique qui nécessite de plus en plus la clarification des nouveaux centres et des nouvelles périphéries. Chez Braudel, le centre est une ville dominante (par exemple Gênes, Amsterdam, Londres…) qui finit par décliner au profit d'une autre ville. Après Londres dans le 19ème siècle et New York dans le 20ème siècle, l'économie mondialisée s'articule actuellement autour de deux centres :

New York et Pékin. Le néocapitalisme se nourrit de l'interaction entre ces deux centres, ainsi que du rapprochement des pays émergents vers le centre de l'économie-monde. Ce qui a fait écrire à Laurence Daziano (2014) que la crise actuelle peut être perçue comme une transformation profonde de l'économie-monde capitaliste avec la modification du centre.

Les séquelles de la crise des *Subprimes* ayant occasionné des pertes de près de 1 000 milliards de dollars dès 2009 et un nombre incalculable de suppressions d'emplois en Occident, continuent de se faire sentir avec un *Credit Crunch* (ou pénurie de crédits) toujours perceptible. Du coup, certains pays surendettés comme la Grèce ou l'Italie n'ont pas encore trouvé le bout du tunnel. La crise des finances publiques s'est ainsi aggravée dans certains pays comme la France ou l'Italie, qui ont opté pour une austérité qui risque de saper la croissance et d'aggraver le chômage du fait du maintien d'une forte pression fiscale. Les États semblent de plus en plus se rabattre sur les places financières privées en émettant des obligations dont les « effets d'éviction » risquent inexorablement de porter un coup dur aux perspectives de croissance économique à court terme.

En Europe, l'hétérogénéité et l'asymétrie des situations économiques des États membres de l'Union compliquent les options de politique monétaire de la Banque Centrale Européenne (BCE). Avec un taux de chômage oscillant autour de 5 % depuis 2011, l'Allemagne est préoccupée par le problème de l'inflation et de l'effritement du pouvoir d'achat de ses populations, c'est pourquoi elle milite pour la hausse du taux d'intérêt directeur de la BCE. En même temps, la France veut relancer la croissance et freiner un chômage qui a franchi la barre des 10 % depuis l'année 2009. Le niveau de la dette extérieure est un mal partagé dans le monde, à part le Japon qui, à plus 221 % de ratio dette sur PIB, compte sur son secteur privé local. En ratio du PIB, la dette publique a atteint en 2013, 94 % en France, 91 % au Royaume-Uni, 78 % en Allemagne, 132 % en Italie, 95 % en Espagne, 74 % aux Pays-Bas et 105 % aux États-Unis. La résolution d'une telle crise a suscité un regain d'intérêt pour la lutte contre la fraude et l'évasion fiscales au plan international. Les États-Unis ont déjà mis en place le Foreign Account Tax Compliance Act (FACTA), adopté en 2010 et applicable en janvier 2013. Cette disposition oblige chaque institution financière étrangère à transmettre des informations pertinentes sur les revenus des contribuables américains sous peine de subir un prélèvement de 30 % sur les paiements effectués au départ des banques participantes. Les banques européennes ont alors marqué leur réticence à divulguer des informations au fisc américain jusqu'à la réciprocité obtenue au cours de l'année 2013 de la part des banques américaines. L'approfondissement de ces mécanismes de surveillance financière internationale devra servir la lutte contre les mouvements de fonds finançant le terrorisme.

Plus que jamais, la crise économique, ses leçons et l'émergence de nouvelles forces économiques telle que la Chine ou les BRICS, imposent une redistribution des cartes et des rôles sur le plan géopolitique. Les BRICS sont devenues de grandes puissances commerciales qui militent dorénavant en faveur d'un chamboulement profond des centres de décisions au sein de l'Organisation mondiale du Commerce. Ils ont tenu en mars 2013 leur cinquième sommet à Durban (Afrique du Sud) à l'occasion duquel ils ont attiré l'attention de la Communauté internationale sur la nécessité et l'opportunité d'une réforme à l'Organisation des Nations Unies (ONU). Ils ont aussi statué sur l'invention d'un type de coopération Sud/Sud qui, en même temps, devra permettre d'éviter les crises qui minent l'Occident actuellement.

De ces crises socio-économiques mondiales sont ressorties plusieurs appréhensions : la consommation alimentaire et énergétique de l'humanité est menacée d'insuffisance à moyen et long terme et le chômage et la pauvreté menacent la stabilité à moyen terme. Actuellement, il se passe un véritable bouleversement de la géopolitique internationale :

1. le terrorisme s'est invité en Afrique, qui partage désormais le combat contre les djihadistes avec l'Occident. L'agression du Nord Mali en 2012 et la présence lancinante des djihadistes qui ont une base arrière au Nigéria et en Libye montrent la vulnérabilité économique de l'Afrique ainsi que ses défis sécuritaires à relever avec l'Occident.

2. Les populations africaines se réveillent peu à peu et les pratiques d'exploitation impérialiste ne peuvent plus prospérer comme avant. Samir Amin a déclaré[59] en 2014 qu'après des centaines d'années de colonisation, il n'y avait que six diplômés universitaires au Zaïre (actuel RD Congo) en 1960, alors qu'après 50 ans d'indépendance, la RD Congo compte former plus de 300 000 diplômés.

3. Au 21ème siècle, l'Afrique devient plus que jamais un partenaire stratégique du fait de ses dotations en termes de facteurs devenus dangereusement rares, à savoir l'eau douce, l'espace foncier et les ressour-

---

59 Émission *Questions directes*, Télé Futurs Médias.

ces du sous-sol. Elle regorge de l'essentiel des potentialités qui peuvent sauver l'humanité d'une crise alimentaire imminente :

- 60 % des terres arables non cultivées de la planète ;
- réserve de matières premières fossiles ;
- la plus grande réserve d'eau douce de la planète.

La prise de conscience de cette réalité justifie très probablement la nouvelle propension de l'Union européenne à accompagner l'Afrique dans son combat pour l'émergence, comme en atteste le contenu du rapport 2012 de l'Union européenne sur la gouvernance économique du Sénégal. Ce n'est également pas un hasard si le Japon choisit de consacrer 5 milliards d'euros, de ses 10,6 milliards d'aide quinquennale à l'Afrique, au développement des infrastructures, notamment dans les domaines de l'énergie, des transports et de l'alimentation en eau. Idem pour l'engouement coopératif grandissant de la Chine à l'égard des pays africains.

La Chine est la nouvelle donne qui vient ouvrir de nouvelles perspectives aux Africains non sans gêner le rythme de la machine économique occidentale en Afrique. Les pays africains n'hésitent plus à se mêler de ce jeu de la Chine qui, en même temps, ne cesse de renforcer ses relations militaires avec eux. En marge des normes internationales, la Chine se donne également le droit d'accorder aux Africains des prêts à taux d'intérêt nul et d'utiliser sa position de force au sein des Nations unies pour protéger ses États partenaires. Dans leur majorité, les Africains ne digèrent pas que la Cour pénale internationale ne fonctionne que pour le jugement des anciens dirigeants africains alors que certains dirigeants occidentaux ont parfois commis de pires crimes contre l'humanité. Sur cette question, les pays africains peuvent dorénavant compter sur l'appui de la Chine afin d'obtenir un traitement équitable dans la sphère des coopérations internationales et devant la Cour pénale internationale. Un pas important a été franchi avec le jugement en 2015 de l'ancien président tchadien Hissène Habré à la Chambre africaine extraordinaire créée à Dakar à cet effet. C'est suivant cette logique révolutionnaire que des pays comme la Côte d'Ivoire, le Zimbabwe et le Soudan ont pu contourner les sanctions internationales. Il s'agit là d'une véritable nouvelle carte que les Africains peuvent jouer sans craindre de passer aux trappes qui ont éliminé Lumumba et Sankara, fragilisé Sekou Touré et sacrifié Mamadou Dia.

Instabilité, insécurité et échanges : le Sénégal face aux dépendances de voisinage

Le Sénégal est un acteur important et significatif dans tous ses cadres d'intégration (UA, UEMOA et CEDEAO). Dans ce dernier cadre, le processus est bien en place mais il est boiteux malgré des supports encourageants tels que le passeport CEDEAO, effectif en 2006, et un tarif extérieur commun entré en vigueur à partir de 2015. Le Sénégal est également un voisin économiquement important pour l'ensemble de ses pays limitrophes : l'Organisation pour la Mise en Valeur du Fleuve Sénégal (OMVS) est un cadre commun d'exploitation du fleuve Sénégal qui arrose à la fois le Sénégal, le Mali et la Mauritanie. Le barrage hydroélectrique de Manantalli est un des produits de cette collaboration. La gestion de l'eau demande de plus en plus de coopération et de collaboration, à mesure que les problèmes d'eau douce et de pollution s'aggravent. Les fleuves ne traversent pas un seul État et il faut une minutieuse synergie pour éviter les conflits d'exploitation, comme on peut le constater actuellement entre l'Éthiopie et l'Égypte sur la gestion des eaux du Nil. De même que la crise profonde de l'électricité connue par le Ghana en 2015 s'explique partiellement par la construction d'un autre barrage sur le Delta par le Burkina Faso, qui crée un problème de débit au niveau du barrage ghanéen construit sur le même cours d'eau dans les années 60.

Le Sénégal doit également cogérer des réserves pétrolières dans l'Atlantique notamment avec la Guinée (Conakry) et il est un interlocuteur privilégié pour la Guinée-Bissau. La Gambie est elle aussi une enclave dans le territoire sénégalais qu'il faut traverser pour un accès rapide à la Casamance. Le projet de construction du pont transgambien sur le fleuve Gambie a été relancé en vain depuis 2004 et il a encore été évoqué en début 2015[60]. La Casamance est en effet un grenier et le retard concédé dans son exploitation depuis le début de la rébellion en 1980 a effectivement plombé le potentiel économique du Sénégal. La Gambie, la Guinée-Bissau et la Guinée Conakry sont des pays frontaliers qui

[60] La Gambie étant une enclave dans le territoire sénégalais, le chemin le plus rapide pour aller en Casamance est donc de transiter par le fleuve Gambie par un bac. Il s'agit d'un mécanisme de traversée assez rudimentaire qui fait travailler un nombre important de Gambiens et cela est souvent source de frictions entre les transpor-teurs sénégalais et les autorités gambiennes. Le pont transgambien est jugé plus commode et mieux approprié mais sa construction demeure un problème entier depuis les années 80.

sont concernés par la rébellion en Casamance dont la résolution est alors un préalable à l'émergence économique du Sénégal.

L'instabilité en Casamance est ainsi un point noir de la jeune histoire économique du Sénégal moderne. Elle est édificatrice sur les effets néfastes de l'insécurité sur l'économie d'un pays même si elle est plus ou moins maîtrisée. Le tableau 31 ci-après montre les négatives incidences économiques de l'instabilité dans certains États africains ces dernières années.

Tableau 31 : Évolution de la croissance du PIB dans quelques pays instables

	2007	2008	2009	2010	2011	2012	2013	2014	2015p
Tunisie	6,22%	4,74%	3,61	3,61%	-0,2%	3,3%	2,8%	2,5%	3,3%
Libye	6,8%	2,3%	-2,3%	7,4%	-19%	10,4%	-9,4%	4,3%	..
Kenya	7,1%	1,7%	2,6%	5,6%	4,3%	5,1%	4,9%	5,7%	5,9%
C. d'ivoire	1,6%	2,3%	3,8%	2%	-4,7%	9,8%	8,1%	9%	9%
Centrafrique	4,2%	2%	1,7%	3%	3,3%	4,1%	-36,7%	1%	..

P : prévision,

Sources : FMI, BCEAO, BEAC

La Libye est la plus patente illustration avec une récession qui a atteint -19 % en 2011, l'année de la guerre contre Kadhafi et l'année 2013 durant laquelle l'instabilité socio-politique s'est aggravée. Une croissance de plus de 20 % est d'ailleurs prévue en 2015 en cas de retour à la normale. En 2011, année de déclenchement de sa crise socio-politique, la Tunisie a elle aussi enregistré -0,2 % de récession, soit son plus mauvais taux de croissance depuis le taux de -0,65 % enregistré en 1966. Les années 2000 ont été une période d'instabilité en Côte d'Ivoire, dont les taux de croissance économique ont été en deçà de 2 % en moyenne durant la période 2000-2010. En 2011, la crise politique a causé une croissance négative de -4,7 %. La résolution de la crise a permis au pays de renouer avec des taux de croissance qui ont dépassé en moyenne 9 % depuis 2012. C'est le même cas au Kenya où il a été noté une saine reprise économique avec une croissance moyenne de 5,25 % depuis 2010, après les faibles taux de 2 % en moyenne enregistrés pendant les années de crise (2007 et 2008). De même qu'en Centrafrique, la dégradation de la situation socio-politique, ayant conduit à la destitution du président Bozizé en décembre 2013, a suscité une croissance négative de -34,7 %. L'amélioration précaire de la situation du pays en 2014 a permis une croissance de 1,5 % selon les statistiques de la Communauté Économique des États de l'Afrique Centrale (CEEAC).

Pour canaliser l'instabilité dont la Casamance peut être la porte, le Sénégal a toujours procédé par un renforcement de ses relations diplomatiques avec les deux Guinées et la Gambie, espérant leur appui permanent en termes de veille militaire. Il s'agit d'une coopération qui, au-delà de la Casamance, permet de canaliser le mercenariat rémunéré qui a aidé certains rebelles à accéder au pouvoir dans plusieurs pays africains, surtout pour des États entourés de poudrières telles que la Sierra Léone et la Guinée-Bissau. Devant le risque que l'instabilité en Guinée-Bissau serve de base arrière pour les exactions militaires du Mouvement des Forces Démocratiques de Casamance (MFDC), les autorités sénégalaises ont toujours été conscientes de la dépendance du Sénégal vis-à-vis de la situation socio-politique en Guinée-Bissau. Cette réalité a valu à l'armée sénégalaise des immixtions intempestives dans ce pays, notamment lors de la crise de 1998. De même que l'alliance malheureuse entre le président Abdoulaye Wade et le Capitaine putschiste guinéen Moussa Dadis Camara en 2009, reposait sur des relents stratégiques vis-à-vis des rebelles en Casamance. Par ailleurs, à chaque fois que les relations diplomatiques sont tendues avec Banjul, il a été remarqué un regain de dynamisme dans l'aile militaire du Mouvement des Forces Démocratiques de Casamance (MFDC). Depuis plus de 20 ans, la Casamance semble avoir été un instrument de chantage utilisé sans scrupule par le président Gambien pour dissiper ses craintes de voir le Sénégal s'immiscer dans ses affaires internes comme ce fut le cas au début des années 90 lors de l'opération militaire de sauvetage du président Diawara d'une tentative de coup d'État. La dernière tentative de coup d'État manqué en janvier 2015 a encore ranimé les soupçons de Banjul à l'égard de l'État du Sénégal puisque le principal inculpé était à Dakar au moment des faits. Mais il faut admettre que la Gambie est une poudrière, et mal gouvernée selon une écrasante majorité de ses populations. Les autorités sénégalaises doivent éviter de sombrer dans ce jeu du président gambien les poussant à devoir s'expliquer à chaque nouvelle tentative.

Boko Haram et la présence d'autres mouvements djihadistes dans la zone ouest-africaine représentent des menaces supplémentaires après les exactions notées au Cameroun et au Niger en 2014 et 2015. Tous les pays de l'Afrique de l'Ouest sont menacés et les exemples du Mali et du Nigéria ont montré la vulnérabilité et la faiblesse de chaque État africain pris individuellement. Il est alors impossible qu'un État africain réussisse à se protéger tout seul là où les forces armées nigérianes échouent à faire face à Boko Haram. Comme le propose le Dr Moussa Seck (2014), les États qui avaient envoyé des troupes au Mali pourraient créer une mutuelle de défense militaire, assurance à laquelle souscrirait tout État désireux de se faire protéger en cas d'agression extérieure ou intérieure. Il s'agit d'une solution provisoire, mais urgente en attendant une plus grande formalisation à l'échelle africaine par la Commission de l'Union africaine. Dans ce processus, une réelle volonté politique en Afrique de l'Ouest habiliterait matériellement la CEDEAO à prendre ses responsabilités, selon une formule qui aura également vocation à trancher les questions liées aux rébellions internes.

L'exemple du Nigéria est particulièrement édificateur. Cité depuis le début des années 2000 dans les pays sur la voie de l'émergence, le Nigéria n'a finalement pas fait partie des BRICS et il a traîné les pieds depuis jusqu'à être mis sur le pied d'égalité avec l'Éthiopie et le Vietnam. La nouvelle vague est désormais BENIVM : Bangladesh, Éthiopie, Nigéria, Indonésie, Vietnam et Mexique. Les sources statistiques montrent que le Nigéria, à lui seul, a atteint un PIB de plus de 400 milliards de dollars en 2013, soit plus de 2 fois le PIB des 15 pays de la zone franc, qui a été environ de 182 milliards de dollars en 2013 (90 milliards dans l'UEMOA et 92 milliards de dollars dans la CEMAC). L'UEMOA et la CEMAC couvrent une superficie de 6 529 6000 km2 (3 509 600 km^2 pour l'UEMOA et 3 020 000 km2 pour la CEMAC), soit environ 7 fois plus que le Nigéria qui a une superficie de 924 000 km^2. Donc, si la République fédérale du Nigéria arrive à réaliser un PIB de 400 milliards de dollars, il est alors clair que l'intégration économique et commerciale des pays de la zone franc regorge d'un potentiel de développement économique incommensurable. La situation économique du Nigéria suffit alors à expliquer les immenses retombées économiques dont regorge un ensemble dépourvu des cloisons commerciales que l'on peut noter dans la zone franc.

Dès lors, n'est-il pas permis de remettre en cause tout plan national qui échoue à prendre fondamentalement en compte cette dimension de l'intégration qui est le seul cadre viable d'éclosion des potentialités de chaque zone ? Le Plan Sénégal Émergent est assez muet sur l'intégration et il évoque même des antagonismes et des niches concurrentielles entre des pays voisins, partageant la CEDEAO et dont les intérêts économiques devraient plutôt faire l'objet de véritables synergies (cf. graphique 21, page 55 du PSE). Le graphique 21 du PSE révèle en plus quelques incohérences par rapport à certains objectifs fondamentaux. Par exemple, il prête à l'État sénégalais l'ambition de saisir l'opportunité d'importer de l'électricité de la Mauritanie alors que le Sénégal ambitionne déjà d'être autosuffisant en électricité dès 2017 et de se positionner même comme exportateur net dans la sous-région à l'issue de son ambitieux programme de production. Ce schéma retient également la Guinée, la Mauritanie et le Mali comme porteurs d'opportunités de coopération pour le Sénégal et il retient la Côte d'Ivoire et le Ghana comme ses principaux concurrents, notamment sur les plans portuaires, aéroportuaires et de promotion des IDE. Il y a certes une petite dimension concurrentielle mais elle est secondaire par rapport aux retombées potentielles de l'approfondissement de l'intégration sur les plans du commerce et des synergies économiques intra CEDEAO

III. MONNAIE, CHANGES ET COMMERCE : LE PSE ET LES TARES DE LA DÉPENDANCE MONÉTAIRE

Le point 225 du PSE a bien fait mention des incidences négatives sur les exportations et la croissance économique sénégalaises de la surévaluation du taux de change effectif réel constaté à partir de 2005. Auparavant, une première tentative d'ajustement monétaire a été faite en 1994 dans des conditions similaires, mais cette dévaluation du franc CFA est un mauvais souvenir du fait des incidences catastrophiques qu'elle a eues sur le pouvoir d'achat des Sénégalais. Aucun Sénégalais ne souhaite revivre encore pareil épisode alors que les conditions actuelles de surévaluation du franc CFA font susurrer un risque de nouvelle dévaluation depuis l'année 2010. Cette situation témoigne de l'inconfort stratégique de la dépendance monétaire instaurée par l'arrimage du franc CFA à l'euro à travers la garantie d'un régime de parité fixe impur qui limite les marges de manœuvre monétaires des trois banques centrales de la zone franc (BCEAO, BEAC, BC des Comores).

Le franc CFA, l'euro et les autres monnaies dominantes

À partir de 1944, le système monétaire international s'organise résolument autour du dollar. Les accords de Bretton Woods venaient d'instituer le Gold Exchange Standard avec le dollar initialement retenu comme la seule monnaie convertible en or et la référence de change pour les autres monnaies. Mais la guerre du Vietnam et la conquête spatiale ont poussé les États-Unis à une forte création monétaire qui a augmenté les réserves d'Us dollars au niveau des pays exportateurs vers les États-Unis, qui pouvaient faire autant de tirage en monnaie locale. Une inflation mondiale généralisée s'en est ensuivie. Ayant constaté les demandes de remboursements des dollars excédentaires en or, les États-Unis décident de suspendre la convertibilité du dollar en or le 15 août 1971, d'où l'effondrement du système des taux de change fixes et l'adoption du flottement direct des monnaies en fonction du marché confirmé par les accords de Jamaïque du 8 janvier 1976 (pour plus de détails, cf. Daziano, 2014, pages 159 à 163). Le dollar est resté la monnaie dominante dont les variations déterminent la conjoncture internationale. C'est ainsi qu'est intervenu le premier choc pétrolier de 1973 durant lequel l'OPEP a fait drastiquement grimper les prix du baril suite à la forte baisse du dollar. De même que la crise asiatique des années 90 a été amplifiée par la remontée du dollar, qui a aggravé l'endettement des emprunteurs asiatiques en dollars.

En réaction, les pays européens ont amorcé dans les années 80 une nouvelle dynamique d'intégration économique qui les a conduits à la monnaie unique avec laquelle ils courent toujours derrière une hypothétique stabilité. Mais que peuvent espérer les pays de la zone franc si leur monnaie est arrimée à une autre monnaie dont les tenants peinent à en assurer la stabilité ? De prime abord, on peut reconnaître que l'arrimage du franc CFA au franc français depuis l'ère coloniale, puis à l'euro à partir de 2002, comporte des avantages et des inconvénients. L'avantage le plus important est le semblant de quiétude monétaire sur lequel se sont opiniâtrement accrochés les dirigeants de la zone depuis les indépendances. Les pays concernés bénéficient de conditions de change assez tranquilles sur le Forex (Foreign Exchange) là où des pays comme le Ghana et le Nigéria souffrent pour maîtriser leurs taux de change et disposer des devises nécessaires à leurs importations. Mais des inconvénients de taille supplantent les avantages que l'on peut vanter de cet arrimage euro/CFA. D'une part, la tenue des comptes d'opération des banques centrales de la zone franc à la Banque de France est une plaie béante sur les indépendances et les souverainetés nationales. D'autre part, quels que soient les avantages enregistrés, le défaut de contrôle sur la politique monétaire rend aléatoire l'issue des choix de politique économique opérés par les pays de la zone franc.

L'arrimage avec l'euro ne serait pas un grand problème si le commerce intra zone franc et le commerce Europe/ zone franc étaient plus importants. Les pays de la zone échangent plus avec des pays tiers et du coup, ils souffrent sur le marché des changes suivant les fluctuations du dollar par rapport à l'euro. D'autres liens de coopération sont en approfondissement avec des pays africains hors zone franc. Le roi du Maroc a effectué en mai 2015 une tournée économique qui l'a mené au Sénégal, au Gabon et en Côte d'Ivoire, accompagné du patronat marocain qui compte bien profiter des belles opportunités de la coopération Sud/Sud. Un Groupe d'Impulsion Économique (GIE) a été mis en place par le Mémorandum d'entente signé le 21 mai 2015 pour le renforcement du partenariat économique Sénégal/ Maroc.

Néanmoins, le commerce avec les autres pays émergents et la Chine concernent la majeure partie des échanges internationaux de la zone franc au moment où le système monétaire international se structure de plus en plus autour du rapport dollar/yuan. Les statistiques mondiales montrent qu'en 2013 la Chine détient déjà plus de 3800 milliards de dollars de réserves de changes et pour plus de 1200 milliards de bons du trésor américain[61]. Le dollar constitue ainsi la principale devise des réserves de changes chinoises, créant un subtil équilibre entre la valeur du dollar et celle des réserves chinoises, lorsqu'inversement la Chine finance le déficit américain. Cette nouvelle tendance signifie que les rapports entre le dollar et le yuan équilibrent les relations internationales selon Daziano (2014). Toutefois, le yuan n'est qu'à l'entame d'un processus qui lui permettra de remplir les conditions d'une monnaie mondiale. Sa fonction internationale se limite aux émissions de titres obligataires localisées à Hong Kong qui n'ont été que de 40 milliards de dollars en 2014, contre 800 milliards libellés en Us dollars, et 900 milliards libellés en euros (Patat, J-P, 2014). L'euro est encore, en dépit de cela, dans une position de faiblesse et traîne toujours des fragilités qui risquent de basculer les pays de la zone franc dans une nouvelle situation où ils vont subir la faiblesse du yuan.

La stratégie d'émergence du Sénégal face aux aléas liés à l'arrimage FCFA/euro

L'arrimage du franc CFA sur l'euro est pollué par la forte dollarisation de la dette publique et des échanges commerciaux internationaux. Comme ce fut le cas pour les pays asiatiques, le dollar fort pèse lourd sur la dette publique des pays de la zone franc et le dollar faible cause des ajustements à la hausse sur les cours du pétrole comme on a pu encore le constater dans les années 70 et récemment dans les années

[61] Statistiques citées par Daziano (2014).

2000 où le prix du baril a atteint le pic de 147 dollars en juillet 2007. Cette hausse sur le pétrole est un choc asymétrique uniquement ressenti par les pays non producteurs de pétrole comme le Sénégal. Le dollar faible est porteur d'un autre coup néfaste sur le volume des exportations de la zone franc. L'euro fort par rapport au dollar pénalise les exportations des pays de la zone et renforce la compétitivité des biens importés par rapport aux produits locaux. La forte appréciation de l'euro dans la période 2001-2011 a été dévastatrice et elle explique en bonne partie la hausse fulgurante des importations constatées au Sénégal durant la même période. L'instabilité du dollar a donc été l'un des principaux facteurs qui ont brouillé la politique économique en zone franc depuis 1971.

Figure 3 : Fluctuation du cours euro/dollar depuis 1999

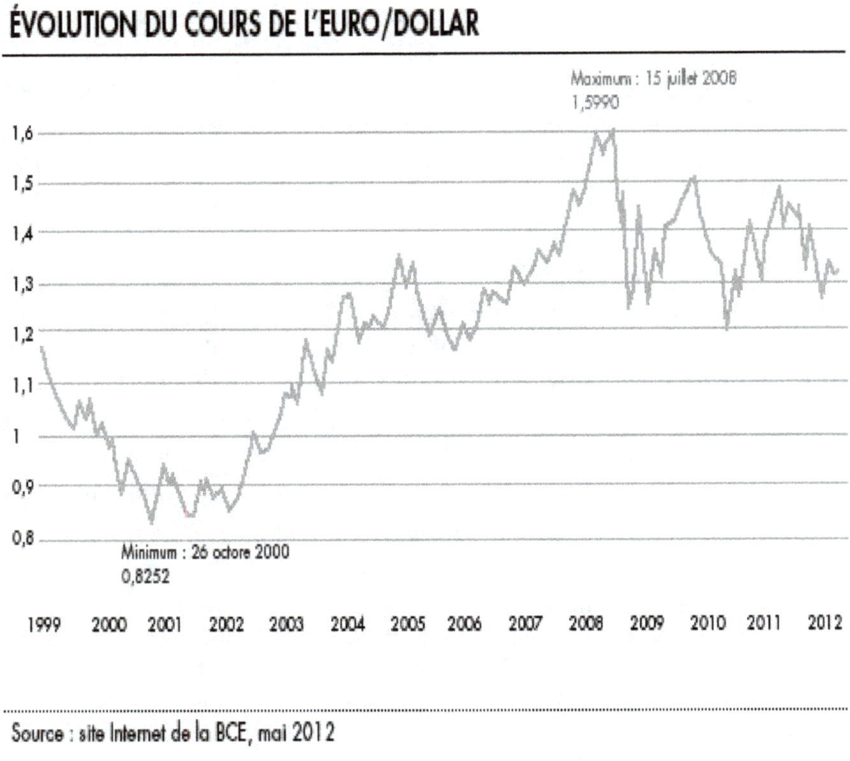

À partir de 2002, les États-Unis ont maintenu très bas leur taux directeur à défaut d'obtenir de la Chine la réévaluation de son taux de change. L'euro s'est apprécié vis-à-vis du dollar de 60 % entre 2002 et 2010, au détriment des pays de la zone franc qui ont vu leurs exportations compromises et leurs déficits extérieurs se creuser, laissant ainsi planer actuellement un risque de seconde dévaluation après celle de 1994. Toutefois, les États-Unis semblent être obstinément réticents à une dévaluation de compétitivité dans la zone franc puisqu'elle peut susciter chez la Chine la tentation de déprécier le yuan en vue de maintenir sa compétitivité.

La Chine garde une position de change favorable, de laquelle elle tire un avantage crucial en termes de coût de la main-d'œuvre, de compétitivité internationale et de croissance fulgurante de ses exportations. En 2014, le solde commercial a atteint un record historique de 60 milliards de dollars en Chine. Ceci montre que quelles que soient les tensions financières internationales, l'indépendance monétaire, dans un cadre de production internationalement compétitive, octroie une flexibilité qui permet de gérer les con-jonctures défavorables. Les effets de la demande intérieure chinoise ne sont pas à négliger. La Chine puise une bonne partie de sa force économique à partir de son marché local regorgeant de plus d'un milliard et quatre cent millions de consommateurs. Et, si le Nigéria a réalisé en 2013 un PIB de plus de 400 milliards de dollars, c'est en partie dû à la largeur de son marché local de près de 200 millions de consommateurs. Les bons indicateurs macroéconomiques sur le Ghana dans la période 2001-2010 tiennent également à leurs marges de manœuvre en termes d'ajustement de change et de finances publiques que leur permettent l'indépendance monétaire et l'absence de contraintes liées aux critères de convergence. Là où le Sénégal est tenu de respecter un déficit public plafonné à 3 % (UEMOA), le Ghana s'est permis un déficit public de 12 % en 2013 (baisse à 9 % en 2014), ce qui lui a donné plus de capacités en termes de ressources publiques. Ces exemples de la Chine, du Nigéria et du Ghana doivent inciter les pays africains à se tournent résolument vers les trois objectifs urgents que sont la promotion de la production locale et de sa compétitivité, le commerce intra africain et l'adoption d'un dispositif d'intégration économique et monétaire plus volontariste et plus cohérent.

Le tarif extérieur commun a été mis en vigueur à l'échelle CEDEAO à partir de janvier 2015. Le marché régional s'élargit à 300 millions de consommateurs si réellement le commerce intra CEDEAO fonctionne comme prévu. Le ministre sénégalais du Commerce, Alioune Sarr, a raison d'évoquer l'important travail à faire sur la compétitivité du tissu économique et industriel du pays pour profiter de ces nouvelles opportunités commerciales. Mais, pour contourner les aléas de la dépendance vis-à-vis de l'euro, il aurait fallu que les pays de la CEDEAO partagent la même monnaie. Car, plus le commerce international dans la zone franc se sert de monnaies différentes de l'euro, plus l'euro fort ou l'euro faible auront des impacts non maîtrisés. Dans l'un comme dans l'autre cas, les pays de la zone franc sont pénalisés avec leur faible niveau de production : l'euro fort sape les exportations et les recettes fiscales et l'euro faible n'est que source d'inflation importée du fait de la faiblesse des productions locales et des potentiels d'exportation. En attendant, les avantages pour la zone franc de l'arrimage à l'euro dépendent du volume des échanges effectués avec l'Union européenne et entre les pays de la zone franc. Mais malheureusement, le commerce entre les pays de la zone franc est toujours embryonnaire. Les chiffres des douanes françaises (2014) révèlent que les exportations de la France vers le Sénégal ont été de 463 milliards de FCFA et que les importations françaises depuis le Sénégal se sont chiffrées à 59 milliards de FCFA en 2013. En même temps qu'ils montrent l'inconfortable position commerciale du Sénégal vis-à-vis de la France, ces chiffres prouvent aussi le caractère maigre des échanges de la zone franc avec l'Europe si l'on sait que la France est leur premier partenaire. La France, elle, n'est pas très affectée par les fluctuations de l'euro puisque ses exportations hors zone euro ne représentent que 11 % de son PIB (Benassy-Quéré, Gourinchas, Martin et Plantain, 2014). Mais la situation est toute autre pour les pays de la zone franc. Le taux de commerce intra UEMOA est de 11 % en 2010 et il est d'un peu plus de 2 % pour le commerce intra CEMAC. Finalement, la majorité des échanges de la zone franc se fait avec des États tiers.

En 2012, le rapport sur la zone franc coordonné par la Fondation pour les Études et Recherches sur le Développement International (FERDI)[62] mettait en évidence les imperfections incapacitantes de la zone franc et la nécessité d'adopter un nouveau paradigme d'intégration économique et monétaire. Ce rapport permet, d'emblée, de constater que la zone franc profite plutôt à d'autres États au détriment de ses membres et de la France elle-même. Les pays émergents ont considérablement accru leur présence commerciale en Afrique subsaharienne (ASS) à partir des années 2000, concurrençant fortement les partenaires traditionnels de l'Afrique (Europe notamment). Le commerce entre la zone franc et les BRICS a amorcé un véritable décollage depuis lors et

---

62 *L'évaluation des gains attendus de l'intégration économique régionale dans les pays africains de la zone franc*, Fondation pour les Études et Recherches sur le Développement International (FERDI), septembre 2012.

les flux commerciaux ont été multipliés par sept de 2002 à 2008, passant de 2 563 millions à 18 690 millions de dollars. Ces échanges ont avant tout été tirés par la Chine (l'Inde, le Brésil, la Russie et l'Afrique du Sud intervenant dans de moindres proportions). La zone franc a ainsi vu ses importations en provenance de la Chine passer de 343 millions de dollars en 2002 à 7 040 millions en 2008. Cette dynamique a été tout particulièrement observée dans les pays de l'UEMOA, où les importations chinoises sont passées de 238 millions à 5 570 millions de dollars. Les chiffres de la CEMAC (de 104 millions à 1 445 millions) et des Comores (0,8 million à 25,4 millions) sont relativement plus modestes. Sur la même période, les importations de la zone franc en provenance de l'Inde, du Brésil, de la Russie et de l'Afrique du Sud, même si elles ont été multipliées respectivement par trois (de 263 millions à 770 millions), par six (de 124 millions à 725 millions), par cinq (de 27,4 millions à 143,3 millions) et par quatre (8 millions à 37,6 millions) n'atteignent pas des volumes comparables aux échanges avec la Chine. Il s'agit d'une configuration commerciale dans laquelle les matières premières des pays de la zone franc ne soutiennent pratiquement que les industries des pays émergents, alors que les exportations de ces derniers exercent une rude concurrence sur les produits des pays africains.

CONCLUSION DU CHAPITRE 5 : L'INTÉGRATION ÉCONOMIQUE EN AFRIQUE, UN PROCESSUS BOITEUX MAIS INCONTOURNABLE

Le continent africain est pauvre dans un monde qui s'est largement enrichi sur son dos, et du fait d'un manque de viabilité économique expliqué par le caractère embryonnaire des dynamiques d'intégration. Récemment, la Commission de l'Union africaine a montré ses limites sur de multiples dossiers tels que la Libye en 2011, le Mali en 2012, la Centrafrique en 2014, Boko Haram au Nigéria ou l'épidémie à virus Ebola. Ces échecs témoignent d'une incurie déplorable. La situation n'est pas meilleure au niveau sous-régional où la collaboration se limite pratiquement au partage d'une monnaie pour ce qui concerne la Zone franc. Le franc CFA aurait été d'un avantage très significatif si l'intégration des marchés dans la zone franc était suffisante et que les échanges avec l'Europe étaient conséquents : plus de commerce entre des pays utilisant la même monnaie permettrait de réduire les aléas de change. Le commerce intra Zone franc et celui entre la Zone franc et l'Union européenne sont insignifiants par rapport aux importants flux commerciaux échangés avec les pays émergents (surtout les BRICS et les autres pays asiatiques). La CEDEAO est un cadre boiteux dont les supports actuels, comme le passeport CEDEAO, semblent être dépourvus de signification puisque la circulation des personnes est soumise à restriction dans certains pays membres comme le Ghana. Sur le plan commercial, la CEDEAO vient juste de lancer son tarif extérieur commun (2015) et le projet de monnaie commune semble être en suspens. Ce projet a été compromis par les réticences du Ghana, qui aurait pu en être un des piliers à cause de son expérience de gestion monétaire. Mais, d'une position de change assez enviable depuis plusieurs décennies, le Ghana a été secoué depuis 2010 par une chute sans précédent du cédi qui est passé d'une parité de 1 cédi pour 1 dollar américain en 2007, à 1 cédi pour moins de 0,3 dollar en 2015. Secoué par une crise dans le secteur de l'électricité qui s'est aggravée en 2015, le pays semble aujourd'hui éprouver des difficultés à trouver les devises nécessaires à l'achat de combustible pour faire fonctionner les générateurs là où les barrages n'arrivent plus à couvrir la demande de 2 000 MW. Pourtant, le savant Cheikh Anta Diop avait démontré que la valorisation du barrage d'Inga au Congo peut permettre d'électrifier toute l'Afrique et une partie de l'Europe. Mais pour trouver les moyens nécessaires à ces types de projets, il est plus que jamais temps que les pays africains unissent leurs forces sur tous les plans et parachèvent leur intégration afin de se muer résolument ensemble vers l'émergence économique.

Conclusion générale

L'action économique de l'État est le fondement de tout essor économique. Cette conviction sous-tend la responsabilité fidèlement assumée par l'État sénégalais dans toutes ses orientations stratégiques sur le plan économique. Depuis 1960, les plans et programmes ont foisonné au Sénégal pour le redressement d'une économie en tensions récurrentes. Malgré des velléités palliatives permanentes, avec le plan de redressement économique et financier du début des années 80 et les plans de I à IV que l'administration sénégalaise s'est courageusement employée à mettre en œuvre, les résultats économiques sont restés globalement mitigés. Les années 2000 ont sonné le début d'un maillage du pays en infrastructures de forte utilité publique mais les taux de croissance ont été en moyenne de 3 % jusqu'en 2011. Après une légère envolée en 2010 (4,1 %), le taux de croissance a chuté en 2011 (2,6 %). La légère embellie constatée en 2012 (3,7 %) est à mettre sur le compte des bonnes récoltes appuyées par les 34 milliards de FCFA de subventions que le nouveau régime a accordées au monde rural. Le taux de croissance a atteint à 4,5 % en 2014 et 6,4 % en 2015 selon le ministère de l'Économie et des Finances. Ces chiffres font état d'une amélioration tendancielle mais insuffisante vis-à-vis des objectifs du PSE, et qui représente cependant l'écho des bouleversements stratégiques insufflés dans l'économie sénégalaise à partir de 2012. D'abord, la réduction de l'inflation a eu un effet négatif sur la croissance en termes de ratio de sacrifice[63]. Ensuite, les multiples fermetures d'entreprises ont eu deux sources principales :

1. les problèmes de compétitivité qu'expliquent la cherté de l'énergie, l'euro fort et les taxes supportées en grande partie par moins de 40 % de l'activité économique (le secteur informel représentant 60 % de l'économie) ;

[63] Le compromis entre l'inflation et le chômage décrit dans la relation de Phillips fait que la réduction de l'inflation réduit le taux de croissance. Au Sénégal, une baisse de 1% de l'inflation a pour contrepartie un sacrifice de 3 points de croissance (cf. Dramanai, 2014).

2. Les bouleversements et la réorientation de la commande publique qu'expliquent la contraction des dépenses publiques et l'option de réduction du déficit budgétaire (de 6,7 % en 2012 à 5,1 % environ en 2013).

L'encours de la dette publique du Sénégal a augmenté à un rythme infernal passant de 1 022 milliards de FCFA en 2006 à 3 341 milliards de FCFA en 2013, 3 738 milliards en 2014 et elle a dépassé les 4 100 milliards de FCFA en 2015 soit un peu moins de 54 % du PIB selon les chiffres du ministère de l'Économie et des Finances. Le service de la dette a été de 598 milliards de FCFA en 2014 et il s'est chiffré à 596 milliards de FCFA en 2015. La dette publique se nourrit du déficit public, donc sa rationalisation va servir les plans de désendettement. La maîtrise du déficit public est d'une nécessité urgente, relativement aux dépenses extrabudgétaires et aux proportions inquiétantes atteintes par la dette intérieure à partir de l'année 2008. C'est un objectif logique qui va permettre au Sénégal de se conformer au plafond de 3 % fixé dans les critères de convergence de l'UEMOA. Cette nouvelle démarche dans l'action économique de l'État sénégalais s'inscrit dans les nouvelles lignes programmatiques véhiculées dans le Plan Sénégal Émergent (PSE) concocté sur inspiration du programme *Yoonou Yokuté* du candidat Macky Sall lors de la campagne électorale de février 2012. La vision de Macky Sall peut être résumée dans sa déclaration suivante (2014) : « Notre défi pour le présent et l'avenir, c'est de gagner notre indépendance économique en nous libérant du besoin de l'aide et de la dépendance de l'extérieur pour tout ce que nous pouvons produire par nous-mêmes ».

Le faible taux de croissance de 2,6 % obtenu en 2013 a été expliqué par le recul de 12,9 % de la valeur ajoutée du secteur primaire. Et en mars 2015, l'envol mensuel de 14 % de l'activité économique par rapport au mois de février s'explique, selon la DPEE, par une bonne évolution d'ensemble des secteurs primaire (plus 9,8 %), secondaire (plus 10,5 %) et tertiaire (plus 14,1 %). Ces arguments statistiques corroborent l'option faite dans le PSE de se focaliser sur les secteurs primaire et secondaire, à partir du socle agricole. Dès lors, en s'appuyant sur l'agriculture et la pêche, l'économie sénégalaise dispose d'importantes marges de spécialisation agro-industrielle. L'atteinte des objectifs d'autosuffisance en riz, en oignon et en tomate doit maintenant être doublée d'une véritable stratégie d'exportation à l'horizon 2018 qui aille au-delà des produits traditionnels comme le coton, les fruits, les légumes et les produits arachidiers. Dans le domaine des fruits et légumes, le Sénégal a exporté 68 000 tonnes en 2013 et le PSE vise des exportations de 157 500 tonnes vers l'Europe en 2017, tel qu'exprimé dans le Programme d'Accélération de la Cadence de l'Agriculture Sénégalaise (PRACAS).

Actuellement, quatre années après l'installation du nouveau régime, l'économie sénégalaise est dans une meilleure posture et les mécanismes à l'œuvre sont porteurs d'espoir. Les finances publiques suivent un processus de rationalisation acceptable, l'inflation a été conjoncturellement maîtrisée, l'emploi des jeunes est une priorité gouvernementale et la politique sociale est en train de donner des résultats encourageants. Le nouveau régime a également fait des efforts appréciables en termes de bonne gouvernance, et sur les marchés publics, une nette amélioration est visible dans les procédures. Les derniers rapports de l'ARMP (2013 et 2014) montrent un bon rythme d'absorption des fonds alloués aux structures de l'État. Mais des doutes sont permis quant aux modifications apportées dans le code des marchés publics en 2014 concernant l'exclusion de l'hébergement et la restauration lors des sommets officiels, les insertions publicitaires, l'acquisition de médicaments et produits essentiels ou encore le flou entretenu sur la notion de partenariat.

Cependant, l'inscription du Sénégal dans une dynamique de développement saine, solide et stable reste hypothéquée par des mentalités inadaptées, un modèle de démocratie désorganisée, une insuffisance des mécanismes d'innovations technologiques, de production, de circulation et de transmission des connaissances ainsi qu'une incapacité à faire face aux chocs exogènes et asymétriques, compliquée par la dépendance monétaire. Une bonne partie de l'opinion publique sénégalaise considère également que le nouveau régime n'a pas combattu le clientélisme politique, le népotisme, le favoritisme et la négligence du mérite et de l'égalité des chances. La réalisation de ce nouvel agenda économique du Sénégal est par ailleurs soumise à des aléas et d'autres défis majeurs à moyen et long terme.

Premièrement, le plan Sénégal Émergent (PSE) est supporté en majeure partie par les recettes publiques du Sénégal et matérialisé à travers des Programmes Triennaux d'Investissement Public (PTIP). Le Plan d'Actions Prioritaires est porteur d'orientations suffisantes pour engranger des résultats prometteurs dès 2018, mais il risque d'être compromis par les gaps dans les recettes publiques, qui sont des scénarios bien mentionnés comme risques par les concepteurs du PSE. C'est d'ailleurs des situations de ce type qui ont mené à la révision du PTIP 2013-2015, remplacé par le PTIP 2014-2016. Trois sources potentielles de gaps dans les ressources publiques devront être gérées par l'État sénégalais à court et moyen termes :

- les pertes de recettes sur le commerce extérieur après la mise en vigueur des APE prévue à l'horizon 2020 ;

- les pertes potentielles de recettes extérieures suivant les fluctuations de l'euro ;

- l'aggravation du service de la dette extérieure, sur sa partie dollarisée, avec le risque d'appréciation du dollar américain.

Deuxièmement, la littérature économique établit que les pays qui sont parvenus à s'extirper des affres de la pauvreté sont ceux qui ont su diversifier leur économie à partir du socle agricole. L'agriculture est ainsi un fondement économique dont le redressement nécessite la reconstitution et le renforcement de la main d'œuvre rurale. Or, la DPEE avait construit en 2001 un modèle sur le degré de mobilité du travail entre secteurs de l'économie sénégalaise ainsi que ses incidences sur la productivité. Depuis le milieu des années 90, il y a eu un transfert permanent et important de main d'œuvre (surtout agricole) vers les secteurs tertiaire et informel, avec une hausse de la productivité uniquement ressentie dans le secteur des télécommunications qui représente près de 60 % de la croissance. Il faut donc éviter que la tertiarisation progressive de l'économie sénégalaise[64] soit au détriment du secteur primaire dont la main d'œuvre a été considérablement laminée par le développement des services.

Troisièmement, les revenus annuels envoyés par la diaspora sénégalaise représentent près de 10 % du Produit Intérieur Brut. Les transferts nets de la diaspora sont passés de 1 409 millions de dollars en 2008 à 1 570 millions de dollars en 2012 selon les chiffres de la Banque mondiale. Au 31 Décembre 2014 la Direction de la Monnaie et du Crédit (DMC) estimait le montant des transferts d'argent d'émigrés reçus par le Sénégal au cours de cette année à 876 milliards de FCFA. On peut saisir à travers ces chiffres une décélération des envois des émigrés par rapport aux années précédentes. En plus du Fonds d'Appui à l'Investissement des Sénégalais de l'Extérieur (FAISE), des efforts importants restent à consentir à l'anticipation des baisses de recettes de l'émigration dans ce contexte de crise et de vieillissement qui fait qu'une bonne partie des émigrés arrivent de plus en plus à l'âge de la

[64] Le tertiaire représente plus de 55% de l'économie sénégalaise.

retraite. Les complications notées dans l'accès par les émigrés aux fonds de retraite des institutions de sécurité sociale européennes, interpellent les autorités sénégalaises qui doivent user des mécanismes diplomatiques pour faciliter la perception de ces droits.

Quatrièmement, l'émergence économique est un processus complexe qui évolue suivant des contingences politiques et socio-économiques que les États ne maîtrisent souvent pas. Des dynamiques d'émergence ont été notées en Afrique à partir des années 2000, mais elles se sont estompées sous le coup fatal de facteurs exogènes comme cela s'est produit en Afrique du Sud à partir de 2012. D'une moyenne de croissance de 7 % entre 2005 et 2011, l'Afrique du Sud a peiné à atteindre 3 % de croissance entre 2012 et 2015. Le Nigéria, lui, a longtemps figuré sur la liste des prétendants à l'émergence et fait partie des BENIVM (Bangladesh, Éthiopie, Nigéria, Indonésie, Vietnam et Mexique). Mais son dynamisme économique est écorné par des tensions socio-politiques lancinantes et la dégringolade de ses recettes pétrolières qui génèrent plus de 75 % de ses ressources publiques. Le Sénégal doit surtout éviter de figurer prématurément sur la liste des pays émergents puisque cela s'accompagne d'une baisse conséquente de l'appui concessionnel qu'il peut obtenir de ses Partenaires Techniques et Financiers (PTF). Cela semble arriver actuellement au Ghana qui, laissé actuellement à lui-même, est incapable de se départir de sa crise de l'électricité[65]. D'une croissance d'environ 7,1 % par an de 2003 à 2012, le Ghana est actuellement secoué par des perturbations économiques tirées par cette crise de l'électricité et les fluctuations du cédi.

Cinquièmement, la Coopération internationale du Sénégal n'a pas été féconde depuis 1960. Les recompositions géopolitiques en cours sont une réelle opportunité d'ajustements positifs si la main tendue de la Chine et des autres pays émergents ne se solde pas par l'émergence d'une nouvelle forme d'impérialisme. La percée de la Chine est une réalité en Afrique où les pays concernés sont en train de remodeler leur coopération avec ce géant asiatique. En 2014, le Sénégal a décroché sans difficultés, une ligne de crédit de plus 2 500 milliards de FCFA auprès de ses partenaires privés et publics chinois. Mais les ratés de négociations dans les partenariats public/privé et les conditions nébuleuses dans lesquelles les Chinois se sont attribué le marché de l'autoroute Thiès/Touba pour laquelle ils ont prêté les coûts estimés à 417

[65] L'instabilité du cédi compromet parfois le rassemble des devises nécessaires à l'importation de combustible.

milliards de FCFA, dictent une prudence et une vigilance sur tout ce qui doit lier dorénavant l'État du Sénégal aux multinationales en général.

Sixièmement, les Investissements Directs Étrangers (IDE) sont incontournables mais il reste d'importants efforts à fournir pour en faire une véritable force et une source d'effets d'entraînement sur le secteur privé national. Dans tous les pays industrialisés ou émergents, aucun investisseur ne peut obtenir de licence ou de marché public sans s'associer à des investisseurs nationaux qui vont bénéficier d'un apprentissage et d'un transfert de technologies. Une anomalie majeure est donc à combattre : il n'y a pratiquement qu'en Afrique où l'on peut venir investir tout seul dans son coin et disposer d'une marge de profitabilité quasi-totalement rapatriable. D'ailleurs, le point fort du climat des affaires sénégalais est qu'il est immensément clément en termes de profitabilité ou, le cas échéant, il offre une indemnisation très juteuse en cas de conflit. En illustre la tarification de l'autoroute à péage Dakar/ Diamniadio qui a certainement débouché sur un prix prédateur. Cette situation qui caractérise tous les secteurs, est due en partie aux défaillances de la régulation. Dans la perspective des autres autoroutes en réalisation (et à réaliser), il faut penser à une autorité de régulation intégrée, qui aura également vocation à étendre ses compétences à tout le secteur du transport terrestre et maritime qui souffre d'un défaut criard de régulation.

Septièmement, une confusion théorique est entretenue par le nouveau régime sur le paradigme de finances publiques qui doit accompagner les réformes. D'abord, la croissance économique s'appuie en majeure partie sur le pouvoir d'achat et la consommation, dont la promotion va être sapée par l'option du gouvernement de restreindre les distributions de revenus dans la sphère publique. Ensuite, le gouvernement se glorifie des montants faramineux annoncés dans les lois de finances (3 022 milliards de FCFA prévus en 2015) alors qu'il est prouvé qu'un accaparement exagéré du PIB par la sphère publique crée un effet d'éviction sur les capacités de financements du secteur privé considéré comme moteur du développement dans une économie de marché. Il importe enfin de souligner le grand décalage entre le temps politique et le temps économique, qui fait enregistrer de grands retards dans l'exécution des programmes publics. Il s'agit d'un autre risque important qui pèse sur les échéances fixées dans le PSE. Arrivée à la Primature en septembre 2013, Aminata Touré a voulu « accélérer la cadence », qui n'a malheureusement pas été accélérée. Certaines des raisons de ces pas de caméléon se retrouvent dans l'instabilité gouvernementale lancinante causée par les mouvements intempestifs d'hommes dans les sphères de décision. Le Premier ministre, le ministre de l'Économie et des Finances ainsi que le ministre du Budget sont des postes à stabiliser, car ils sont les premiers interlocuteurs des partenaires au développement.

En derniers mots, il faut souligner que sur le plan international, l'ensemble des mutations en cours au Sénégal, en Afrique et dans le monde n'aura d'effets significatifs que si les États africains sont enclins à saisir les avantages et les effets bénéfiques que recèle potentiellement l'intégration économique, commerciale et monétaire. Après plus de 50 ans d'expériences et d'appréhensions, le processus de l'intégration africaine dispose d'un support théorique, factuel et empirique suffisant pour inventer un modèle d'intégration innovant et efficace.

ANNEXES

TABLEAUX DES RÉSULTATS DE CORRÉLATION RETARDÉE ET DE PRÉVISION

Statistiques sur l'inflation

Variables	Obs	means	Std. Dev.	min	max
inflation	34	4.183824	6.838712	-4.1	32.1
Retard_inf	33	4.259091	6.930429	-4.1	32.1

Résultats de la régression sur l'inflation

inflation	Coef.	Std. Err.	t	P>|t|	[95% Conf. Interval]	
Retard_inf	3 073 665	1 700 085	1.81	0.080	-.039368	.6 541 011
cons	2.737868	1.367646	2.00	0.054	-.0514653	5.527201

Statistiques sur le Parc automobile (Pa)

Variables	*Obs*	*means*	*Std. Dev.*	*min*	*max*
pa	*17*	*243 426.9*	*74 691.27*	*125 762*	*374 384*
Retard_pa	*13*	*235 242.1*	*68 818.09*	*125 762*	*347 901*

Résultats de la régression sur Parc automobile

pa	Coef.	Std. Err.	t	P>|t|	[95% Conf. Interval]	
Retard_pa	1.006597	.0508428	19.80	0.000	.8 975 502	1.115644
cons	13 986.95	12 430.91	1.13	0.279	-12 674.69	40 648.59

Valeurs prévues du Parc automobile de 2012 à 2037

Année	Valeurs Prévues	Évolution (%)
2012	374 384	7,6
2013	390 617	4,3
2014	406 948	4,1
2015	423 376	4
2016	439 903	3,9
2017	456 530	3,7
2018	473 256	3,6
2019	490 083	3,5
2020	507 010	3,4
2021	524 039	3,3
2022	541 170	3,2
2023	558 404	3,1
2024	575 742	3,1

Année	Valeurs Prévues	Évolution (%)
2025	593 183	3
2026	610 729	3
2027	628 381	2,9
2028	646 138	2,8
2029	664 002	2,7
2030	681 973	2,7
2031	700 052	2,6
2032	718 239	2,5
2033	736 536	2,5
2034	754 942	2,5
2035	773 458	2,4
2036	792 086	2,4
2037	810 826	2,3

Évolution moyenne (%)	3,15

LISTE DES TABLEAUX, ENCADRÉS ET FIGURES

Tableaux

Encadrés

Figures

RÉFÉRENCES BIBLIOGRAPHIQUES

Acemoglu D., Aghion P., Zilibotti F. « Distance to Frontier, Selection, and Economic Growth », *Journal of the European Economic Association*, 2006, p. 4, 37–74.

Agence Française de Développement – AFD – « Prolongement de l'autoroute à péage, à partir de Diamniadio jusqu'à l'Aéroport International Blaise Diagne (AIBD) ». *Note de communication publique d'opération*, 2013 – NCO.

Agence Française de Développement – AFD – « Sénégal : les enjeux du régime de croissance après l'alternance politique », *Macroéconomie et Développement*, n° 4, 2012.

Sen Amartya, *La démocratie des autres*, Coll. Manuels, éditions Payot, 2005, 86 p.

ANSD (2014, 2015), « Notes d'Analyse du Commerce Extérieur », *NACE* (www.ansd.sn).

Banque de France, « Les échanges commerciaux de la zone franc avec les pays émergents », 2009 disponible en ligne.

BCEAO, « Perspectives économiques des États de l'Union économique et monétaire ouest-africaine » janvier 2013 (http://www.bceao.int/IMG/pdf/per_2013_version_imprimerie_.pdf)

Bellone F., « Les difficultés de la réalisation du rattrapage technologique : Une approche théorique de la convergence conditionnelle », *Revue économique* 3, 1997, volume 48, pp. 409-418.

Belloc B., « Croissance économique et adaptation du capital productif », *Economica*, Paris, 1980, p.161.

Berthelot J., « Le baiser de la mort de l'Europe à l'Afrique », *Le Monde Diplomatique,* septembre 2014, pages 12 et 13.

Braudel F., *Civilisation matérielle, économie et capitalisme, XVème – XVIIIème siècles,* 1979.

Burnside C., Dollar D. « Aid, Policies and Growth ». *Policy Research Working Papers 1777*, Washington D.C., Banque mondiale, 1997.

Barro, R.J., « Les facteurs de la croissance économique », *Economica*, 2000, 120 p.

Benassy-Quéré. A, Gourinchas P-O., Martin P., Plantain G., « L'euro dans la guerre des monnaies », *Note du Conseil d'Analyse économique*, n°11, janvier 2014.

Public-privé : Nouveau partenariat, Cahiers Industries, n°97, juillet-août 2004.

Camara E.A, Dramani L.A, Thiam I., *Structure et dynamique de l'économie sénégalaise.* L'Harmattan, 2013.

Carden F., *Des connaissances aux politiques : tirer le meilleur parti possible de la recherche en développement*, CRDI, L'Harmattan, 2009.

Casadella V., Liu Z., Uzunidis D., *Développement économique et capacité d'innovation dans la mondialisation*, coll. Innovation, entrepreneuriat et gestion, série Smart innovation, Londres éd. Iste, 2015, 116 p.

Coulibaly A. L., *Le Sénégal sous Macky Sall – De la vision à l'ambition. Les réalisations à mi-mandat,* L'Harmattan, 2015.

Daziano L., *Les pays émergents : approche géo-économique,* Armand Colin, 2014.

Delcourt L., *La Chine en Afrique : enjeux et perspectives*, Alternatives Sud, 2011, vol. 18-2011, p.7-31.

Diallo M. L., *Le Sénégal : un lion économique ? Essai sur la compétitivité d'un pays du Sahel*, Karthala, 2004.

Diop M. C., *Sénégal (2000-2012) : les institutions et politiques publiques à l'épreuve d'une gouvernance libérale,* Cres-Karthala, 2012.

Diop M. B., « Quels secteurs pour quelle croissance économique au Sénégal ? » Direction de la Prévision et des Études Economiques (DPEE), *Working Paper,* Sénégal, 2013.

Domar E. D., « Expansion and Employment », *American Economic Review 37*, March 1947, p. 34-55.

DPEE, « Impact des jours fériés sur l'activité économique », ministère de l'Économie et des Finances, Sénégal, avril 2012.

DPEE, « Situation économique et financière en 2012 et perspectives en 2013 », ministère de l'Économie et des Finances, Sénégal, octobre 2012.

DPEE, « Politique agricole, Productivité et Croissance à Long Terme au Sénégal », *document d'étude,* n°25, août 2013.

Dramani L. A., « Estimation du coût de l'inflation dans l'UEMOA », *Working Paper*, Centre de Recherche en Économie et Finances Appliquées de Thiès (CREFAT), 2014.

FMI, « Sénégal : Rapport d'étape annuel sur le Document de stratégie de réduction de la pauvreté », *rapport du FMI,* n° 10/368, décembre 2010.

FMI, « Rapport des services du FMI sur les consultations de 2012 au titre de l'article IV, quatrième revue de l'instrument de soutien à la politique économique et demande de modification d'un critère d'évaluation », *rapport,* n° 12/337, novembre 2012.

Galbraith J. K., *Les mensonges de l'économie* (Essai), éditions Grasset, 2006.

Keza, J-P., Granier, L., *Valeurs culturelles et échec de l'aide au développement. Application à l'Afrique subsaharienne*, Paris, L'Harmattan, 2005, p. 217.

Klein B., « The role of Incomplete Contracts in Self-enforcing Relationship », *Revue d'Economie Industrielle*, 2000, n°92, 3ème trimestre, p. 67-80.

Jacquet, P., *L'aide au développement dans la gouvernance globale*, Ramses, *2003*, p. 123-139.

Hart O.D., Moore J., « Incomplet Contrats and Renegociations », *Econometrica*, 1988, vol 56, p. 755-785.

Hugon P., « Les nouveaux acteurs de la coopération en Afrique », *Revue internationale de politique de développement, Dossier Afrique : 50 ans d'indépendance,* 2010, online : http://poldev.revues.org/118.

Kassé Moustapha., *L'économie du Sénégal : les cinq défis d'un demi-siècle de croissance atone.* L'Harmattan, 2015.

Kassé Moustapha., *L'industrialisation de l'Afrique est possible : quel modèle pour le Sénégal ?* L'Harmattan, 2013.

LO Moubarak., *Le Sénégal émergent : agenda pour le futur,* éd. Wal Fadjri, 2003, réédité en janvier 2013 par les éditions Afrique Challenge (Casablanca, Maroc).

Marchal, R., *Afrique-Asie : une autre mondialisation ?*, Paris, Presses de Sciences Po, 2008.

Marty F., Trosa S., Voisin A., *Les partenariats public-privé* éd. La Découverte, 2006, 122 pages.

Mesplé-Somps, S., « Sacrifie-t-on au nom de la croissance la lutte contre la pauvreté ? Discussion sur la croissance pro-pauvre au Sénégal », *STATECO,* 2007, n°101, pp. 7-17.

Ministère de l'Agriculture, de l'Agroalimentaire et de la Forêt, *Les politiques agricoles à travers le monde : quelques exemples*, République Française, 2013.

Ministère de l'Agriculture et de l'Équipement rural – MAER –, *Programme d'accélération de la cadence de l'agriculture sénégalaise : volet agricole du PSE,* éd. MAER, août 2014.

Ndiaye E. M., *L'économie sénégalaise : enjeux et problématiques*, L'Harmattan, 2010.

Ndiaye E. M., *Sonatel et le pacte libéral du Sénégal*, L'Harmattan, 2012.

Paccalet Y., *L'humanité disparaîtra, bon débarras*, éd. Arthaud, 2006.

Patat, J-P., « Les grandes monnaies internationales : guerre ou équilibre ? », *Problèmes économiques*, n° 6, septembre 2014, Hors-Série (Comprendre l'économie mondiale).

Plane P., Hofman L., « Électricité en Afrique et performance productive : une évaluation par les frontières », L'*Actualité Économique, Revue d'Analyse Économique*, vol. 77, n° 3, septembre 2001, p.385-408.

République du Sénégal, *Plan Sénégal Émergent (PSE)*, février 2014.

Romer P., « Endogenous Technological Change », *Journal of Political Economy*, 1990, vol. 95, pp. 71-102.

Romer P., « Increasing Return and Long-Run Growth », *Journal of Political Economy*, 1986, vol. 94.

Savas E.S., *Privatisation et partenariats public-privé*, (traduction française), Nouveaux Horizons, Paris, 2000, 400 pages.

Schumpeter J.A., *Business cycles. A Theoretical, Historical and Statistical Analysis of the Capitalist Process*, New York Toronto London : McGraw-Hill Book Company, 1939, 461 p.

Service économique regional, *Les investissements directs étrangers au Sénégal,* ambassade de France au Sénégal, 2014.

Sylla N. S., *La question de l'emploi au Sénégal : un bref tour d'horizon*, samedi de l'économie du 2 novembre 2013, Fondation Rosa Luxemburg, 2013.

Sylla, N.S., *Les inégalités de genre sur les marchés du travail des pays en développement : le cas du Sénégal (1992-2002)*, thèse de doctorat d'économie, 2009.

Williamson. O.E., Transaction Cost Economics and Organization Theory. *Industrial and Corporation Change*, 1983, vol. 2, p.107-156.

Williamson O.E., *The Economic Institutions of Capitalism*, New York : Free Press, 1985, traduction française, *Les institutions de l'économie*, Inter Editions (1994), 404 pages.

World Bank, *Situation économique du Sénégal : apprendre du passé pour un avenir meilleur*, Macroeconics and fiscal management, 1ère édition, 2014.

TABLE DES MATIÈRES

Le Sénégal aux éditions L'Harmattan

Dernières parutions

L'ESTHÉTIQUE SOCIALE DES PULAAR
Socioanalyse d'un groupe ethnolinguistique
Sy Harouna
L'esthétique sociale pulaar est une mise en ordre éthique de la vie sociale. Elle est l'inventaire systématique de ce qu'il y a de beau et de laid dans le social relativement à ses valeurs, à ses normes, à ses règles et à ses codes qui commandent des postures, des relations, des rapports et des qualités appropriés. L'analyse des contradictions de la société pulaar du Fuuta Tooro a révélé des logiques et des stratégies fondées sur des rapports de castes et sur les représentations sociales que ces rapports produisent.
(31.00 euros, 304 p.)
ISBN : 978-2-343-11189-6, ISBN EBOOK : 978-2-14-002810-6

LE BAYNUNK GUNAAMOLO, UNE LANGUE DU SUD DU SÉNÉGAL
Analyse phonologique, morphologique et syntaxique
Diop Sokhna Bao - Préface de Denis Creissels
Le Sénégal est un pays multilingue avec des langues majoritaires et des langues minoritaires, de par le nombre de leurs locuteurs, mais également de par la quantité de travaux dont chacune dispose. Les langues majoritaires ont fait l'objet de nombreuses recherches, à la différences des langues minoritaires. Ce constat est à l'origine du choix porté sur la description de la variante gunaamolo du baynunk (parlé au sud du Sénégal, plus précisément à Niamone, dans la région de Ziguinchor) qui est une langue en danger très peu décrite. L'utilité et l'intérêt de ce travail résident dans la sauvegarde et la connaissance de cette langue et sa communauté. Elle peut servir aussi de référence à des recherches futures.
(Coll. Études africaines, 38.50 euros, 392 p.)
ISBN : 978-2-343-09614-8, ISBN EBOOK : 978-2-14-002913-4

DE L'HÉRITAGE ARABO-ISLAMIQUE SAINT-LOUISIEN
Une illustration par les œuvres d'Abbas Sall et d'Abdoulaye Fall Magatte
Fall Cheikh Tidiane - Préface de Samba Dieng et Postface de Mouhamed Habib Kébé
Cet ouvrage porte sur la réhabilitation du legs culturel arabo-islamique ouest-africain en général et saint-louisien en particulier. Revaloriser un pan du patrimoine culturel par l'entremise de l'imagination poétique locale de deux intellectuels demeure l'objectif principal de cette étude. Une partie descriptive constituée de la traduction d'une cinquantaine de poèmes suivie d'un volet analytique constitue la méthodologie de ce travail de recherche. La moisson tirée de ce travail préliminaire apporte quelques éclairages sur l'intérêt de la traduction de manuscrits arabes, notamment ceux produits par d'éminents ulémas du Sénégal, tels les deux poètes faisant l'objet de cette étude.
(Harmattan Sénégal, 35.00 euros, 340 p.)
ISBN : 978-2-343-11306-7, ISBN EBOOK : 978-2-14-003014-7

L'AGRICULTURE DU SÉNÉGAL SOUS LA COLONISATION
Diop Ismaïla
L'introduction de l'arachide au Sénégal au début du XXe siècle révolutionne le paysage agricole. La France décide alors de faire du Sénégal une colonie arachidière. Le Sénégal devient la troisième puissance arachidière du monde après les États-Unis et l'Inde. Cette monoculture extensive aboutit à un déficit vivrier chronique, une dégradation des sols, une dépendance vis-à-vis des importations de riz en provenance d'Asie. Pour y remédier, le rapport de la mission Roland Portères de 1952 recommande des mesures d'aménagement du territoire, de restauration des sols, de promotion de l'agriculture intégrée sérère.
(Harmattan Sénégal, 23.50 euros, 218 p.)
ISBN : 978-2-343-11129-2, ISBN EBOOK : 978-978-2-14-002836-6

CASAMANCE
À quand la paix ?
Bassène René Capain - Préface du père Nazaire Diatta
Malgré leur volonté et leur engagement affichés d'aller vers la fin du conflit armé en Casamance, la position des parties en guerre n'a jamais réellement évolué. L'État du Sénégal se dit prêt à négocier sur tous les points, sauf sur ceux relatifs à l'intégrité territoriale et l'unité nationale, alors que, de son côté, le MFDC soutient une position contraire en déclarant être disposé à ne négocier que sur la question se rapportant à l'indépendance totale de la Casamance. Cette situation montre que le conflit armé est encore loin de finir en Casamance.
(28.50 euros, 276 p.)
ISBN : 978-2-343-10426-3, ISBN EBOOK : 978-2-14-002593-8

PARCOURS D'UN JOURNALISTE AUTODIDACTE
Ndiaye Pape Ngagne - Préface de Mamoudou Ibra Kane
Pape Ngagne Ndiaye, par son style, est devenu un rendez-vous incontournable de l'espace audiovisuel sénégalais. L'émission « Faram Faccce » qu'il anime présentement sur TFM est très courue des hommes et femmes politiques pressés de se soumettre au feu roulant et nourri des questions du redoutable interviewer, unique dans son genre. Ce livre n'est pas seulement une autobiographie, mais aussi une réflexion thématique et une sélection rigoureuse de certains numéros de la célèbre émission qui se veut « un décryptage des questions majeures de l'actualité nationale ».
(37.00 euros, 360 p.) *ISBN : 978-2-343-09916-3, ISBN EBOOK : 978-978-2-14-002822-9*

DES FRANCENABE AUX MODOU-MODOU
L'émigration sénégalaise contemporaine
Fall Papa Demba - Préface du Professeur Abdoulaye Bara Diop
Principalement centré sur la France et ses anciennes colonies d'Afrique, le champ migratoire sénégalais s'est, de manière originale, progressivement étendu à des destinations naguère méconnues ou peu fréquentées (comme les États-Unis, l'Italie, l'Espagne, l'Afrique du Sud ou le Brésil). Peu à peu, les migrants sont devenus des acteurs incontournables du développement. La prise en compte de ces populations, et de leurs mouvements, devient donc nécessaire aux programmes et politiques de développement durable.
(Harmattan Sénégal, 40.00 euros, 559 p., Illustré en noir et blanc)
ISBN : 978-2-343-10796-7, ISBN EBOOK : 978-2-14-002539-6

« DOYEN » AMADY ALY DIENG, LE TRANSMETTEUR INTÉGRAL (1932-2015)
Économie biographique ou sémio-Histoire
Ngaïdé Abdarahmane
Amady Ali Dieng nous a quittés il y a un an. Pour lui rendre hommage et s'en rappeler les enseignements, l'auteur de cet ouvrage a décidé de compiler ses nombreux écrits ou interventions. Les quatorze textes qui composent cette anthologie sont représentatifs et significatifs de la personnalité, du style et des préoccupations d'Amady Ali Dieng. On y retrouve son style, son humour et son esprit critique.
(Harmattan Sénégal, 23.50 euros, 228 p., Illustré en noir et blanc)
ISBN : 978-2-343-10855-1, ISBN EBOOK : 978-2-14-002561-7

41 RULES TO BE HAPPY
Kane Babaly
Seeing that happiness is the goal towards which all men strive for, the author wrote this book to help the reader in treasuring the joyous of life and realizing his desires in entirety. to be fulfilled, to claw his way to the top and to assure him it will turn out well in the end. Moreover, this book intends to give the keys us to get the secret for reaching we want in this life. 41 rules to be happy is a little self help book which has 41 rules that are meant to allow every reader to live life in full potential.
(Harmattan Sénégal, 14.50 euros, 138 p.)
ISBN : 978-2-343-10904-6, ISBN EBOOK : 978-2-14-002583-9

SÉNÉGAL
Les limites du Plan Sénégal Émergent
Mansour Samb El Hadji
Cet ouvrage présente une analyse profonde des politiques publiques en décortiquant le Plan Sénégal Émergent (PSE) qui jusque-là n'a fait l'objet d'aucune analyse critique sérieuse. Le Sénégal est face à un défi, le défi de son émergence, un défi qu'il compte relever avec tous ses fils. Ce défi qui mobilise aujourd'hui tout le monde doit nous pousser à proposer de nouveaux chemins et à animer un débat nécessaire et incontournable dans tout processus d'émergence.
(Harmattan Sénégal, 27.00 euros, 276 p.)
ISBN : 978-2-343-09721-3, ISBN EBOOK : 978-2-14-002372-9

SÉNÉGAL
Dynamiques paysannes et souveraineté alimentaire
Le procès de production, la tenue foncère et la naissance d'un mouvement paysan
Diop Amadou Makhouredia - Préface d'Yves Guillermou ; Postface de Fodé Niang
Le présent ouvrage contribue à la compréhension des stratégies développées par la petite paysannerie et les dynamiques qui animent les exploitations agricoles familiales permettant la production de biens nécessaires à l'alimentation et l'entretien des familles. La capacité des paysans à prendre en main leurs propres préoccupations a été mise en évidence par l'émergence d'organisations, de groupements, d'associations et d'unions dans tout l'espace rural sénégalais.
(Harmattan Sénégal, 26.00 euros, 256 p.)
ISBN : 978-2-343-10852-0, ISBN EBOOK : 978-2-14-002457-3

HISTOIRE ET SOCIOLOGIE DES RELIGIONS AU SÉNÉGAL
Tamba Moustapha
Le Sénégal reste une exception dans le domaine religieux : 90 % de musulmans, 5 % de chrétiens et 5 % d'adeptes de l'animisme. C'est aussi le pays où les musulmans et les catholiques partagent le même cimetière, où les conjoints partagent des religions différentes, où les écoles privées catholiques comptent 60 à 70 % d'élèves de confession musulmane, etc. Ce phénomène n'est pas dû au hasard. L'histoire et la sociologie des religions permettent de l'expliquer amplement. Cet ouvrage souligne cette exception sénégalaise pour montrer qu'au moment où notre monde est en proie au fanatisme, à l'intolérance et au terrorisme religieux, le Sénégal propose un autre « modèle ».
(Coll. Études africaines, série Economie, 41.00 euros, 426 p.)
ISBN : 978-2-343-10424-9, ISBN EBOOK : 978-2-14-002506-8

FIGURES DU POLITIQUE ET DE L'INTELLECTUEL AU SÉNÉGAL
L.S. Senghor - M. Dia - A. Ly - CH. A. Diop A. Diouf & F. Mitterrand - J.R. De Benoist - A. Seck - TH. Fall - A. M. Samb - A.M. Samb JR - TH. Monod - H. Bocoum - G. R. Thilmans
Samb Djibril
Cet ouvrage réunit des personnalités politiques et/ou intellectuelles très diverses : Léopold Sédar Senghor, l'Immortel Noir ; Mamadou Dia, le brillant économiste ; François Mitterrand et Abdou Diouf, deux experts politiques, ou encore Théodore Monod, le savant probe. Ces figures sont autant de coryphées auxquels l'auteur a voulu rendre hommage, afin de rappeler que la terre africaine du Sénégal ne manque pas de princes de l'esprit ni de nourriture intellectuelle.
(26.00 euros, 266 p.)
ISBN : 978-2-343-10731-8, ISBN EBOOK : 978-2-14-002513-6

TÉLÉVISIONS AU SÉNÉGAL
Entre désert de contenu et sécheresse intellectuelle
Djimbira Cheikh Mouhamadou
« Il faut lire ce livre en considérant qu'il a été sciemment écrit dans l'intention de nuire à la société spectaculaire. Il n'a jamais rien d'outrancier. » Cette pensée de Guy Debord nous permet de comprendre à bien des égards, l'ouvrage de Cheikh Mouhamadou Djimbira qui est un plaidoyer pour la création de programmes audiovisuels de qualité.
(11.50 euros, 80 p.)
ISBN : 978-978-2-343-10790-5, ISBN EBOOK : 978-978-2-14-002528-0

UN SCOUT SÉNÉGALAIS
L'aventure citoyenne (deuxième édition)
Ndene Pascal - Préface de Jacques Moreillon
Lorsque nous parlons de l'adolescence, nous évoquons l'autonomie, la responsabilisation, la citoyenneté, le jeu, les relations avec les parents et avec les pairs. Toutes ces questions sont abordées dans ce livre qui montre avec humour le parcours éducatif d'un adolescent dans le scoutisme. Ce livre s'adresse à tous les jeunes, garçons et filles, aux parents et éducateurs de tout milieu social et culturel, ainsi qu'à tous les scouts et guides du monde.
(14.00 euros, 124 p.)
ISBN : 978-2-343-10965-7, ISBN EBOOK : 978-2-14-002526-6

LA PENSÉE DE CHEIKH AHMADOU BAMBA FACE AUX DÉFIS AFRICAINS
Sow Cheikh Mar
Cheikh Ahmadou Bamba Mbacké a su déterminer une nouvelle vision aux yeux de ses contemporains en formulant d'une façon très claire des idées novatrices capables de faire bouger le peuple. Cette conception de la société dans sa globalité a permis «à chaque individu de devenir un centre d'initiative, de création et de responsabilité à tous les niveaux : celui de l'économie, de la politique, de la culture ; une conception qui ne soit ni individualiste, ni totalitaire mais fondée sur les communautés de base».
(Harmattan Sénégal, 24.00 euros, 238 p.)
ISBN : 978-2-343-10021-0, ISBN EBOOK : 978-2-14-002284-5

LE MODERNISME EN ISLAM
Introduction à la pensée de Sayyid Amir Ali
Diagne Mbengue Ramatoulaye
« Les thèmes abordés par le Professeur Ramatoulaye Diagne dans sa lecture de la pensée d'Amir Ali ont tous un lien indéfectible avec le pluralisme et la paix. (...) Dans la lecture de son ouvrage, on arrive à comprendre que le modernisme d'Amir Ali est une sorte de renouveau dans la pensée islamique. C'est un mouvement d'intellection qui intègre, dans une cohérence architecturale, l'usage de la raison, l'esprit du soufisme pratique ghazalien et la finalité de la prière qui concilie l'ascèse de l'âme à la transformation positive des sociétés. » Abdoul Aziz Kebe, Ancien Chef du Département d'Arabe UCAD-DAKAR.
(Harmattan Sénégal, 15.00 euros, 144 p.)
ISBN : 978-2-343-09977-4, ISBN EBOOK : 978-2-14-002211-1

MA RENCONTRE AVEC ALLAH
De l'obscurité à la lumière
Mbengue Adama Ousmane
Cet ouvrage traite surtout de la question essentielle du Mahdi qui vient pour apporter les solutions idoines en s'appuyant sur la Sharia mouhammadiya et la Tariqah ahmadiya afin d'offrir à tout individu le meilleur profil dans la société idéale qu'il compte établir.
(Harmattan Sénégal, 14.50 euros, 134 p.)
ISBN : 978-2-343-10299-3, ISBN EBOOK : 978-2-14-002277-7

Structures éditoriales du groupe L'Harmattan

L'Harmattan Italie
Via degli Artisti, 15
10124 Torino
harmattan.italia@gmail.com

L'Harmattan Hongrie
Kossuth l. u. 14-16.
1053 Budapest
harmattan@harmattan.hu

L'Harmattan Sénégal
10 VDN en face Mermoz
BP 45034 Dakar-Fann
senharmattan@gmail.com

L'Harmattan Cameroun
TSINGA/FECAFOOT
BP 11486 Yaoundé
inkoukam@gmail.com

L'Harmattan Burkina Faso
Achille Somé – tengnule@hotmail.fr

L'Harmattan Guinée
Almamya, rue KA 028 OKB Agency
BP 3470 Conakry
harmattanguinee@yahoo.fr

L'Harmattan RDC
185, avenue Nyangwe
Commune de Lingwala – Kinshasa
matangilamusadila@yahoo.fr

L'Harmattan Congo
67, boulevard Denis-Sassou-N'Guesso
BP 2874 Brazzaville
harmattan.congo@yahoo.fr

L'Harmattan Mali
Sirakoro-Meguetana V31
Bamako
syllaka@yahoo.fr

L'Harmattan Togo
Djidjole – Lomé
Maison Amela
face EPP BATOME
ddamela@aol.com

L'Harmattan Côte d'Ivoire
Résidence Karl – Cité des Arts
Abidjan-Cocody
03 BP 1588 Abidjan
espace_harmattan.ci@hotmail.fr

L'Harmattan Algérie
22, rue Moulay-Mohamed
31000 Oran
info2@harmattan-algerie.com

L'Harmattan Maroc
5, rue Ferrane-Kouicha, Talaâ-Elkbira
Chrableyine, Fès-Médine
30000 Fès
harmattan.maroc@gmail.com

Nos librairies en France

Librairie internationale
16, rue des Écoles – 75005 Paris
librairie.internationale@harmattan.fr
01 40 46 79 11
www.librairieharmattan.com

Lib. sciences humaines & histoire
21, rue des Écoles – 75005 paris
librairie.sh@harmattan.fr
01 46 34 13 71
www.librairieharmattansh.com

Librairie l'Espace Harmattan
21 bis, rue des Écoles – 75005 paris
librairie.espace@harmattan.fr
01 43 29 49 42

Lib. Méditerranée & Moyen-Orient
7, rue des Carmes – 75005 Paris
librairie.mediterranee@harmattan.fr
01 43 29 71 15

Librairie Le Lucernaire
53, rue Notre-Dame-des-Champs – 75006 Paris
librairie@lucernaire.fr
01 42 22 67 13

www.ingramcontent.com/pod-product-compliance
Lightning Source LLC
LaVergne TN
LVHW010932061026
849535LV00007B/2359